从无到有

国际工程市场开发实务

肖维 著

FROM
OWNING NONE
TO
OWNING ALL

本书全面介绍了国际工程市场开发全过程的操作细节。首先，从宏观层面介绍国际业务战略管理的相关内容，阐述企业"走出去"的必然选择和风险分析，引导企业在进行国际业务开发之前明确国际业务的定位、方式和目标等；其次，从业务层面介绍国际工程市场开发的具体操作类型、方法、技巧和细节等，有助于业务部门按照公司战略要求落实各类项目的具体开发实践工作；最后，从组织层面介绍国际工程市场开发人员需具备的素质、能力、态度等，帮助国际工程公司在市场开发中提高成功概率和工作效率，同时帮助从事国际工程市场开发业务的新人快速、有效地提升业务能力。

本书适合从事或计划开展国际工程、国际贸易投资业务的公司管理人员和业务人员以及相关专业的高校师生阅读。

图书在版编目（CIP）数据

从无到有：国际工程市场开发实务/肖维著. —北京：机械工业出版社，2021.6

ISBN 978-7-111-68498-5

Ⅰ.①从… Ⅱ.①肖… Ⅲ.①国际承包工程 – 市场开发 – 研究 – 中国 Ⅳ.①F752.68

中国版本图书馆 CIP 数据核字（2021）第 115023 号

机械工业出版社（北京市西城区百万庄大街22号　邮政编码100037）
策划编辑：陈　倩　　责任编辑：陈　倩　张星明
责任校对：李　杨　　责任印制：谢朝喜
封面设计：高鹏博
北京宝昌彩色印刷有限公司印刷
2021年6月第1版·第1次印刷
170mm×242mm·17.5印张·269千字
标准书号：ISBN 978-7-111-68498-5
定价：68.00元

电话服务　　　　　　　网络服务

客服电话：010-88361066　　机　工　官　网：www.cmpbook.com
　　　　　010-88379833　　机　工　官　博：weibo.com/cmp1952
　　　　　010-68326294　　金　书　网：www.golden-book.com
封底无防伪标均为盗版　　机工教育服务网：www.cmpedu.com

序　言

2020年，受新冠肺炎疫情影响，全球经济进入乌卡（Volatile, Uncertain, Complex, Ambiguous, VUCA）时代。在异变性、不确定性、复杂性、模糊性的多重压力下，我国对外承包工程企业应做出相应转变。2019年9月，《商务部等19部门关于促进对外承包工程高质量发展的指导意见》（商合发〔2019〕273号）印发。该指导意见指出，党的十八大以来，在共建"一带一路"倡议引领下，对外承包工程发展进入新阶段。加快形成对外承包工程发展新优势，优化海外市场布局，拓宽市场开发领域，不断提升综合竞争实力，由对外承包工程大国向对外承包工程强国转变是对外承包工程发展需要实现的下一阶段目标，也是我国对外承包工程企业应对乌卡时代必须坚守的硬核。

国际工程市场涉及境外工程项目投融资、设计咨询、设备采购、建设施工、运营管理等多个方面，这使得对外承包工程行业机遇与挑战并存。只有熟悉国际工程市场开发环境、市场开发流程、市场开发环节，才能有效应对挑战并抓住机遇，才能在激烈的竞争中谋得生存和发展。把握国际工程市场机遇、优化国际工程市场开拓流程、提高国际工程市场开拓效率，方能在对外承包工程中获得先机。

本书作者具有丰富的国际工程市场开发管理经验，涉及基础设施建设、能源、制造等多领域工程项目，是为数不多的多领域复合型项目管理实战专家，积累了丰富的理论知识和实战经验。考虑到不同行业存在市场开发理念和流程的差异，本书总结了国际工程市场开发的最佳实践路径，并辅以诸多案例加以解析，内容兼具系统性和实用性，对相关领域从业人士具有重要的借鉴意义，可为国际工程市场开拓提供参考。

当然，国际工程市场开拓流程并不是一成不变的，需要不断发展和完善，读者也要与时俱进、因地制宜，不断学习和应用最新的研究与实践成果。通过阅读本书，相信会有更多的从业人员加深对国际工程市场开发流程的认识，共享与交流经验，积极应用并创新市场开发流程体系，推动国际工程市场开发流程的建立、完善和成熟，为我国工程企业进一步提升国际化经营水平做出贡献。

中国对外承包工程商会副会长 辛修明

前　言

我国经济和社会发展已步入"十四五"规划的新阶段。多数企业为了谋求更持续、更稳健的发展，都在不断调整自己的业务方向。而其中大多数工程类企业、工程相关配套产品生产企业以及相关服务性企业已经将境外发展战略作为其发展目标的重要组成部分。

企业要实现境外战略目标，首先需要制定与企业配套的境外发展战略。对于国内多数企业而言，其境外业务所贡献的营业额占比很少能超过总营业额的一半，这种情况下很难充分调动各项资源为境外项目服务。因此，国内多数企业都是以国内业务为主，占用企业核心资源；以国外业务为辅，占用企业部分资源。在这种情况下，企业经常采用的境外战略方针就存在多种类型。例如，市场开发战略有全球布局、重点市场深耕、合作联营、试点经营等；项目开发模式有投标类项目、融资类项目、投资类项目、分包类项目等；区域市场开发模式有重点开发发达国家和地区、重点开发发展中国家和地区等；领域开发模式有重点开发交通领域业务、重点开发电力领域业务、重点开发市政领域类项目等。

确定企业境外发展战略后，需要确定国际业务的主要承接机构或组织。在公司层面上，一般有国际业务分公司、国际业务事业部或区域性子公司等，通过子公司的建制达到优化公司资源、进行业务拓展的目标。在业务层面上，则包括业务开发部门、项目实施部门和业务管理部门等。通过这样的组织设计，企业可以将优质资源优先配置到核心部门，由核心部门达成战略目标。不同的组织架构是由不同的战略方向决定的，不同的组织架构也是不同企业对业务具体落地的管理体现。但无论是哪种境外战略、定位或组织架构，核心都是向市场看齐，提升市场占有率，提升项目精细化管理水平，有效控制成本、质量和进度等要素，完成企业的各年度计划和最终战略目标。

本书依据国际工程业务拓展过程中的基本思路写作。逻辑上，是从宏观到微观，从公司管理层面到业务层面再到个人层面；内容上，是从项目开发的前期到中期再到后期；实用性上，介绍了多种项目开发模式，同时从非常细小的角度强调具体操作方法，具有很强的可操作性；语言上，简洁明快，读者能够快速掌握其中的核心内容。

• 内容全面。介绍国际工程市场开发的基本背景，企业制定开发战略的基本流程，以及如何制定切实可行的市场开发战略；从不同类型项目的角度对项目操作流程进行具体分析，包括投标类项目操作流程、议标类项目操作流程和融资类项目操作流程，并详细阐述具体操作方法、计划安排和实施过程中可能遇到的各种风险及其规避方法；介绍如何获取相关项目信息，如何对信息进行筛选，以及信息处理的基本操作流程；对于部分境外业务比较成熟的公司进行深入引导，介绍如何进行市场深度开发和广度开发，以及建立境外办事处的操作流程和注意事项，并重点介绍境外工程市场开发中的各种常见问题处理办法，如代理的选择、沟通和培养，赴项目所在国进行考察的各种细节要求等；从境外业务拓展人员能力的角度进行分析，说明如何提升个人能力以及相关的注意事项；从人才培养的角度提出切实可行的培养方案，为从事境外业务的企业和人员提供参考。

• 逻辑严谨。从企业战略到战术再到实施，遵循从宏观到微观的逻辑顺序；基于项目开发管理的角度，按照国际工程市场开发工作的五大过程组（启动、规划、执行、监控和收尾）进行分析说明，符合时间逻辑。

• 业务实用。涵盖国际工程市场开发的大部分核心业务，对重点内容进行详细分析，对次要内容进行简要说明，对容易发生风险的操作要点进行全过程分析，重点介绍风险发生的原因、风险的主要表现和风险的规避方法。

由于时间、篇幅所限，本书不可能就国际工程市场开发的全部内容进行剖析说明，如国别市场选择方法、行业选择方法、市场战略制定和实施、属地化经营、国际业务人员的领导力分析与培养提升，以及国际市场开发人员的职业晋升渠道分析等，将在后续著作中补充完善。

肖　维

目 录

序言

前言

第一章　国际工程市场的特点与企业定位 …………………… 1

第一节　国际工程市场的特点 ……………………………… 1
第二节　国际工程市场面临的机遇和挑战 ………………… 12
第三节　拓展境外业务对企业的基本要求 ………………… 16
第四节　拓展境外业务对企业的整体要求 ………………… 19

第二章　企业国际业务战略制定与前期准备 ………………… 26

第一节　国际业务拓展的基本战略理念 …………………… 26
第二节　战略落地中的环境分析 …………………………… 28
第三节　战略管理中的企业内部价值链分析 ……………… 29
第四节　战略实施过程中的企业优劣势分析 ……………… 30
第五节　标杆企业分析与战略目标选择 …………………… 31
第六节　战略目标确定过程细节 …………………………… 36
第七节　战略落地的保证措施 ……………………………… 39
第八节　国际市场开发战略的核心内容 …………………… 41
第九节　市场开发管理配套体系 …………………………… 44
第十节　市场开发阶段的配套制度 ………………………… 47

第三章　国际项目开发前的信息管理 ………………………… 51

第一节　获取项目信息的主要渠道 ………………………… 51
第二节　境外业务项目信息的筛选 ………………………… 59

第三节	项目资料的搜集与整理	69
第四节	代理的作用与影响	76

第四章　国际业务招投标项目开发操作　　84

第一节	国际工程项目招投标基本背景	84
第二节	项目招标文件制作细节	97
第三节	投标人员组成与分工和方案的选择	109
第四节	投标过程中的考察工作	119
第五节	开发过程中的接待工作	125

第五章　国际议标类项目开发的操作流程　　130

第一节	项目开发的总体流程	130
第二节	项目开发的启动工作	132
第三节	项目开发的计划工作	137
第四节	项目开发的实施工作	166
第五节	项目开发的监控工作	175
第六节	项目开发的收尾工作	178
第七节	项目开发合作伙伴的选择与考评	181

第六章　境外办事处的建立与管理　　189

第一节	建立境外办事处的必要性和目的	189
第二节	境外办事处的设置标准与组织架构	193
第三节	境外办事处的建立流程与管理操作细节	198

第七章　目标国市场深度开发与操作　　206

第一节	深度开发前的市场调研	206
第二节	市场深度开发的组织架构与管理	210

第八章　国际工程市场开发人员的基本要求、培养和考核　　218

第一节	国际工程市场开发人员的选择和培养	218

第二节 国际工程市场开发人员的沟通能力培养 …………… 226

第三节 国际工程市场开发人员的业务能力培养 …………… 233

第四节 国际工程市场开发人员的考核目标确定与实施 ……… 239

第九章 国际业务发展现实困难及展望 …………………… 247

第一节 国际工程承包市场困难分析 ………………………… 247

第二节 国际工程承包市场的未来发展形势分析 …………… 253

第三节 国际工程市场开发建议 ……………………………… 259

参考文献 ……………………………………………………… 268

第一章　国际工程市场的特点与企业定位

企业在拓展国际业务时，首先需要开展市场开拓工作，因为只有获取足够的市场份额或可以实施的项目，才能提升企业的国际业务水平；其次需要根据市场的特点制定有针对性的战略和实施方案。开拓市场的难点在于如何寻找目标市场。国际工程市场的划分相对比较精细，而划分目标市场的方法也比较多。不同国家和地区的基础设施建设水平不同，需求水平也有较大差异，因此企业在选择目标市场之前，必须明确针对高端市场和中低端市场的不同战略。在对市场进行充分了解和分析后，还需要学习和掌握市场中那些优秀企业的表现，对比分析企业自身的核心竞争力，选择自身优势突出的发展方向，以充分占领市场。

本章通过分析国际工程市场的特点、国际工程市场面临的机遇和挑战、拓展境外业务对企业的基本要求和整体要求等内容，帮助读者了解目标行业市场、国家市场和企业竞争特点。

第一节　国际工程市场的特点

工程承包是发包人或业主和承包商之间的一种简单合同关系或合作关系，发包人或业主通过发标、协商或走其他法律许可的程序选择合适的承包商，承包商完成发包人或业主需要的构造或提供准确的服务。承包商主要凭借自己的资金、技术、设备、材料、人力资源或高级管理方法等优势完成承包工程，发包人或业主则按照合同履行自己的相应义务，包括各种服务和设施的提供等。

相较于国内工程承包，国际工程承包具有以下特点：

1）地域广。从经济发达的北美洲、欧洲，到经济相对落后的亚洲、南美洲，再到经济最具开发潜力的非洲等欠发达地区，国际工程承包无处不在。

2)行业多。与普通民众息息相关的基础设施(包括交通、电力、水利、农业、电信等行业),涉及国防安全的军事工程,关系国家经济命脉的各种资源类工程(包括钢铁、水泥、建材、空调、机械、装备制造等国内外重工业和轻工业所涉及的各个领域),以及国内外的设计院、施工单位、设备制造厂和劳务分包等,都已被纳入国际工程承包范围。

3)模式更新快。随着国际工程承包业的蓬勃发展,我国企业已经从原来的简单劳务输出发展到施工分包、设计分包,再发展到目前比较盛行的总承包模式以及运营管理、BOT(建设-经营-转让)和PPP(政府和社会资本合作)等。

2018年,在全球经济增长缓慢、贸易保护主义抬头、国际工程市场总体承受下行压力的形势下,我国对外承包工程行业在共建"一带一路"倡议引领下,以基础设施等重大项目建设和国际产能合作为重点,不断探索和培育新的发展优势和竞争力,行业总体发展从快速发展向稳中求进转变,新签合同额2 418.0亿美元,同比下降8.8%;完成营业额1 690.4亿美元,同比增长0.3%。截至2018年年底,我国对外承包工程业务累计签订合同额2.3万亿美元,完成营业额1.6万亿美元。根据《中国对外承包工程发展报告2018—2019》数据分析,2001—2018年我国对外承包工程行业发展情况如图1-1所示。

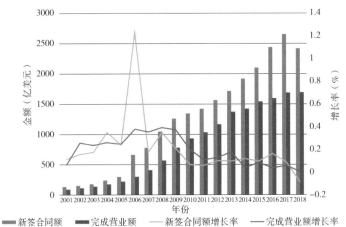

图1-1 2001—2018年我国对外承包工程行业发展情况

注:数据来源于中华人民共和国商务部和中国对外工程承包商会联合发布的《中国对外承包工程发展报告2018—2019》。

2019年1—10月，我国国际工程承包业务完成营业额2 602.5亿美元，同比增长7.6%；完成营业收入1729亿美元，同比增长2.3%。从这些数据可以看出，进入21世纪以来，我国国际工程承包业务量基本呈现不断增长的发展态势。

国际工程承包业务量的飞速增长，对于我国的承包工程企业而言既有利也有弊：利在于为我国政府推动"一带一路"基建合作夯实基础，同时为我国经济实现高质量快速发展提供新的支撑点；弊在于通过世界范围内大环境比较，全球经济持续低迷，国际投资热度不断降低，导致贸易保护主义逐步抬头、地区贸易摩擦纠纷不断。此外，部分地区战乱不断、政治形势混乱，行业发展面临的风险越来越高。在这种大背景下，我国企业能够逐步夯实基础，健康地"走出去"拓展业务，并取得一定的成绩，是难能可贵的。

当前，国际工程市场具有如下特点。

一、业务规模整体水平略有增长，大金额单体项目逐步集中

在21世纪的前10年中，虽然世界经济持续萎靡不振，经济年增长仅为3%左右，但全球工程市场年均增长5%，我国经济年增长8%~10%，国际工程承包业务营业额相较全球增长27%。我国国际工程承包业务的年均增长速度是世界经济的9倍，是全球工程市场的5倍。

在国家"一带一路"倡议的引领和推动下，2019年，我国对外承包工程行业在1—10月新签合同较2018年同期增长5%，达1 766.8亿美元。其中，中国对外承包工程商会会员企业在"一带一路"沿线国家和地区再创优异成绩，对外承包工程新签合同总额为1 121.7亿美元，占同期新签合同总额的63.5%，同比增长38.6%。此外，我国工程企业承揽大项目的能力不断增强，新签合同额5000万美元以上的项目587个，比2018年同期增加14个；1亿美元以上的项目327个，较2018年同期增加13个，其中较为著名的有波罗的海化工综合体项目、孟加拉国普尔巴里超超临界燃煤电站、缅甸电信运维服务、伊朗联合循环电站等。

国际工程承包业务与世界经济的发展具有密切联系且同步发展。例如，2018—2019年，世界经济持续低迷，国际工程业务受到了持续性影

响。因此，在关注国际工程业务的同时，还必须加强对世界经济的研究和预判，以便制定科学合理的、可持续发展的发展战略，充分考虑和规避国际经济对企业发展的负面影响。

通过《中国对外承包工程发展报告 2018—2019》的数据得出表 1-1，由此可以分析出，目前我国工程企业承包的重点市场仍是"一带一路"沿线国家和地区，其中以亚洲和非洲为主，新签合同额和完成营业额占比均超过 75%。而排名第 3 位的则由拉丁美洲地区变成了欧洲市场，分析其原因是拉丁美洲地区三强（委内瑞拉、厄瓜多尔、玻利维亚）的政治持续不稳定、经济不断滑坡以及受其他国际因素影响，导致整个拉丁美洲地区的新签合同额、完成营业额占比均不断下降；而与此同时，我国工程企业在东欧等地区的业务却在不断发展。此外，大洋洲和北美洲市场稳中有降，这是因为国际经济形势进一步恶化，导致北美洲部分国家的大宗期货贸易、矿石交易、油气开采等业务下浮较快，形成了该区域市场整体下浮的局面。

表 1-1 2019 年我国对外承包工程业务洲别分布情况

地区	新签合同额			完成营业额		
	金额（亿美元）	同比（%）	占比（%）	金额（亿美元）	同比（%）	占比（%）
亚洲	1 411.3	18.2	54.2	981.4	8.2	56.8
非洲	559.3	-28.7	21.5	460.1	-5.8	26.6
欧洲	323.1	125.5	12.4	106.3	6.1	6.2
拉丁美洲	198.7	9.0	7.6	116.4	-2.8	6.7
大洋洲	82.5	-3.6	3.2	52.1	3.0	3.0
北美洲	27.6	-4.8	1.1	12.7	-48.4	0.7
合计	2 602.5	7.6	100.0	1 729.0	2.3	100.0

我国经济与世界经济的联系十分紧密，各企业都希望挖掘和发挥企业优势，努力拓展国际业务，快速发展和走向世界舞台。因此，未进入相关领域的企业，需要积极提升工程市场开拓能力；已经进入相关领域的企业，需要努力提高管理水平和能力，争取更大的国际市场份额。只有这

样，我国才能在世界经济和工程承包市场的蓬勃发展期将企业做大做强，实现基业长青。

二、亚洲市场占比持续扩大（国别市场分析）

随着国内和国际社会对共建"一带一路"倡议关注度的不断提升，共建"一带一路"成为国际社会与我国开展多边合作的重点，对外承包工程企业作为共建"一带一路"倡议的重要参与力量，在沿线国家和地区的业务持续发展。通过对历年《中国对外承包工程发展报告》的数据进行分析后得出，2013—2019年我国在"一带一路"沿线国家和地区的市场业务不断增加，如图1-2所示。

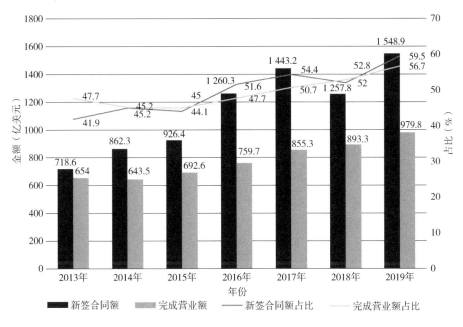

图1-2 2013—2019年我国在"一带一路"沿线国家和地区市场业务变化

注：数据来源于中华人民共和国商务部和中国对外工程承包商会联合发布的《中国对外承包工程发展报告》。

2019年，我国工程企业在"一带一路"沿线的62个国家和地区新签对外承包工程项目合同6944份，新签合同额1 548.9亿美元，占同期我国对外承包工程项目新签合同额的59.5%，同比增长23.1%；对外承包工程项目完成营业额979.8亿美元，占同期总额的56.7%，同比增长9.7%。

从区域市场分析来看，亚洲市场继续保持优势地位，一枝独秀。2019年1—10月，亚洲市场新签合同额达997.97亿美元，同比增长29.6%，占比由上年同期的45.8%扩大至56.5%。而非洲、拉丁美洲等市场占比均呈下降趋势，其中非洲市场新签合同额为361.1亿美元，同比下降39.6%，市场占比由上年同期的35.5%下滑至20.4%；拉丁美洲市场新签合同额94.4亿美元，同比下降30.2%，市场占比降至5.3%。

2018年，我国工程企业在沿线63个国家和地区完成营业额893.3亿美元，同比增长4.4%，占同期总额的52.8%，业务占比进一步提升；新签合同额1 257.8亿美元，占同期总额的52%，同比下降12.8%。按照新签合同额统计，我国工程企业在"一带一路"沿线国家和地区市场的业务涉及电力工程建设（300.3亿美元，占23.9%）、交通运输建设（252.3亿美元，占20.1%）、一般建筑（238.9亿美元，占19.0%）、石油化工（127.3亿美元，占10.1%）、工业建设和制造加工设施（138.8亿美元，占11.1%）。印度尼西亚、马来西亚、孟加拉国、阿拉伯联合酋长国、伊朗和沙特阿拉伯6个沿线国家位列新签合同额前10，签约额均超过60亿美元。

通过分析2019年《工程新闻纪录》（ENR）前10名的国外工程承包商可知，其市场主要分布在发达国家和地区。其中，欧洲、北美洲、亚太地区市场占比较大，而非洲、拉丁美洲市场占比相对较小；而我国企业的市场分布则恰恰相反，其中亚洲、非洲市场占比较大，欧洲、美洲市场占比则较小。

我国工程企业的主要市场在亚洲和非洲，因为这两个大洲目前的经济增长率最高、最具潜力，同时也是当地政府在基础设施建设方面投入资金占比最大的地区。通过分析相关数据可以预测，亚洲和非洲仍然是我国工程企业未来的重点发展地区。在拉丁美洲地区，由于委内瑞拉等国蕴藏有大量的石油资源，政府持续加大投入基础设施建设领域，经济发展迅速。但综合分析后可知，该地区经济增长缺乏长久动力，政治上的混乱也可能会对工程承包领域产生较大影响，因此预期在短期内不可能取得长足发展或明显改变。欧洲工程承包企业占据份额较大的市场，对于中资企业而言属于高端市场，竞争压力大，但是由于东欧国家所处的特殊地理位置以及与我国的历史渊源，进入的中资企业逐步变多，纷纷在当地成功开发了各类项目，规模呈现出持续增长的态势。由于北美洲市场的准入机制比较严格，加之受到客观环境的限制，中资企业在当地承揽项目的态势始终保持稳定状态，所占市场份额较少。大洋洲存在和北美洲同类的问题，我国工程企业所占的份额也比较少，但是由于当地矿产资源丰富，越来越多的中资企业开始参与当地的矿产开发项目，因此所占比重有所增加。

2019年，亚洲地区市场新签合同额和营业收入小幅增加，与往年相比发展态势较平稳。其主要原因如下：一是外贸依存度较高的东南亚地区经济发展较平稳，其中印度尼西亚、马来西亚等国经济均保持一定的增速；二是以巴基斯坦为首的部分国家，由于双边关系较好，市场持续保持一定热度；三是重点国家重点领域增速反弹，如沙特阿拉伯的房屋建筑、市政项目市场，由于油价的小幅波动，此类市场的投资总额随之发生小幅变动。

非洲市场发展速度逐步放缓，增速下滑较严重，与亚洲市场相比其份额和影响力都在不断降低。由于大部分非洲国家主要依靠资源进出口和旅游业发展经济，而非多数亚洲国家所擅长的贸易加工，因此当前受到国际经济大环境的影响，整体市场影响力不断下降。同时，非洲部分国家的油气资源受国际市场影响价格下跌，当地政府对基础设施和民生工程项目的投资比例不断下降。此外，2000—2019年，为刺激当地经济快速发展，多数非洲国家的政府投入大量的资金进行基础设施建设，主要是对外举债获得发展资金，目前已经进入还款高峰阶段，政府负债过高，便无暇顾及本国的基础设施建设。

在目前的国际政治、经济大环境下，中资企业的战略制定和发展也必然会受到影响：

1）重点市场贡献度较大，主要集中在亚洲和非洲市场。由于国外各大企业纷纷进入当地的工程承包市场，而这些地区的相对利润较低、管理水平要求相对较高、相对应的企业竞争压力较大，因而对于新企业去亚洲和非洲拓展市场和寻求发展机遇显得尤为重要。

2）重点领域贡献度较大，主要集中在建筑、交通领域。这些传统领域属于劳动密集型产业，技术含量低、附加值低，同时也是大多数中资企业所擅长的领域,因此无论是在非洲还是在亚洲,都属于竞争非常激烈的领域。因此,中资企业在制定发展战略时,应尽量减少对竞争激烈、附加值较低的民用建筑、交通工程等领域的投入,而应加大对化工、电力和环保等产业或附加值较大的领域的投入,以便完成企业的战略转型。

3)由于国际工程环境的持续改善,越来越多的中资企业选择去世界各地开展业务,但是多数企业在发展中国家开展业务时都存在项目信息不对称或前期投入目标不明确的短板。

4)进驻亚洲和非洲大部分国家的中资企业已经饱和,存在过度竞争的问题。因此,在选择国家或具体项目时需要慎重分析和考虑。

三、重点国别作用明显

上文介绍了我国承包企业业务覆盖的重点区域,根据《中国对外承包工程发展报告2018—2019》数据,进一步细分市场的开发思路,对区域中主要国家的相关数据进行重点分析,包括我国工程企业在当地的新签合同额和完成营业额两项数据指标。

2019年我国对外承包工程业务分布的主要国家和地区见表1-2。2019年,在我国对外承包业务分布的主要国家和地区中,按照新签合同额从高到低排名依次是俄罗斯、印度尼西亚、孟加拉国、尼日利亚、沙特阿拉伯、马来西亚、巴基斯坦、阿拉伯联合酋长国、缅甸;按照完成营业额从高到低排名依次是巴基斯坦、印度尼西亚、马来西亚、阿尔及利亚、沙特阿拉伯、孟加拉国、老挝、阿拉伯联合酋长国、尼日利亚。

表1-2 2019年我国对外承包工程业务分布的主要国家

新签合同额			完成营业额		
国家	金额(亿美元)	占比(%)	国家	金额(亿美元)	占比(%)
俄罗斯	169.2	6.5	巴基斯坦	96.7	5.6
印度尼西亚	140.8	5.4	印度尼西亚	87.1	5.0
孟加拉国	134.8	5.2	马来西亚	73.0	4.2
尼日利亚	125.6	4.8	阿尔及利亚	63.4	3.7
沙特阿拉伯	112.9	4.3	沙特阿拉伯	62.1	3.6

（续）

新签合同额			完成营业额		
国家	金额（亿美元）	占比（%）	国家	金额（亿美元）	占比（%）
马来西亚	73.3	2.8	孟加拉国	53.0	3.1
巴基斯坦	70.6	2.7	老挝	52.1	3.0
阿拉伯联合酋长国	66.2	2.5	阿拉伯联合酋长国	51.2	2.9
缅甸	67.1	2.4	尼日利亚	46.0	2.7
合计	960.5	36.6	合计	584.6	33.8

注：数据来源于中华人民共和国商务部和中国对外工程承包商会联合发布的《中国对外承包工程发展报告2018—2019》。

结合现实情况对上述数据进行分析可知，我国对外承包工程业务主要分布在资源比较丰富、符合我国基本外交战略的国家。我国的加工制造能力位于世界前列，但各种资源相对匮乏，这就要求中资企业必须"走出"国门，通过贸易、工程建设或其他多种形式换取相对稀缺的资源。

四、我国对外承包企业的主营业务领域此消彼长

目前，我国工程企业在国际工程承包领域的影响力不断增强，这得益于我国综合国力的不断提升，以及企业积极努力、不断拓展国际市场的心态和战略。近年来，我国工程企业在世界范围内的工程承包领域已经从传统的房建工程、路桥、隧道等扩展到港口、电力、石化、冶金、轻工、农业等多个领域，由原来相对简单且附加值较低的劳动密集型项目向知识密集型或管理能力型项目发展，并且在劳动力成本、成套设备、企业融资等部分领域已经拥有了相对优势。在房建、交通、电力三大业务领域中，电力工程已经成为发展的重点，尤其是在新能源建设领域潜力较大。从业务模式来看，虽然施工总承包项目＋EPC（工程总承包）项目仍是主要业务，但通过直接投资、BOT、PPP等方式承揽的项目也越来越多；从业务范围来看，涉及工业、农业和加工制造类的项目越来越多。

从行业角度分析（表1-3），2019年1—10月，交通运输建设、电力工程建设、一般建设占据行业前3位。其中，交通运输建设新签合同额699.1亿美元，同比增长3%；电力工程建设新签合同额548.9亿美元，同

比增长18.3%；一般建设新签合同额为464.3亿美元，同比下降0.1%。受新签特大型项目带动，石油化工和通信工程建设大幅增长，石油化工新签合同额300.9亿美元，同比增长72.7%；通信工程建设新签合同额240.5亿美元，同比增长29.6%。

表1-3　2019年1—10月我国对外承包工程行业分布

行业类别	新签合同额			完成营业额		
	金额（亿美元）	同比（%）	占比（%）	金额（亿美元）	同比（%）	占比（%）
交通运输建设	699.1	3.0	26.9	471.0	5.0	27.2
电力工程建设	548.9	18.3	21.1	328.4	11.1	19.0
一般建设	464.3	-0.1	17.8	353.6	3.1	20.5
石油化工	300.9	72.7	11.6	157.7	1.8	9.1
通信工程建设	240.5	29.6	9.2	151.3	-3.8	8.8
其他	154.1	-12.2	5.9	86.0	-12.7	5.0
工业建设	83.4	-47.8	3.2	76.0	-11.5	4.4
水利建设	72.1	-4.8	2.8	61.0	-9.5	3.5
制造加工设施建设	39.2	-2.2	1.5	44.0	11.7	2.5
合计	2 602.5	7.6	100.0	1 729.0	2.3	100.0

通过图1-3可以得出，我国对外承包工程中交通运输建设和电力工程建设的业务占据近50%的比重。这说明，中资企业在上述两个行业中，无

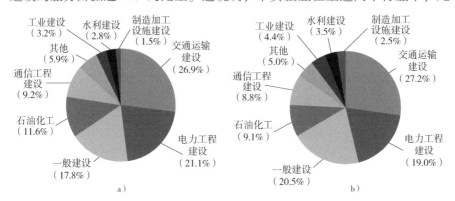

图1-3　2019年我国对外承包工程行业分布饼状分析图

a）新签合同额行业分布　b）完成营业额行业分布

注：数据来源于中华人民共和国商务部和中国对外工程承包商会联合发布的《中国对外承包工程发展报告2018—2019》。

论是设计、施工还是管理都具有较强实力,同时反向说明石油化工、通信工程建设、工业建设等行业具有进一步开发的潜力。

"走出去"企业需要充分考虑上述数据所展现出的现实和未来发展趋势。例如,传统交通运输建设行业竞争压力大、利润低,需要慎重研究和抉择其是否仍可以作为本企业的主要业务构成板块。企业应该积极拓展经营思路,如在房屋建筑领域考虑房地产开发或直接投资业务,以减少由工程承包业务不断下滑所带来的损失。此外,企业可以加大对其他行业或领域的投入力度,如电力、环保和农业等,提升在这些板块的竞争实力,加强对这些板块的市场布局和营销力度,逐步提升在航空航天、新能源等领域的竞争实力。

五、主要国家的特大项目层出不穷

在 ENR 发布的 2019 年国际工程承包商排名中,我国入围的内地工程企业数量较多,且大部分企业排名有了大幅度提升。其中,中国交通建设股份有限公司、中国铁建股份有限公司、中国能源建设集团有限公司、中国电力建设集团有限公司等已进入前 50 名。

但需要引起注意的是,由于单体项目金额过高,同时受国际金融动荡、政治不稳等不利因素的影响,我国国际工程承包中不少签约项目出现了落地生效遇阻、资金回笼困难等具体问题,导致部分企业完成营业额有所下降。2019 年 1—10 月,我国对外承包工程完成营业额 1 155.1 亿美元,同比下降 5.1%,其中亚洲区域市场有所增长,非洲及其他区域市场明显下降。导致出现这些问题的原因较复杂,如经济不景气、大宗商品价格下降、主权债务违约增加等。

在我国工程企业的国际承包业务中,大型项目主要集中在交通、能源和石油化工等领域。主要原因在于:一方面,资源储备比较丰富的国家,相对而言国民生产总值基数较大,产生特大项目的可能性大,而国力较弱的国家,几乎不可能产生超过 10 亿美元的单体项目;另一方面,特大交通项目容易产生在国土面积较大、能源物资储备丰富,但基础设施落后、对外输出物流成本偏高的国家。能源类项目由于自身技术特点要求,设备比重大,如果项目所在地基础设施相对薄弱,水网、公路网或电网布局不成熟，就很可能出现超过10亿美元的单体项目。电信类项目主要出现在国家基础设施已初具规模、人民生活水平已能够满足温饱，同时电力、水务和交通设施基础建设已能满足人民基本使用需求、国家经济发展速度较快的国家。

我国能够参与上述大项目建设的企业，基本属于具有较强综合实力的特大型国企和央企，他们或有自己的施工队伍、设计院所、设备制造厂，或有很强的商务沟通能力和实力，同时在项目融资管理或相关的金融操作上也具备较大的优势。开发特大型项目的企业，要么必须具备一种或多种上述能力，要么与实力较强的中央级企业合作，要么选择与本企业优势互补的企业通过组成联营体或合资企业等多种形式共同开发（如施工企业与设计企业组成联合体、商务企业与制造企业组成合资企业等），这些都是未来发展道路的可选项。

第二节　国际工程市场面临的机遇和挑战

在越来越多的工程企业选择"走出"国门、进入国际市场的情况下，市场竞争日趋激烈，虽然国际工程市场有相对利好的发展趋势，但是短期内的过度竞争将导致企业面临越来越多的挑战。本节主要从国际工程市场面临的机遇和挑战两个方面进行探讨。

一、国际工程市场面临的机遇

当前，国际工程市场面临的机遇主要包括以下两个层面。

（一）国际基础设施建设需求变化相对稳定

目前，全球基础设施建设处于高峰期，发展中国家新建和发达国家更新改造两个高峰期重叠，平均年增长速度为3.9%。这依托于世界经济的稳定增长与发展，虽然目前的世界经济风云变幻，但和平与发展始终是核心主题。在这种情况下，发达国家的基础设施项目大部分是在"二战"之后建设完成的，需要升级改造；而发展中国家的基础设施建设水平相对较低，对项目本身存在较大的刚性需求。因此，无论是发达国家还是发展中国家，均认为基础设施投资对刺激产出和生产率增长具有实质性的作用，并据此出台了规模巨大的基础设施发展实施计划。

在传统国际市场，亚洲市场一直占据主导地位。虽然2020年亚太地区经济增速有所放缓，但增长势头依然稳健。东南亚、南亚政局相对稳定，经济继续保持较快增长，有望成为带动"一带一路"基建发展的火车头。据此可以预测，无论未来全球经济形势如何，在未来30~50年，亚洲地区的基础设施发展始终会保持快速且稳定的增长势头。

在非洲市场，由于发展落后、基础设施匮乏，而基础设施是经济发展的主要驱动力，因此吸引基础设施投资成为其最主要的关注点。2019年10月31日，非洲开发银行宣布，从2020年起陆续增资1150亿美元支持非洲基础设施项目的开发建设。经济发展最具活力的大陆和人口平均年龄最年轻的大陆始终对基础设施项目有刚性需求，因此至少在未来50年之内，该地区的基础设施发展都需要不断提速。

在拉丁美洲市场，一方面，基础设施新建和改扩建需求巨大；另一方面，越来越多的国家和地区积极响应我国提出的"一带一路"倡议，巴西、巴拿马、墨西哥、秘鲁等国有望成为该地区业务发展新的增长点。从现有数据和长远发展的角度分析，当地市场如果能保持政治稳定和长治久安，那么对于基础设施建设的刚性需求就会始终存在。

（二）"一带一路"倡议与国内产业结构调整将持续推动业务发展

"一带一路"倡议逐步深入多国市场，从原来的工程总承包业务逐步向当地的服务业、生产行业等领域扩展，并且以整个产业链的方式深度融入当地市场和发展过程。在这种大环境的影响下，完善跨境基础设施，逐步形成"一带一路"交通运输网络，为各国经济发展、货物和人员往来提供便利，都将是企业未来工作的重点。2019年，我国交通工程业务占比高达26.9%，与137个国家和30个国际组织签署了197份"一带一路"合作文件，并与20多个沿线国家建立了双边本币互换安排。此外，我国还颁布了多部关于促进对外承包工程行业发展的相关政策，如《商务部等19部门关于促进对外承包工程高质量发展的指导意见》，明确了行业向高质量发展的目标和方向。

在这种新形势下，国际产能合作必将进一步深化。我国已进入工业化成熟期，钢铁、水泥、汽车等220多种工业品产能居世界首位。由于国际经济融合的进一步加强，势必需要越来越多的装备制造企业进行转型升级，或与当地市场进行充分沟通交流，开展产能互换工作。因此，会有更多来自装备制造行业、服务行业等领域的优秀企业大力开拓和发展对外投资业务。

二、国际工程市场面临的挑战

工程企业在面对未来种种利好的机遇时，也要清醒地认识到未来的发展或市场情况所面临的挑战，这主要包括以下4个方面。

（一）传统市场空间趋向饱和，新市场开拓面临压力

基于市场角度分析，从我国工程企业走出国门进行工程承揽阶段开始计算，亚洲市场和非洲市场就占据绝对的主导地位，2019年亚洲和非洲市场的营业额为企业总营业额的83.4%，这也表明了中资企业的市场竞争过度集中。从长远分析，我国企业80%以上的业务集中在全世界20%的市场，可以初步判断上述市场竞争过分激烈，不利于企业长期、稳定、健康发展，也说明这些市场的增长空间非常有限。而热点市场趋于饱和造成了巨大的负面影响：内部竞争加剧、市场更加趋向于不平衡、过于倾向买方市场。例如，在一般的基础设施项目招投标过程中，有30~40家企业参与市场竞争，而价格较低也成为企业中标的法宝，个别企业甚至可以低于当地市场平均价格的40%，这将导致企业无法致力于内部的改革和发展。

发达国家和地区的基础设施较为健全，行业体系常年稳定发展，因此欧、美、日、韩的承包商必然会对发展中国家和地区（尤其是亚洲、非洲）市场发力，而这将使亚洲和非洲市场的竞争更激烈。与此同时，我国工程企业也希望获得进入高端市场的机会，但开拓高端市场面临的困难巨大，主要考验企业能否突破准入障碍和企业的软硬件实力限制等。

（二）行业下行压力不断增大，传统业务模式面临瓶颈

从全球经济环境分析，目前世界经济增长速度整体放缓，全球经济形势显现低迷迹象，未来5~10年很难出现经济发展爆炸式增长现象，行业发展将受到阻碍。此外，受近两年经济形势的影响，加之部分国家进入债务还款高峰期，部分国家市场基建项目发包量必然会明显减少。

目前，传统的业务发展模式面临巨大挑战。我国对外承包工程发展的传统业务模式之一是 EPC+F（工程总承包+融资），这种模式借助我国政府提供的各项资金解决当地项目的融资问题，但是由于相当一部分国家主权债务问题突出，金融机构需要加强风险防控，部分项目因此被延后或搁置甚至取消，导致很多企业逐渐放弃使用这种业务模式。此外，项目业主政府的现汇项目模式受汇率大幅变动影响，拖欠工程款情况严重，并且过程中调价或改变结算方式的可能性极小，导致此类项目的进展也非常困难。

（三）市场经营环境发生根本性转变，对承包商的要求日益提高

由于工程承包市场不断从卖方市场向买方市场倾斜，导致企业需要完成的社会工作或履行的社会责任越来越多，需要承担的项目成本越来越高，大部分是从建设项目到要求转让技术、带动当地企业发展、再投资，从带动当地人员就业到要求同工同酬、平等待遇，从开展一般公益活动到承担企业社会责任。与此同时，国际多边金融机构日益关注社会和环境可持续发展议题，要求项目参与方提高透明度。因此，企业参与国际项目招投标面临着更严苛的要求以及更高的标准等级。

由于世界经济发展的不平衡，国家和地区间的矛盾冲突正日益成为某些国家和地区发展的代名词，因此部分市场营商环境恶化，各类风险更突出。这其中，政治风险的影响最大，如政治右倾化、民族主义、保护主义、逆全球化等泛起，一旦处理不好，项目极易成为当地政府、社会团体等攻击的"靶子"。

行业企业自身也存在很大压力，如国内人力成本持续上涨、市场竞争更加激烈、融资渠道普遍收窄、新兴业务发展不足等，易导致企业急需从融资能力、风险管控、新技术应用等内部层面寻找破解办法，以打造新的竞争优势的"金钥匙"。

（四）国内企业竞争激烈，部分不合格企业扰乱市场格局

根据相关数据可知，国内"走出去"企业的数量和质量正在飞速增长和改良，具有工程承包经营资格的企业不断增加。

2018年，对外承包工程企业开拓国际业务的积极性依然不减，市场开拓力度持续加大，将"境外优先"和"业务转型升级与高质量发展"作为

发展动力和战略指引，通过"前伸后延"产业链、开拓高端市场和业务不断增强国际竞争力。2018年，实际开展对外承包工程业务（申报有新签合同额和完成营业额）的企业达到1002家，企业数量仍保持高位；平均新签合同额和完成营业额分别为2.41亿美元和1.69亿美元。

在ENR于2019年8月发布的"全球最大250家国际承包商"榜单中，共7家中国企业进入前10强，中国建筑股份有限公司、中国中铁股份有限公司、中国铁建股份有限公司、中国交通建设集团有限公司继续包揽前4强，中国电力建设集团有限公司排名第6位，上海建工集团有限公司排名第9位，中国冶金科工集团有限公司排名第10位，体现了中国企业在全球基建市场的领军地位。

按照目前的发展速度，在未来的国际工程承包企业中，中资企业有望成为主力军。但由于扩张速度过快，导致在各个领域的项目中竞争更为常态和加剧，而在部分领域的竞争中，中资企业之间的较量更激烈。受国家整体发展战略的影响，"走出去"企业将会按照国家整体发展的安排，呈现类似"井喷"的现象。而在企业数量不断攀升的同时，部分企业没有充分了解国外工程的难度和风险，经营和管理行为较随意，最终导致中资企业间的恶性竞争，直接影响了中资企业的声誉和国家形象。

第三节　拓展境外业务对企业的基本要求

在充分了解现存市场的基本特点之后，还需要重点了解在目前的国际工程市场竞争中具有相对优势的企业的基本表现。在国际工程市场环境中，市场的激烈竞争导致项目体量越来越大，企业逐步向综合类型、资源类型、体量超大类型的综合性集成承包商转变，致使大企业越来越多。这些大企业实力超群，主要表现在以下4个方面：

1）这些企业战略明确、组织架构清晰、人员数量充裕，在项目前期投融资、前期设计管理、具体开发、项目中期实施以及项目后期的运营维护等各个阶段都制订了详细的操作步骤和实施方案，并安排各类专项人员负责。

2）由于企业参与的项目竞争程度日趋激烈，企业更加强调市场开发的核心竞争力。例如，在项目的投融资管理中，通过不同的投资方式、融资方式等为项目资金的落实铺平道路，进而为项目的整体开发奠定坚实的基础。

3）企业综合实力不断提升。在国际化大趋势下，企业的经营模式是多种多样的，如通过优异的项目管理能力，在规定的时间内、以较低的价格保质保量地完成项目执行，也是企业拓宽当地市场影响力的重要手段。也有部分企业，通过对境外业务开展信息化的梳理，不断强化客户的核心需求，同时提升为客户服务的水准，从而不断提高公司在市场中的影响力。

4）属地化经营和社会责任能力不断提升。部分企业需要在当地长期发展，因此需要不断提升其属地化经营能力。请最了解当地文化和操作流程的当地人帮助开拓当地市场，不但容易达到事半功倍的效果，而且可以提升效率并降低成本。而企业在当地的发展情况多取决于企业在当地的基本形象，只有在当地开发时不断融入当地元素，努力提升企业的社会责任感，构建起良好的企业形象，才能在当地实现长久发展。

一、对企业基本实力的要求

国际工程承包市场的变革决定着企业发展模式的创新和项目管理方法的变革，而企业的发展模式也必须适应不断变化的市场。只有根据国际工程承包市场发展的客观形势和具体要求，在业务发展模式、管理能力等方面不断创新和进取的企业，才能拔得头筹。

就企业自身而言，大企业的实力不断提高，进入 ENR 排名的中资企业越来越多。其中超过 50 家企业入选 2019 年度"全球最大 225 家国际承包商"榜单，平均完成营业额在 10 亿~20 亿美元，最低境外营业也超过 1 亿美元。同时，我国行业竞争的集中度进一步加强，其中 2019 年新签合同额排名前 50 位的我国对外承包工程企业合同额在 2000 亿美元左右，占全行业的比重超过 75%。此外，在 2019 年投标项目中，表示可以使用中国技术标准的项目合计超过 1000 个，其中 EPC 和 BOT 项目总数超过 500 个，占比超过 50%。

综上所述，目前国际工程承包市场呈现的态势主要具有以下5个特点：

1）国家鼓励和支持实力和能力较强的企业"走出去"，带动国内经济发展，并制定了一系列优惠政策。

2）国家为了进一步提升制造业和工程总承包的整体实力，积极拓宽思路，鼓励技术含量高、附加值大的企业通过技术或标准输出带动总承包业务的开展。因此，企业应充分利用相关政策条件，积极拓展境外市场。

3）在某些重点国家的某些领域，市场竞争愈加激烈，如在巴基斯坦、阿尔及利亚和沙特阿拉伯等国的建筑、交通市场，各施工企业、贸易企业和设计单位等的竞争不断加剧。因此，企业需要认真分析自身情况，仔细研究市场现状，制定适合自身的发展战略。

4）国家在鼓励企业"走出去"的同时，还考虑资源整合问题，鼓励和支持大型企业提高自身的综合实力，涉及设计、施工、供货、融资和运营等各个环节。

5）政府支持企业之间通过重组或兼并达到整合目的，充分提升中资企业与国际一流企业竞争的能力。

在此背景下，企业在进行市场开拓的同时，需要充分考虑自身特点，不断进行资源整合和优化，弥补短板，争取在短时间内成长为具有较强综合实力的国际总承包商。

二、对企业融资能力的要求

近些年，国际建筑工程市场规模均在10万亿美元上下浮动，而国际工程承包业务已经经历了从初期的援建、设计施工承包到当今的总承包和BOT、PPP等模式。单项工程规模日趋大型化、复杂化，国际工程承包模式日渐多样化，对承包方的技术、融资等综合资源整合能力的要求越来越高。承包商不仅需要对业主提供基本工程的管理和建造服务，而且需要延伸产业服务链条，这就需要公司提升软实力和融资能力，以提高获胜概率。客观上，欧美经济的持续低迷，导致了全球各企业对亚洲、非洲、拉丁美洲等发展中区域的资金投入减少，而我国外汇储备的持续增加在无形中提升了中资企业的影响力，并且出于对企业自身竞争实力的考量，中资企业也增大了融资类项目的开发力度。

相关资料显示，2019年有意使用我国资金的对外承包工程项目高达500个，项目规模总额高达2000亿美元，占全年全部投（议）标核准项目规模的50%。在10亿美元及以上的签约项目中，计划使用我国资金的签约项目合同总额高达100亿美元及以上。在我国资金成分的影响下，投资业务、矿产开发和工程总承包的结合愈加紧密，其中意向投资类项目占据主导地位，相关总额也高达100亿美元及以上，主要领域有矿山开发、加工及制造业、运输交通、能源和电力等。

按照现代企业的经营理念，人们更加重视附加值高和非劳动密集型的领域，传统加工制造型企业也已逐步削弱自身的加工生产能力，转而增加研发和市场营销的投入。受客观环境和劳动力成本逐年上升的影响，我国工程承包企业也逐渐加大对市场营销和技术实力的投入，因此需要不断向上游推进自身的服务领域，提高资本运作和金融领域服务的贡献度。可以预测，未来的中资企业会越来越重视信贷资金和对外投资的影响力，将有更多的项目通过上述影响力得以实现。就目前的形势来看，企业需要把握未来承包领域的发展脉搏，在企业战略上增加对信贷资金和对外投融资领域的投入，同时在企业实务操作层面上加大投入力度、配置更多资源。

随着越来越多的企业开始重视信贷资金和金融工作，目前使用及有意使用信贷融资杠杆的企业竞争愈发激烈，而大多数中资企业更倾向于选择使用我国政府提供的各种信贷资金和金融服务。通过横向比较，国际知名的工程企业多通过企业自身的融资平台完成项目的融资工作。该平台往往是由多个银行或财团组成的联合体，来自多个国家，而不仅仅是通过母国的某家银行完成该项工作。因此，构建完整的融资渠道和平台有助于企业拓展境外市场，这就要求我国企业在未来的工作中不断拓宽融资渠道，与外资银行或财团及外资保险公司等进行广泛的沟通和交流。

第四节　拓展境外业务对企业的整体要求

通过分析近年来的相关数据可以发现，国际建筑工程规模一般在6万亿美元左右。国际工程承包业务中单项工程更加复杂化、大型化、综合化，工程承包模式更加多样化，对实施企业的要求也越来越高，尤其表现在对技术、融资、环保、风险防范和资源整合能力等方面的要求更加严格。

在客观环境日趋严峻、企业竞争逐渐白热化的形势下，国际工程承包企业的业务拓展和管理办法变革迫在眉睫，而企业的具体管理和操作模式也可能反作用于国际工程承包市场的发展。因此，只有根据国际工程承包市场发展的要求，在业务发展模式和操作上持续创新，不断提高标准的企业，才能更好地把握发展趋势，在未来的竞争中独占鳌头。而大多数优秀的境外拓展企业都应具有以下特点。

一、能提供全产业链服务

大企业非常重视国际工程项目经营的具体特点和产业链发展要求，会积极延伸服务领域，为业主提供全方位的、全产业链的、可增值的服务。项目的大型化和综合化以及专业工作的细化，对承包商提供综合服务和专业服务的能力提出了更高要求，从而使原来的提供设计、施工、供货或管理等不同环节的单一服务供应商迅速转换经营思路，为客户提供一体化的综合服务或处理方案。从目前国际特大型工程承包企业的发展路径可以看出，这些企业大多在努力完善其产业路径，或致力于成为特定专业领域具有极强竞争力的服务提供商。例如，德国的豪赫蒂夫公司是世界大型国际承包商，在建筑、交通、道路和特许经营方面能够为业主提供从工程项目的前期评估、策划、规划和管理、设备供应、融资筹措到后期运营管理的全流程服务。又如，阿美科（AMEC）公司是世界知名的能源和工业工程领域承包商，主要为客户提供从项目前期规划、策划、融资，到中期项目执行和实施，再到项目后期运营、维修服务的一体化处理方案。

而中资企业普遍存在以下不足：一是企业制定的发展战略不合理。有的企业过分重视项目的经营和开发工作，而忽视项目中后期的执行、实施、管理工作，导致后期管理较混乱、多项预期指标无法完成；有的企业则过分重视项目执行和实施工作，投入到项目经营方面的资源过少，导致企业其中某环节薄弱，无法实现滚动式发展。二是对产业链延伸工作不重视，缺乏超前意识。很多企业只能为业主提供某种单一服务，如只能提供项目总承包服务，而无法提供相关的融资服务、保险服务等。此外，很多企业的管理思路缺乏整体感，对项目整体管理把握不足，倾向于只在设计、施工或设备供应等独立环节有想法，而不能从项目全生命周期的整体层面开发、运营、管理和实施，从而导致项目某个局部的数据指标满足预定计划，但总体表现不尽如人意。

通过上述对比分析，计划"走出去"的企业，或计划提升境外业务能力的企业，需要不断提升拓展产业链的能力，以为客户提供全方位服务为己任。

二、特许经营能力强

资源开发和基础设施建设领域的大型项目，大部分是由政府发起的项目，需要大额度的投资，计划、建设以及运营和维护等内容较复杂，多采取特许经营的方式展开。如果是由具有小规模融资能力，综合项目管理能力薄弱，整合资源能力、项目运营和维护能力较弱的中小型工程总承包企业承接，其未来的发展很可能受到冲击，甚至存在被兼并或重组的可能性。而大型工程公司则可以利用自身取得的特许经营权，充分发挥资源整合能力、项目的运营管理能力等，赚取可持续的、丰厚的、相对稳定的回报。例如，世界知名的国际工程承包企业万喜（VANCI）公司已经从传统EPC总承包商转向特许经营的服务提供商，其特许经营额的增长速度是其他业务的2倍，其利润已经占到总利润的40%。

目前，我国的很多特大型央企已经陆续在境外开展特许经营业务，依托整个集团的综合实力进行整体运作，大部分项目已开始运营工作，并产生了可观的经济利润。

中资企业所参与的特许经营项目主要集中在能源、基础设施等领域。例如，某中资企业在牙买加签署的高速公路项目，总投资额达到8亿美元。能源方面的项目则主要集中水电和火电、电网等行业，投资总额均在10亿美元以上。

中资企业所涉及的特许经营项目的地点，主要集中在资源较丰富、政局较稳定、经济发展速度快且基础设施较薄弱的国家，如老挝、缅甸、柬埔寨、菲律宾等东南亚国家和部分非洲国家。

三、自身管理能力和风险应对能力突出

提高企业自身管理能力是实现企业可持续发展的原动力。大型国际工程承包企业都把项目管理能力作为提供公司自身管理水平的重要手段和途径，通常通过加大研发投入、推动技术和效率的提升实现目标。

国际工程承包企业核心管理能力体现在对各种资源的整合能力和对既有项目的精细化管理上。其中，项目整体管理尤为重要，若没有按照公司的战略进行统一规划和部署，或者各部门及管理层之间协作但凡有一丝交叉，都将导致管理混乱。尤其是在具体业务流程层面，若缺乏可执行性、监控不到位，将导致业务操作层最后的输出结果与目标偏差很大，还会反过来影响领导决策层的判断。同时，项目管理中涉及的内容来源过多，沟通系统庞杂，若缺乏体系文件的指引和沟通渠道的辅助，最终结果也可能出现偏差。因此，企业如果想做成基业长青的"百年老店"，必须建立和不断完善符合企业自身特点的有效项目管理体系，实现资源充分整合和多方位沟通协调。

国际工程承包周期长、成本高、风险大，因此越来越多的企业开始重视项目的风险管理。尤其在 2017 年，国家专门下发了关于中央企业进行合规管理的体系文件，对合规的识别、判断和措施进行了明确的定义。而在国际知名工程企业中，这部分工作内容都是由专门部门和人员负责，首先建立具体的体系文件，然后在对应的工作过程中进行严格监控，同时建立企业自身的数据库。因此，大力发展企业的合规管理也是大势所趋。

四、信息化水平和建设程度较高

优秀境外拓展企业的信息化水平和建设程度都比较高，注重知识共享体系建设，及时把每个具体项目和每名员工的经验形成数据库，转化成公司的共享知识财产。巩固和提高企业实践能力和管理水平的最佳方法，是总结和加强以不同形式存在于不同角落的知识和资源的积累、提炼，并将它制度化或体系化。如果企业缺乏良性运转的知识积累和共享体系，那么即使在项目的运作完成后积累了很多经验和办法，也很难进入公司的体系文件或公司数据库，更别说转化成可积累的公司知识资产或资源。而且在

未来其他项目的执行过程中,项目组成员也没有可以依据的处理流程、制度文件或可借鉴的经验,只能通过重复性的摸索和尝试推进项目,这就会导致相对应的试错成本始终维持在较高水平,同时拉低公司的整体运行效率。

目前,国际工程承包领域竞争激烈,"走出去"企业在打造核心竞争力的同时,还应建立和完善知识、管理、风险和其他相关资源的数据库,并逐渐形成全面内控体系。通过对各种风险问题进行分类、甄别,选择有针对性的预防、控制、处理方式。具备完善的管理体系和制度的配套体系文件,以及全面风险管理的数据库和处理体系,将成为企业在未来竞争中处于优势地位的两大支点。

企业的各种数据库属于企业的"软实力",但软实力只有最终转化为企业的"硬实力",才能真正实现其价值。企业需要不断完善内部的信息化建设体系,尤其是要将内部的各种体系、制度、流程、风险库等通过在线运行的模式加以体现,将相对应的各种信息资源转化为可操作、较直观的执行模式。同时,企业需要建立强大的、完善的网上运行平台,将各种基础数据通过信息化手段完善以后,通过信息沟通平台进行交互和传播,建立人机对话模式、人人对话模式。只有这样,国际工程承包企业在世界各地的办事处、分支机构、分/子公司才能实现无时差地妥善处理各项工作信息和内容,并及时完成人际沟通等。

五、重视社会责任和社会影响力

优秀境外拓展企业非常重视社会责任和影响力,会合理处理利益相关方的诉求,努力提升企业的社会形象。随着世界经济的飞速发展和人类社会的不断进步,国际化的交流沟通越来越频繁,全球市场的交互性也越来越向纵深发展。企业作为市场参与和竞争的主体,涉及的各种因素非常庞杂,关联的利益方越来越多,牵涉的利益关系也越来越复杂,因此企业不仅要赢得市场竞争的一时优势,更需要通过持续强化企业的社会责任和影响力获得社会各方的认可,从而持续、健康地发展壮大。这是世界先进企业的一贯做法,也是企业发展的潮流,特别是大型国际工程承包企业具有经营业务全面化、资源配置全球化、服务领域宽广化、涉及产业宽广化和层次纵深化的主要特点，因此利益相关方多、社会责任重、人民期望值高，这就决定了这些企业必须高度重视企业的社会责任。

我国对外工程承包企业在工作过程中，有时过分强调项目本身的价值，而疏忽了企业社会责任和企业形象的影响力。例如，有的企业在项目实施过程中，未能充分考虑环保问题，造成一定的资源浪费和环境污染，导致当地居民为被破坏的环境买单，承担了本不应该由他们承担的社会责任。这样的行为不但令企业丢失了当地的民心，也让本来是造福一方经济的基础建设项目未能赢得应有的尊重。"走出去"的中资企业必须时刻牢记，企业形象代表国家形象，应充分重视企业社会责任，努力提升企业形象。

要解决上述问题，必须强化企业的管理意识，对承担企业社会责任、扩大企业正面影响力和梳理企业形象的工作进行制度化和系统化的安排，进行明确的岗位职责分工，让企业内部员工都树立起"企业形象，人人有责"的意识，并通过在企业预算成本中提取出一定比例的社会责任专项支出，使相关的办法和规定得以真正落地实施。一些大型企业在大型国际项目的执行过程中，非常重视建立与周边环境和社区的良好关系，如修建医院、学校、娱乐设施、宗教场所、其他辅助性基础设施等。

六、向属地化发展的战略目标转化

随着国际工程承包领域的竞争日益加剧，越来越多的企业把提升自身管理效益和降低成本作为竞争的主要法宝。加上国际工程承包项目的大部分工作内容都是在国外完成的，这要求工作人员具备良好的业务能力、沟通能力等综合能力，客观上也需要在当地经营的境外办事处或当地分/子公司不断提高对属地化管理的重视程度。本国派驻的工作人员在文化差异、语言沟通、习俗融入等方面均可能与当地人有一定的差异，所以企业要进行属地化管理。一方面，要认识到工作的难度，妥善处理大大小小的所有事项；另一方面，要采取积极、主动的工作方法和措施，加快属地化建设的速度。此外，由于第三世界员工工资水平较低，项目所在地也通常有具体的劳动保护政策，中国企业应结合当地实际和具体政策，积极进行属地化建设，在降低成本的同时帮助解决当地的就业问题。这样不仅有助于东道国改善基础设施，还能为当地创造大量的就业机会，提升企业形象。相关数据显示，近些年我国企业聘用项目所在国员工的数量直线攀升，项目用工的当地化比例不断提高，个别项目甚至达到70%以上，因而对国际工程承包项目的属地化管理越发重要。

第二章　企业国际业务战略制定与前期准备

　　企业在开展境外业务之前，需要制定适合企业发展的境外战略或长远发展目标。由于企业是在境外开展业务，所以在实施过程中很可能会遇到成本超出预算、计划无法按照最初构想实施等问题，而这些问题将会导致境外业务的开发工作在某种意义上成为企业间比消耗或比家底的过程。此外，如果项目开发进行到一定阶段，出现资源支持不足、需要进行方向调整或完全退出等情况，将对早期投入资源造成巨大浪费，而造成这种浪费的原因则在于前期战略准备不充分、各种资源保障工作不到位。因此，企业国际业务的战略管理或业务拓展的战略管理对于企业发展和项目开发具有决定性的作用。

　　本章重点分析国际业务拓展的基本战略理念、战略落地中的环境分析、战略管理中的企业内部价值链分析、战略实施过程中的企业优劣势分析、标杆企业分析与战略目标选择、战略目标确定过程细节、战略落地的保证措施、国际市场开发战略的核心内容、市场开发管理配套体系、市场开发阶段的配套制度等内容，使读者了解国际工程市场开发过程中战略的基本作用、建立战略的过程、战略落地需要配套的体系和制度建设的操作流程。

第一节　国际业务拓展的基本战略理念

　　企业的发展战略是企业在成立之初依据自身定位充分考虑，并经过认真研究和策划，而最终制定的企业发展的基本根据和行动指南。国际工程承包企业参与的项目大部分在境外，存在操作时间长、不确定因素多、风险大、业内竞争激烈等诸多潜在问题，企业需要制定合理的发展战略对其境外营销和市场开发进行引导，因此企业必须重视自身的战略管理。

境外工程企业在制定企业战略时，要与自身特点和能力等相匹配，充分考虑企业的基本情况、基础组织架构、人力资源状况和主要经济指标等多方面因素。

企业在制定境外战略的过程中，需要做好以下分析工作：

1）分析企业的基本特点，如成立时间、历史变革、主要业务范围和行业地位等。

2）分析企业现有的组织架构，列出企业基本组织结构图，包括现有部门、二级机构、分/子公司或构成机构以及各机构的人员组成等，重点了解业务部门组织架构的设置，分析业务部门的产值或营业额等可量化指标。

3）分析企业现有人力资源状况，包括总体雇员人数、年龄结构、知识结构、专业人才储备，以及未来战略调整后适应新战略方向的人才情况。

4）分析企业的经济指标，如营业额、资金周转率、负债率、利润总额、净利润和相关指标变化特点，对于发生变化的原因需要进行重点说明。

5）分析企业相关特征后，可以考虑与一家战略目标也是以境外业务拓展为主的目标企业进行横向对比，通过对比分析确定本企业应该采用什么样的业务拓展管理方案、具体办法、操作细节等，以便进行具体的业务开发工作。

通过以上对比分析工作，基本能够确定企业进行境外业务拓展需要投入多少战略资源。因此，分析对比的主要目的是将企业的基本情况和基础信息进行初步罗列和说明，为后续的深入分析做好铺垫，为战略目标的分解和落地打下坚实基础。

在境外市场开发工作的专项战略报告中，需要明确发展目标、说明相关问题、提出未来实施办法，同时对现存驻外机构的数量、职能、日常工作的内容，以及市场对焦、开发手段、具体操作流程和技术方法等加以分析和说明。

第二节 战略落地中的环境分析

国际经济环境分析、工程承包市场环境分析、企业对自身所处行业的竞争环境分析，构成了工程承包企业外部环境分析的三大方向。

1）国际经济环境分析主要用于说明世界经济环境的年增长率，以及政治风险、投资风险、汇率风险等全球经济的大背景、新浪潮。

2）工程承包市场环境分析包括工程承包市场未来的发展趋势、市场体量和发展增速等。通过分析市场环境的优劣，初步判断其增长趋势、预估市场容量，提出如何应对地区差异化带来的行业态势，并根据市场情况适时推动公司发展模式进行转型升级。以行业周期来判断，目前我国对外承包工程行业处于成长期，总体规模不断增长，大型项目越来越多，EPC总承包模式应用持续增加，投资与工程承包相结合的方式以及以小规模投资拉动大规模的总承包方式渐趋主流。部分较早"走出去"的对外承包企业已经在境外市场立足，具备了一定的规模，确立了适合境外生存和发展的业务模式，正在国际市场上合力打造中国品牌。国家层面，金融、财税等配套政策体系的建设也在同步进行，开展了投资保护、财政补贴和税收减免等。

3）企业对自身所处行业的竞争环境分析是判断企业发展战略是否具有可行性和实操性的关键依据。对于来自其他专业公司的竞争，需要在战略报告中具体说明竞争对手是什么类型的企业，具有哪方面的专业竞争优势，这种竞争优势所带来的威胁和影响是针对整个行业的还是某个具体领域的，抑或只是针对本企业的。随着各种专业公司的不断涌现，身处行业竞争中心的我国承包工程企业，在进行市场开发或项目执行过程中遇到了极大的压力和阻力，因此企业需要具备很强的资源整合能力和管理能力，以解决普遍存在的设计问题和设备、资源相对稀缺的问题。与国内总承包业务相比，国际工程承包获取利润的门槛较低、利润率相对较高，因此越来越多的我国企业走向国际承包业务市场。

随着世界经济的不断发展，各个国家对于基础设施投资建设的需求仍属于刚性,世界投资环境总体较好,但政治风险、汇率风险、法律风险等却成为制约不同国家发展速度的主要因素。目前,大部分境外投资工作是由对外承包企业直接完成或间接配合完成的,毕竟境外承包企业在项目所在地具有一定的商务优势和管理优势,而且很多国家政策导向也是有利于吸引境外投资的。尤其是在电力、水务和市政等领域,其行业环境本身也处于高速发展时期,有投资意愿的我国工程承包企业都在重点关注。但企业应充分认识投资类项目的关键风险点,针对具体国别,要落实当地政府的支持性配套政策机制是否健全,如存贷款利率、保险费用、税收优惠、外汇汇兑等是否有相应的具体管理办法和弹性政策,以及项目审批周期和审批流程、机制是否便利等,同时也要充分识别自身的风险驾驭能力,避免因风险管控能力不足导致投资失败。

工程承包企业为制订战略发展计划而进行外部环境分析的过程,也是企业根据市场条件进行市场安排和战略布局的过程。对于某些特定的境外市场或领域,是否可以进行投资活动?如果进行投资活动,有哪些可利用的资源?国家相配套的产业政策和扶持制度又有哪些内容?以上问题及调研的结果,都应该明确反映在企业的境外战略方案中。

第三节 战略管理中的企业内部价值链分析

对企业的基本特点和基础信息进行初步分析之后,需要着重研究企业的发展空间和环境。首先需要完成对本企业价值链或产业链的分析,因为目前的市场竞争态势需要企业不断增强自身实力,充分整合上下游产业链,并且改善企业内部价值链。

企业的价值链分析,一是通过对企业价值活动的分析,界定本企业属于何种类型的专业企业或综合性企业;二是分析企业是如何利用信息技术手段完成资源有效配置和关键业务流程的优化进而实施企业战略的。

大部分工程企业的基本特点是业务涵盖的价值链环节较多。就项目性质而言,既可以是"交钥匙"工程,也可以是完成其中某一部分的工程,属于施工分包或设计分包;就具体项目而言,可能会包含项目开发、融资、项目建设和交付之后的运营和维护等全部环节或部分环节。通常，企业如果拥有较长的价值链，就可以获取更高的价值回报和利润。通过对价值链的分析进而设计新的价值环节，有利于企业为业主提供增值服务，提高业主满意度，进而增强企业的竞争优势。

企业在创造新价值的过程中，往往会涉及企业在所处产业链中向上下游的延伸，这将对企业的资源整合能力和管理能力带来巨大的挑战，如果仅仅将其理解为通过协调外部资源进行配合，那么很可能会遇到合作伙伴不配合或配合不到位的情况。不论是思想、财力、人力，还是配套生产和管理，任何一方面准备不到位，都会导致管理成本攀升、协调难度增大、效率降低、成本支出升高。此外，国内大部分工程承包企业都是由原来的施工单位、设计单位或设备生产商、贸易进出口商转型升级而来，尤其是施工企业和设备生产企业都属于重资产企业，固定资产多，人员负担重，经营方式比较单一，管理模式适配于施工和生产，涉足的专业领域狭窄，完成产业链延伸的整体转换成本更高。

第四节　战略实施过程中的企业优劣势分析

对国际工程承包市场环境和竞争环境进行分析之后，企业需要对自身特点进行定性和定量分析，然后总结归纳出企业的优势和劣势。最常见的方法是进行SWOT分析（态势分析）。优势和劣势都是与行业内标杆企业进行对比后得出的，因此必须从业务数量、质量和效果3个方面分析标杆企业的特点。常用的方法是至少选择一家世界顶级企业和一家国内优秀企业，与之进行比对分析，分析内容包括市场开发能力、施工能力、设计能力、全球市场布局范围、执行团队的领导力和执行力、员工队伍高素质、管理规范化程度、风控体系健全程度、项目决策权的集中度以及与政府关系协调、融资方案解决等对大型项目的综合资源整合能力等。

企业竞争优势的建立和确定往往立足于合适的公司发展战略和文化，在对企业以往完成项目的各项财务指标等指针性数据进行分类计算和统计分析的基础上得出。例如，企业可以计算出在已完成项目或正在执行的项目中，有多少项目属于融资类，有多少项目属于业主自有资金招投标类，而融资类项目中又有多少项目属于政府提供的信贷资金等。如果大部分项目都属于融资类项目，就可以认为融资能力较强是企业的优势之一，若这其中多半项目是依靠我国政府提供的信贷资金，就可以看出企业的另一个优势是政府关系协调能力较强。大部分中资企业遇到的困难基本相同，一般都存在资源整合能力不强、融资能力不突出、自身管理能力偏弱、抗风险能力较差等问题，所以企业可能拥有相对优势，而不存在绝对劣势。

分析企业的劣势和不足，可以通过对现有工作（包括已完成项目）进行总结，对相关数据量化分析后，梳理不足，总结经验。如果企业的主要收入是通过执行一个个具体的项目实现的，该企业管理能力的薄弱就会直接导致项目外流，或者在与合作伙伴的合作过程中无意识地培养出竞争对手。企业内部的管理需要协调配合，大部分境外项目需要通过企业在国内和国外的各个部门之间紧密配合和协调推进，部门之间的协同工作尤其需要注意。在某些情况下，部门之间的沟通不畅将会增加项目阻力。此外，专业人员不足、人才储备不够、骨干员工缺乏，能够独立组织项目开发、有思路、有经验、愿意经常出国和长期驻外的人较少，能够带领开发团队的专业人员稀缺，开发人员的梯队建设不足，也是大多数企业面临的直接问题。此外，若公司的特长专业领域和特长市场过于集中，也会使公司的抗风险能力受到一定的影响。

第五节　标杆企业分析与战略目标选择

企业的特点和优劣势，可以通过与标杆企业的对比得出。标杆企业是指该行业内的国内外知名企业，在总承包领域、投融资领域或施工领域等有非常高的知名度，企业的某些具体操作能力、手段和方式等方面甚至可能代表世界最高水准，其业绩位于同行业的顶端。

一、标杆企业分析

对标杆企业的分析，通常是从介绍企业的历史和背景开始的，主要是展示该企业的主要业绩和较为突出的综合实力。有些标杆企业的施工管理能力比较突出，已经引用了 3D 和 4D 工程监测技术；有些标杆企业能够利用超强的工程设计能力严控项目成本，设计与施工相辅相成，通过设计团队提供的全天候服务，确保设计工作与工程进度相匹配，而不是相互制约；还有一些标杆企业则具有非凡的采购能力，不但能为自身采购业务提供完善的实施方案，而且能够实现集成化、可靠和经济的供应链管理，建立全球供应系统和网络销售渠道，拥有大宗货物的采购议价能力，更在其旗下组建了一支通晓当地法律、市场、客户和物流采购习惯的专业采购经理人团队。

融资和所有权置换能力也是体现标杆企业综合能力的一个重要标志，能体现为客户提供项目拓展、结构化融资和信贷等方面顾问服务的专业程度和实力。当然，安全管理能力也是所有标杆企业都非常重视的，一般情况下，标杆企业的安全绩效远远高于同行业标准。标杆企业的另一个突出的共性特点，则是具有高水平的项目管理能力。他们拥有先进的管理技术和手段，通过建立切合本企业实际的项目管理手册、项目管理程序文件、项目管理数据库等不断提高管理水平，并在意识和行动上把组织机构的设置和运营、项目运作规程、经营管理镶嵌进企业项目管理"金字塔"的基础构造中。此外，世界范围内标杆企业的很大一部分收入来自技术创新，创新能力早已成为现代企业进军高科技工程项目、实现较高利润水平的重要手段。无论企业的规模如何，创新都是企业永葆青春和发展壮大的活力源泉。

大部分标杆企业的市场开发能力都较为成熟和完善，具体体现如下：在世界大部分国家，或者至少是在本企业的目标国家和目标市场，都有自己的营销团队或市场开发团队，能够在第一时间响应，将公司的触角伸向每一个目标市场。

企业在国际工程市场上的优秀表现都是基于先进的信息系统管理能力，因此，高水平的信息管理几乎成为多数标杆企业的标准配置。信息技术的提升不仅能加快工程建设的进度、降低项目成本，而且能为稳定项目质量、实现企业的全球统一管理和运营提供保障。而随着 4G 和 5G 技术在全球的逐步普及，不断迭代的网络应用程序为企业在更大范围内的物流和人员协作提供了切实可行的便捷途径。先进的网络技术管理能力，不仅能为企业在全球范围内招贤纳士，寻找最好的专家或技术人员，而且能让这些散布在世界各地的专业人士进行及时有效的沟通和交流，并为他们提供全球范围内全天候的技术支持。

国际标杆企业之所以能取得成功，还有一个共性特点是注重人才培养和知识管理，把知识和经验当作企业的重要无形资产，投入大量的资金进行基础知识管理体系建设，用以促进实用复合型知识的不断积累和迅速普及。许多标杆企业都设立了多级知识网络普及体系，拥有大规模的管理人员训练和实践中心，甚至通过建立企业内部人才培养的大学，为各层级员工提供各种专业知识、技能、业务的培训。

在对标杆企业进行分析时，不能仅仅停留于对国际知名企业的分析和学习，因为国际性大企业通过多年积累，在经历了不同的发展阶段后，营造的生态小环境、运作机制和管理体系都已非常成熟，而国内企业的发展之路和国际知名企业有明显不同。因此，在学习国际知名企业的同时，还必须观察和分析国内标杆企业的表现，尤其是后者的实施战略和发展思路，可能有更值得借鉴之处。

国内标杆企业一般具有以下3个方面的特点：

1）产业升级步伐快。一般企业都会经历以下发展阶段：从不用垫资的完全竞争性投标项目，到EPC总承包项目或带融资条件的EPC项目，再到需要投融资配合参与的项目。越到后期，企业越需要围绕自身的技术经验和市场资源，逐步进入境外工程承包的高端市场。

2）聚焦重点市场大项目。对于重点市场、重点领域，企业多采取大项目开发策略，在本企业拥有技术优势或商务开发优势的市场或国别，集中优势力量开发单体不低于1亿美元的项目，以便实现企业业务突飞猛进的放量增长。

3）坚持多元化发展。企业在坚持主业稳健发展的同时，积极向非主业方向和领域拓展，以核心实力为支撑，逐步延伸至相邻、相关专业领域的项目，逐渐扩大非主营业务所占的比重，以增强企业抵抗行业风险的能力。

二、战略目标选择

不管是国内的还是国际的标杆企业，都将投资业务的发展作为其重要的发展方向之一。传统工程建筑业属于劳动密集型行业，进入壁垒低、竞争激烈、利润微薄。大型工程承包企业在其发展过程中，不断积累技术、管理及融资方面的优势，成功完成了营利模式的转变，通过建立在融资、设计、建造、运营管理价值链上的集成优势获取持续高额的回报。欧美大部分工程企业都会涉及特许经营业务。在欧美的知名工程企业中，该项业务占企业整体业务的比重也较高，至少达到50%。以法国万喜集团和西班牙法罗里奥集团为例，分析特许经营业务发展的主要策略，包括以下4个部分。

（一）领域选择

围绕核心技能开展业务。企业需要有自身的特色或擅长领域，在具有优势专业能力的领域拥有对应的专利技术以及良好的运营服务经验和技能。

万喜集团通过打造集融资-设计-建造-运营为一体的业务链，使特许经营业务与工程承包业务有机结合，构建起良好的循环体系，并且通过特许经营项目将公司各方面的资源和力量整合在一起，在公司内实现优势互补，形成良好的竞争优势，这种战略思想在收费高速公路领域得到了充分体现。除收费高速公路，万喜集团的特许经营业务还集中在城市轻轨、桥梁、隧道、机场、停车场、体育场等领域，与收费高速公路项目一样，这些项目大部分都是由万喜集团旗下的公司分别负责设计、建设和运营。

法罗里奥集团也遵循着同样的战略原则，致力于实现工程承包业务与特许经营的双赢。法罗里奥集团在基础设施建设方面的优势更突出，因此其特许经营业务也基本围绕公路、机场等领域开展。

（二）市场选择

这两家集团的业务集中在政局稳定、司法制度健全、经济发达的周边市场或者具有历史渊源的境外市场。

多年来，万喜集团无论是在工程承包领域还是在投资领域都一直遵循"根植国内市场，并向周边辐射"的市场战略原则。在打拼多年的国内市场中，万喜集团凭借其成熟的营销网络和渠道，最大限度地降低了经营风险和经营成本；在境外投资方面，万喜集团相当谨慎，所占比重不高，而对于境外投资业务市场的选择，比较倾向于比利时、德国、英国、荷兰等与法国国情相近的西欧国家。法罗里奥集团与万喜集团相似，投资业务前期主要集中在国内，1997年后逐步将投资目的地从国内扩展到国际，其选择境外投资目的地主要基于以下两条原则：一是集中在与西班牙有密切的政治、经济和文化渊源的拉丁美洲地区；二是选择政局稳定、司法制度健全、经济发达的北美洲，西欧及东欧地区等一些 OECD（经济合作与发展组织）成员国。目前，法罗里奥集团境外投资业务已经占据了相当大的比重。

（三）融资方式

近年来，私人资本参与国家基础设施建设的热潮在全球许多地区愈演愈烈，成为基础建设领域十分流行的模式。这种趋势对承包商的融资能力形成了严峻的挑战，由此推动了代表工程管理能力的承包商和代表资本能力的财团这两大力量基于共同利益的联合。万喜集团在多年的发展过程中，每逢重大投资与并购活动都有财团参与。早在1970年万喜集团融资创立 Cofiroute 公司时，法国兴业银行和巴黎银行就与万喜集团在收费高速公路领域进行合作，并形成了十分稳定的银企合作模式。此后，万喜集团与许多商业银行、投资银行都形成了十分紧密的合作关系。这些银行为万喜集团在开发大型投资项目以及对外并购时提供了有效的帮助，如在万喜集团收购 ASF 公司的过程中，由于融资数额巨大（91亿欧元），共有数十家法国和欧洲的银行参与，才顺利完成收购计划。除银团形式，万喜集团还拥有很多融资渠道，如发行中长期债券、发行新股和优质项目打包上市等。

（四）扩张模式

收购是企业发展战略的一种重要方式，纵观每个大型国际承包商的发展历程，都经历了大大小小的各种兼并、收购、整合、分拆、出售等资本运营的过程。因此，兼并重组已经成为大型承包商短时间内做大做强、推行多元化和国际化战略的有力武器。万喜集团先后经历了数十次大小不一的重组并购，使其规模、品牌和专业能力得到了快速提升，其中在投资领域的几次重大并购给万喜集团在很短的时间内带来了质的飞跃：1998年，在停车场服务领域，通过对SOGEPARC公司和GTM公司的并购，万喜集团旗下经营的停车位增长了几十倍，成为世界上最大的停车场运营商；2006年，通过收购ASF公司，万喜集团负责投资运营的高速公路从800多km增加到4300多km，成为欧洲最大的公路特许经营商。2006年，法罗里奥集团以103亿英镑的价格收购了英国著名的机场运营公司BAA公司，使其投资资产价值占总资产的比例提高了82.6%，投资业务的利润占总额的比例也迅速提升到60%以上，真正成为一个投资-承包一体化的公司。

从上述分析可知，国际标杆企业和国内标杆企业均属于"春江水暖鸭先知"的类型，他们的发展战略能为同行的市场开发和营销活动的主攻方向带来启示。此外，市场营销活动也要符合企业的发展战略。企业只有具备"人无我有、人有我精、人精我全"的基本功，才能在激烈竞争的市场上抓住更多的机会，才会有长远发展的可能性。

第六节 战略目标确定过程细节

在确定具体战略目标的过程中，一般使用战略目标分解和业务组合矩阵结合的模式，即制定企业发展的合理战略目标之后，根据公司的能力、人员组成、组织架构等具体因素将战略目标进行分解。

一、分解企业经营目标

对于国际工程承包企业而言，首要的就是分解企业经营目标，其中包括解释说明宏观目标、解释说明组织结构目标、明确业务机构目标。

1) 解释说明宏观目标。强调到某一时间点应完成的营业额、合同额和利润额的具体数值，对于不同市场所占的比重也要进行大致的分配，通常需要通过将企业近3年的各种数据进行罗列分析，然后列出未来几年的目标。例如，某国有企业从事的境外业务2012年营业额为13亿美元、新签合同额为30亿美元、营业收入为70亿人民币元，而2013年计划营业额为16亿美元、计划新签合同额为32亿美元、计划营业收入为85亿人民币元。当然，如果期间发生重大并购和重组，则该企业战略目标也需要进行相应调整。

2）解释说明组织结构目标。包括到战略规划期末，培育一定数量的境外事业部或业务部、组织形态的利润中心、在重点境外市场设立几个国别公司、国内分/子公司与境外投资分/子公司按照什么样的现代企业管理制度运作、职能部门如何配合业务单位的相关措施等。随着企业各部门在各国市场适应能力的逐渐增强，最终使企业优化现有架构，形成集团化企业的形态。

3）明确业务机构目标。明确企业到规划年末，其产业链控制能力得到改善、整体竞争实力有所提升的具体目标和量化指标，并将这些目标和指标分别对应到各个板块（如工程板块、贸易板块、设计板块、施工板块、制造板块和投资与运营服务板块等），并做进一步的详细分析和说明。

综合上述目标，形成包括商务能力、市场开发能力、融资能力、并购能力、项目管理能力、信息化管理能力等在内的企业核心竞争力。

任何目标的达成都离不开人，并最终表现为企业人员为实现目标而展现出的具体操作能力。所以，为实现企业整体目标所需要的员工人数、素质、类型，亦需要设立相应的指标，并进一步细化为对管理人才、技术人才、高级商务人才等的具体指标要求。

二、分析企业的业务组合矩阵

完成上述指标分析后，需要进一步研究企业的业务组合矩阵。

1）分析国际工程承包在企业业务总量中所占的比重，在国外设计、施工、供货的具体产值或营业额，对在本期规划实施之前完成的国际业务总量、类型和具体指标等做具体说明，并对基于历史数据和企业现状制定的各项目标所对应的指标具体数据予以介绍和说明。

2）需要以企业在国际业务板块中各个领域的比重作为突破口进行细化分析。例如，某企业的业务范围包括农业工程、电力工程和交通工程等，其中电力工程能够占到公司总业务的一半以上。但是我国企业在国际工程承包领域中，电力行业所占的份额并不是最高的，市场容量也不是最大的，因此可以看出我国电力企业的竞争力有限。

3）通过对占比不同的各业务板块具体经济指标（包括新签合同额、完成营业额等数据）的分析，推断本企业未来的业务发展方向。例如，某企业曾签约完成了多个输变电项目，之后又成功签约了一个水电站项目和火电站项目，因此可以初步判断该企业有在电力行业拓展业务的趋势，其在该领域的竞争能力也在不断增强。通过对企业业务成分的量化分析，也可以看出企业在某个传统领域实力较强，但是竞争优势不够明显，甚至在不断削弱。例如，从市场分布来看，对建材工业、机械制造和某些加工工业设施等工业领域的开发，虽有一定规模，却比不上交通、房建、石化、电力等领域，且容易受到经济周期的影响，波动性比较强。因此，有的企业虽然在这些规模有限且易受市场波动影响的领域有一定的竞争优势，但当他们有转型或业务链延伸的需求而置身于更大范围内的国际工程承包市场竞争中时，其相对优势是不明显的。

4）在分析企业的重点发展领域时，也需要分析市场分布情况。大多数项目可能位于发展中国家和地区，企业在这些国家和地区已形成一定的市场格局和规模效应，特别是其中的某些重点市场，对该企业的发展有举足轻重的作用。但从长远看，市场过于集中，把"鸡蛋"放在一个"篮子里"，也会在一定程度上放大企业的经营风险。

我国对外承包企业对投资业务、贸易业务也有涉猎。因此，这些企业在进行企业战略规划分析时，也要对投资业务目前的态势，尤其是在公司总业务中所占的比重、未来可能发展的趋势进行分析，同时对未来潜在的投资机会或领域进行简单分析和判别。而贸易始终是对外承包业务中不可或缺的一部分，但对国际工程承包企业而言，企业开展的贸易业务主要依托于公司承包业务的发展，受限于自营业务的范围。通过对贸易业务形式、种类、涉及的国别等现状分析，可以辅助判断企业主营业务的发展状况和未来发展趋势，进一步分析企业所具有的优势和劣势。

通过对市场吸引力和竞争地位两个维度的分析，可以绘制出企业业务组合矩阵图。横轴主要说明竞争地位或状态，一般进行定性分析，可分为弱、中、强3种状态；纵轴一般表示市场吸引力，也可分为弱、中、强3种状态。对业务板块基本上通过所占业务份额的比重进行划分。

第七节　战略落地的保证措施

在分析了客观环境和主观形势后，就完成了对企业境外发展基本战略概貌的描述工作，同时也从客观上呈现了企业的优劣势。但是，各种专业公司具有相对技术优势，导致行业内竞争不断加剧；潜在的"游戏玩家"不断涌入新兴市场和新兴领域，意味着各类施工单位、设计院和设备制造商会不断涌入传统市场，导致竞争加剧；业主因为手握项目资源而处于不平等关系的上游，项目日益大型化、复杂化，对承包全产业链综合服务能力的要求更加苛刻；传统意义上的设计院、设备供应商因为供应商资源紧俏，议价能力不断提高，行业内设计资源被不断整合，导致优质资源稀缺。因此，工程承包企业应该制定积极有效的战略措施，用以解决战略的落地问题。

一、优化组织架构，提高抗风险能力和管理能力

随着企业业务规模的不断扩大，业务单位的数量也会不断增加，管理的复杂性也逐渐凸显。因此，企业需要逐步从运营管控模式转化到战略管控模式，对原有业务板块和组织机构进行优化。若原有的各业务机构、内部团体或运营单位规模较小，或者存在多重工作交织、工作任务不能进行合理分配的情况，则企业需要在现有基础上按照区域或市场分类重新组合成立专业机构或部门，加强发挥各个代表处在市场开发中的作用，同时加快对重点市场代表处的建设。对于某些重点国家代表处，应该扩大其管理权限，强化开发功能，提高属地化经营水平；对于少数有较大发展空间的重点市场，可以设立专门的国别公司，全权负责该市场的业务，从而实现对该市场的深度开发；对于新兴业务，必须辨明该项业务对于现阶段的企业属于"可为"还是"不可为"、是否有助于企业整体战略发展目标的实现。若是值得培育和发展壮大的新业务，可以通过企业总部直接管控的方式管理，待形成规模后，再逐步采用分/子公司模式进行管理。

企业总部的各种职能部门也需要不断提升服务和管控能力，包括战略

规划、资本运作、资金支持、资源宏观调配等，从而充分发挥总部战略中心和决策中心的职能。企业发展需要调整和再造的组织架构，是在企业内部进行积极的资源整合和人员合理流动的保障机制，重点解决各种高级管理人员匮乏的问题，加强各部门之间的联系和沟通，通过有效沟通和边界清晰模式的结合，内外合力实现重点项目和重点市场的开发。企业下属各部门或二级单位必须紧紧围绕公司发展战略，根据市场和业务的变化适度进行动态调整，从而实现对资源的全面统筹规划和高效利用。

二、提升战略联盟或兼并重组能力

只有优秀设计院、设备供应商和施工企业之间建立长期、友好和健康的合作关系，并达成优势互补的联盟关系，才能实现资源的优化利用和共同发展的多赢局面。

有能力并具备条件的企业，可以在战略规划中考虑实施兼并重组计划。在并购对象的选择上要注意以下两点：

1）并购资产良好，专业优势突出，潜力大、负担小的研究类企业。

2）横向并购行业内同类公司，通过扩充、并购，进行人才补充、市场扩展、财务能力提升等，进而快速扩大经营规模，增强自身竞争力，提高市场地位。

规模较小的企业可以充分发掘自身的特点，利用自身独有的优势加大与跨国公司的合作力度，包括与世界知名承包商或顾问咨询机构之间的合作，加快企业在市场开发、国际化经营和项目管理等方面能力的提升。

三、依托融资多元化能力开拓市场，提高市场份额

企业需要持续开拓融资渠道，开发融资方式，搭建融资平台，形成政府融资、商业融资、项目融资等多形式的结合模式，高度重视融资方式的创新和优化，结合业主的融资需求和公司的财务能力制订最优的整体融资方案。

四、建立科学有效的人才引进和培养体系

对人才的引进和培养，不仅是企业人力资源管理的主要任务，也是企

业市场拓展的重要依托，更是关乎企业长远战略实施和近期发展的头等大事。企业制定发展战略时，必须强调对优秀人才引进和培养的相关规划，切实落实内部培养方案，尽快建立科学有效的培养体系。

具体可以从以下 3 个方面着手：

1）规划中设置有针对性的培训，用以解决工作需求和素质培养之间的矛盾。

2）在进行梯队建设的同时，充分尊重具体人才的不同特性和个性，并在处理具体事情时避免教条化的管理。

3）不断完善绩效管理体系和激励机制，为员工搭建能够提升管理能力和专业能力的学习平台，激励其不断优化自身能力。

五、不断完善信息化平台

企业要制订和落实信息化的发展规划，搭建便捷、高效的信息平台，从而提高管理效率，协助资源整合，发挥经营的集约优势，提升综合服务能力，实现企业管理、财务、业务整体化的目标。尤其是在项目开发阶段，可以充分利用网络平台进行资源配置，制订全面、详细的项目开发计划，提高项目开发的成功概率。只有企业内部信息化朝着与上下游集成的产业链信息化方向转化，才能提升企业应对市场问题的反应能力和应变能力。

第八节 国际市场开发战略的核心内容

在实施公司的整体发展战略和境外业务战略时，首先需要完成境外战略下的子战略，如境外经营战略、确定具体经营目标和经营方式等内容。这是对公司整体境外战略的进一步继承，也是指导后续具体实操工作的大政方针。

一般的企业境外开发子战略包括 3 个层面：第一层面，结合企业特点制定的整体开发战略方向；第二层面，根据自身优势制定的创新式战略思考；第三层面，根据国内外政治环境和形势的影响与企业优劣势设立的具体开发战略。例如，某企业在经营战略的第一层面，强调做大、做强工程承包业务，培育重点市场和重点专业领域，以大项目开发为主要方向，不断促进经营规模的提升，逐步退出发展潜力小、难以形成规模的业务领域；在第二层面，提出坚持创新发展的基本原则，充分利用企业的专业技术优势，开展收益主导的新型发展模式，适当拓展总承包以外的投资业务或特许经营业务，特许经营业务坚持环保、交通、电力为主的思路，在有优势的国家市场，充分利用与政府的良好关系和在当地深入的人脉关系，寻找合适的开发领域，同时适度依托市场资源进入资源矿产开发领域；在第三层面，充分学习和领会当前国家政策，把握好国家扩大内需的战略实施契机，围绕环保和新能源、高科技领域，从外部收购核心技术，同时将新技术进行产业化培养，培育新的业务增长点。

企业市场开发的基本思路就是巩固和拓展基础业务、发掘和建立有增长动力的业务、开拓并提前介入新兴业务。例如，工程承包企业的首要任务是培育重点市场和重点领域，开发重大项目，同时加强与设计院/所的沟通，承包国际工程咨询等项目；其次是利用企业在某些国家的国别优势，适当进入该区域的相关开发领域，寻找特许经营等项目，其中电力、水务、环保为优先考虑领域；对于开拓新兴业务，如环保和新能源领域，特指收购核心技术，最终将其核心技术进行产业化转化，变成实实在在的生产力。

在企业的工程承包板块中，需要特别制定专业技术化领先战略。企业应当抓住国际工程承包市场环境有利和对外承包工程行业快速发展的战略机遇期，在未来阶段保持多元化发展路线，立足于现有专业领域，同时向领域内的高端方向发展。借助于专业水平的提升，企业可实现由传统优势向商务、设计和管理集成优势的转变，以商务运作为主线、设计咨询为先决、项目管控能力为实操，强化企业内部整合能力，而非单一的或商务或设计或管理能力。继而，企业通过整合外部资源，强化自身技术和管理实力，同时加强专业团队建设，培养自己的开发、管理、技术等专业人才。

在市场中，企业需要采取重点市场领先战略，不断巩固和壮大成熟市场，加大投入，集中资源，培育和发展有希望的市场，形成一定规模的布局，在每个大洲的区域市场中重点发展几个支柱市场。其中，重点市场应该是市场规模较大或者目前规模不大但是非常有潜力的市场，同时也是企业具有明显竞争优势或通过一段时期的努力能获得竞争优势的市场，一般情况下不鼓励企业去开发发展潜力小、效益低和风险大的市场。培育重点市场，需要加强这些市场的核心点建设，强化各级工作人员的开发职能，提升一定的管理权限，提高办事处的属地化管理水平；加强当地的公关关系和营销渠道建设，积极整合当地的各种优质资源；加强与国际知名企业在当地办事处的联络和沟通，最终将重点市场办事处打造为能与当地社会深度融合、切实履行社会责任、塑造公司良好社会形象和地位并辐射周边市场的高端经营平台。

在市场开发阶段，企业可以结合自身情况实施大项目战略。若企业已经在境外市场崭露头角，就可以逐步进入高端市场或高端领域，需要依托市场、人才或品牌等多方优势，以商务运作为主线，整合国内外优质资源，重点开发大型项目，以传统优势资源技术方面为先导或重点，积极寻找规模在1亿美元以上的项目机会。

企业的经营不能仅仅局限在工程总承包领域，对于新兴业务模式也需要匹配一定的战略措施，可以遵循"市场优势＋收益导向"原则开展境外投资业务。企业发展到一定阶段，经过多年的积累，已经形成了一定的市场规模。企业可以优先选择市场条件好、法律法规健全、政治制度稳定、文化包容性强、经济外向化程度高的国家和地区，有序地开展试点投资活动。通常，会以欧美国家为开端，在经济发展较活跃的东南亚国家渐次推进。对于特许经营业务，则应尽量考虑企业自身的优劣势，首选资源条件较好的领域和国家。但是，在针对具体的国家进行境外投资的过程中，需要充分重视该国的特殊性，尤其是发展阶段的特殊性。例如，大多数发展中国家土地资源和区域开发的机会较多，受到国家宏观经济的影响，目前只是处于初步发展阶段。因此，在这些国家取得土地资源和国家政策支持相对容易，也较易获得高额的投资回报，实现资产大幅度增值。当然，经营、技术、管理等团队发展的阶段和水平也是在制定企业经营战略时需要考虑的一些重要条件。例如在业务扩张阶段，就需要有丰富投资经验或专业技术的工程团队、设计机构和运营商等协同开展工作，弥补企业在某一个或几个方面的短板，通过合作或合资的模式推动项目，这样既能降低公司的财务压力，也能规避企业在某些方面的短板。

部分工程承包企业还有国内投资业务和贸易等多元化业务组合。对于国内投资业务的发展，需要在 1~2 个区域市场进行滚动开发，提高资源投入效率，降低风险。企业在开发中可以利用已经有的投资项目作为切入点，连接当地政府的公共关系资源，对市场进行精耕细作，开展不同领域的投资业务。而开展贸易板块业务时，企业则可以抓住当前国家资源需求旺盛和鼓励境外资源开发的有利时机，重点开展煤炭、金属矿产品等资源型产品的进口业务，建立新型商业模式，主动提升整体供应链和产业链的控制力与影响力，从而实现长效运营，不断积累利润和业务总量，实现企业的终极发展目标。

第九节　市场开发管理配套体系

境外经营战略的实施，需要通过配套的市场营销制度来落实。具体的工作制度既是企业发展成熟度的表现，也是营销战略落地的必要条件和基本保障。因此，在市场中较为活跃和表现优秀的企业必然都有一套相对完善的营销管理制度，其中主要包括经营管理制度和操作办法，如项目信息立项管理制度、投标管理制度、项目开发收尾管理制度、客户回访制度等，同时这些制度本身也构成了境外市场营销的基本工作内容和流程安排。如果企业的境外营销工作内容大部分由大型事业部或二级境外公司承担且项目开发任务较繁重，就需要制定项目投融资管理制度和一定授权范围内的评审制度。此外，企业的各项制度并非一成不变，而是在企业的发展变迁过程中不断改进完善的。以下就境外工程承包企业的基本规章制度主要内容及其编写予以介绍。

企业需要建立的基本经营管理制度和经营操作办法包括：经营管理制度的基础介绍、定义、范畴，投标书准备和递送流程，合同评审及签订流程，项目从开发到收尾的操作程序，人员绩效考核和各种组织流程等。

企业在制定境外经营战略时，首先需要明确编制经营操作办法的主要目的。例如，对市场开发工作的进一步规范，打造品牌优势，充分调动各个分/子公司市场部的市场开发积极性，以确保公司的长远、高质量发展等。市场开发准则、市场开发工作的指导原则等则会在释义部分进行介绍。例如某企业战略释义备注中介绍，市场开发准则——巩固现有某国家市场，同时开发某新兴市场；指导原则——强化企业内部，整合资源进行现汇项目的投议标工作，完成双优项目和出口买方信贷项目的运作，慎重参与项目投融资业务；重大项目定义——超过7亿美元的项目可以定义为重大项目。

接下来需要考虑职责分工和组织架构等问题，主要说明经营工作的分工，包括成套事业部、国别市场机构（办事处或公司等）、企业其他业务部门和支持性职能管理部门等部门的分工明细。开发大型项目时，一般需要多个部门或多个机构整体配合才能完成；中小型项目也必须由项目开发团队负责组织开发或投标等相关工作，并经企业内部评审或上级主管部门评审。因此，各部门分工明确、相互配合对完成项目十分重要。

经营管理的职责分工一般至少分为两层结构：

第一层结构是市场开发管理工作战略领导小组，主要由企业高管、上级分管领导等构成，成员包括副总经理、总经济师、总会计师、总工程师等，主要负责制定市场经营目标、方针、政策，协调各个区域、各国家市场机构之间的关系，合理调配全企业的经营承揽力量，负责重大项目的决策和统筹协调。

第二层结构是市场部或配套事业部，作为企业市场经营管理的执行部门和市场开发的直接参与部门，主要负责贯彻落实企业发展战略和经营目标，制定公司经营战略、市场布局、承揽计划、管理制度和具体实施办法；制定经营管理办法、经营考核办法，实施经营目标管理、责任管理，确定奖惩指标、考核评价绩效；把握市场方向，强化对承揽重点的重视，承担信息收集、筛选、统计和内部经营协调工作。企业的经营管理职责包括：调度资源对经营要素整合和对各类项目的经营承揽工作进行支持；对各国市场机构公布的工程信息以及市场部自己获取的信息进行可行性分析，必要时组织企业各有关部门（风险控制、法律事务、财务、投融资等）立项评审选取可行项目；对包括提交兴趣函、编制资审文件、编写投标文件（含商务、施工组织和报价）等在内的全部立项评审项目进行开发；组织有关部门评审投标文件；建立并完善商务资料，上报统计制度，建设并管理商务资料库；熟悉掌握国家有关对外工程承包、对外投融资的政策法规，并在业务操作中贯彻执行；履行项目开发期间合同协议管理的职能，包括合同起草、谈判、组织评审、备案存档等。

  在业务管理制度中，应该着重强调项目的前期信息管理。项目信息管理主要由市场部负责，下属各单位或机构应该及时收集、整理、筛选取得的项目信息，并报送市场开发部，方便跟踪、组织投标，但无论何种操作，都必须以信息立项评审通过为先决条件。同时，在这里需要强调，信息汇报应包含两种类型：一种是常规信息，包括前端市场部门搜集的市场基础信息、行业动态、市场价格水平、基本税收、外商投资相关政策等，这类信息需要持续更新，定期报送；另一种是即时信息，包括新项目信息、招投标信息、突发性事件、相关政策重大调整、新法令法规颁布等，需要在收到并初步核实后就及时报送，属于不定期报送。此外，需要考虑项目开发的收尾工作。所有项目的收尾工作都需要召开收尾工作总结会，必须参与收尾工作会的人员包括：项目开发部、项目管理部、报价编制及项目实施的技术部、企管部、法律合约部、财务部等相关部门的人员和企业分管领导等，会议须就项目开发过程中的成果、知识、经验、教训进行交流，并完成相应的资料存档和工作交接手续。开发工作收尾时，应对参与开发的相关工作人员进行奖惩，对圆满完成开发任务的人员给予必要的物质奖励。

  通常，经营管理制度和体系文件包含各类相关表格和流程文件，包括：项目开发任务分工表、信息备案登记表、项目前期信息汇总表、开发流程文件、信息管理流程文件、资格预审流程文件、投标总流程文件等。另外，国内各级政府规定、机构报备、商务流转的各种标准制式表格和工作流程图也应包括在内。

  企业的核心业务是获取项目，即项目开发，之后进行项目实施，即项目执行。以下重点介绍项目开发前期应制定的基本管理体系内容。立项管理的主要内容如下：首先，要对项目立项进行审批，项目的一切推进均应以项目立项审批为前提。项目立项经评审获得批准后，企业将按照该制度及其他相关规定，统筹利用公司内、外部资源，为已立项项目的开发工作提供支持和服务。立项管理的目的是有效落实公司战略规划，完成企业制定的年度及中远期发展目标，强化前期项目信息收集、筛选和评估等工作。立项管理办法的适用范围是本企业各个经营部门、区域经营及国家市场机构等开发的所有境外项目。立项管理要解决的主要问题是帮助企业应对和防范经营管理风险，通过加强业务部门在前期对项目信息的收集、筛选和评估的管理，实现优化资源、提高效率，提升业务开发工作的实际成效。

在立项管理办法中，应明确项目前期开发工作的职责主体。如果是以信息提供单位作为市场开发主体，其职责就是对重点项目信息进行初步分析判断和筛选，筛选时应遵循企业总体战略的要求并结合区域市场开发规划进度、市场成熟度等因素，选取的信息和成果经本部门负责人签署意见后，汇同相关文件一并提交具体负责部门；各前端市场开发部门应进行客户分析管理，建立客户分析台账；市场营销部门则要负责组织一般项目的立项评审，组织企业内相关部门的技术、经济、商务及法律等专业人员对项目风险、可行性、融资可能性等进行评估，对重大项目需全程负责立项申请事项的流转工作；法律合约部门在参与重大项目与一般项目的立项评审工作中，负责评估所在国市场及法律环境、我国与该国经济外交合作状况、所采用的合同条件等；财务部门主要负责评估项目资金落实情况、信用保险、项目经济性、所在国税务政策、双边税收协定、项目资金来源、外汇收入的汇兑和汇出、银行融资条件和公司财务资源能否支持项目等；技术支持部门主要负责评估技术、工艺、标准等方面的可行性；项目或工程管理部门则主要负责评估项目技术、经济、公司内外部资源等方面能否支撑项目的正常运作。

第十节　市场开发阶段的配套制度

项目开发工作的流程一般如下：

1）区域市场机构的业务人员要搜集并了解项目相关情况，有目的地选择重点市场和筛选重点项目。

2）对收集到的信息进行初步分析、判断、研究对比，必要时可征求上级领导、团队专家等相关人员的意见，筛选出符合企业整体战略要求、区域开发规划并具备立项条件的项目。

3）由项目开发主体提交项目立项建议书及相关支持文件，填写相关表格。接着，市场营销部门组织专业评审委员会完成相关评审工作。

4）在企业内部完成项目评审后，需要进行备案登记，后续的备案处理工作包括向商会或政府其他部门申请备案、办理驻外国大使馆经济商务参赞处的支持函等。

5）项目开发收尾工作是指标书投递之后到项目执行之前的全部过程。主要收尾工作由项目开发团队完成，并与项目执行团队交接。设定项目开发收尾工作相关管理制度的目的是明确企业各单位或部门在项目开发收尾过程中的职责以及项目执行的原则和程序，最终实现公司项目开发科学、规范、系统运行，规避操作风险的目的。在项目开发的收尾阶段全面总结项目开发全阶段的各项工作，可为项目的后续管理工作提供足够的经验和支持，同时加强收尾管理工作，保证项目执行团队与市场开发团队顺利交接。当遇到标书到期、项目开发报价失效、项目开发成功、项目中止这些情况时，项目开发收尾工作应该立即启动。市场开发主体团队须负责做好项目收尾工作：务必保证在项目开发收尾之前，开发阶段的全部工作得到贯彻落实，全部文件得到妥善处理；无论项目成功与否，都要继续跟踪维护客户关系；协助完成项目文件归档工作；组织相关人员进行交流总结，召开经验研讨会。其他部门则配合参加相关会议，收集和整理各种资料，办理市场开发主体团队的工作移交和文档交接手续。如果项目中标或开发成功，则进入合同谈判阶段，在与业主协商谈判并达成一致意见后，报经公司审批并最终签订项目对外合同。

6）项目开发总结会议由项目开发团队部门经理组织召开，对项目开发工作进行系统性的收尾总结。参会人员需包括项目开发人员、项目管理部报价编制人员、技术部施工组织编制人员、法律合约部合同审核人员及项目实施的相关人员、企业分管领导等。会议须就项目开发过程中的成果、知识、经验、教训进行交流和深入总结，并完成相关表格记录，对相关人员进行奖惩，并配合相关部门填写补充相关的表格和配套流程，包括工作交接流程和项目资料交接流程等。

市场的长期开发并不会因单个项目的结束而结束，开发工作本身就需要循序渐进，逐步夯实基础。因此，建立健全客户回访制度成为开发工作中非常重要的一环。企业需要规范市场开发工作，打造并弘扬企业的品牌，充分调动相关国家的市场机构和总部市场部对开发市场的积极性和主观能动性，提高项目承揽质量和延伸项目的数量。市场开发主体（各二级分/子公司、境外办事处以及项目部、市场部等单位及其成员）须做好客户回访，及时了解掌握客户对公司服务的意见和建议，要从客户最关心的问题着眼，从客户最急需解决的问题入手，以客户满意为企业的工作目标，提高自身规范化、个性化服务水平，持续为客户提供优质服务。

由专人负责管理客户回访工作，收集、统计、汇总相关客户信息，并留存好书面记录。回访的基本原则如下：只要是项目开发和执行过程中涉及的客户，均属于应回访对象的范畴；回访客户采取点面结合、重点回访的策略，对于新项目涉及的客户、发起投诉的客户、议会议员、高级幕僚和政府级领导等重点回访客户必须逐户回访，并对回访中对方反映的问题及时处理和反馈；对合同额在一定金额以上的大客户，每年回访不少于一次；回访方式可以以电话交流为主，也可以采取定期或不定期的走访、函件、交流会、发放问卷等形式；新客户及大客户、投诉客户可实行电话回访，议会议员、高级幕僚等客户采取信函回复，政府领导及大项目客户可采取走访或交流会的形式，另外可利用公司统一定期发放的问卷进行抽样回访；回访内容主要包括：新业务前期沟通、配套咨询服务、现有问题处理、已完成项目质量反馈等，且以业务往来中的实施程序、承诺兑现、服务质量为关注重点，同时了解客户新需求、合理化建议和意见，以此为契机建立和谐的沟通渠道。

各实施回访单位应建立客户回访档案库并实行分级管理，统一客户回访流程、统一分类管理模式、统一统计上报程序、统一考核标准。客户回访的流程及跟踪反馈，可按照分工原则由回访实施责任单位分别完成以下分类回访任务：

1）对于新客户，在工作任务结束归档后的72小时内，完成客户回访工作，并建立回访档案。

2）对书信来往有复函要求的，按照公司要求在接到信函后的 5~10 个工作日内完成对客户的复函工作，并建立复函档案，注意来函及回函原件需单独存档 1 年。

3）每户的走访和每次的座谈均应有记录，走访和座谈的同时可发放问卷，并按照问卷的管理办法归档。

4）各前端市场机构结合本地区实际情况自行开展的回访工作，按上述分类纳入。

5）客户回访管理的相关工作，将通过配套流程管理文件指导实施并最终落实，记录在根据回访进度和成果填写的相关表格文件中。

第三章　国际项目开发前的信息管理

随着全球经济的发展，境外项目承包商获得的项目信息日益庞杂，不但信息种类不同，来源渠道也各有不同，如果把握不准或选择出现偏差，很容易对项目的整体走势产生重大影响。在国际工程项目拓展过程中，面对海量信息如何遴选，是项目未来开发工作关键的第一步，也是事关项目前景的首要问题。在具体操作中，大部分国内承包商缺乏对项目相关信息的基本认识和判断，经常犯如下错误：对有发展潜力的项目信息，未经细加研判就轻易否定；对前景不明朗的项目信息盲目抱有信心或希望，在实际推进中才发现困难重重，阻力巨大；而更多的情况则是对项目前景缺乏清晰的辨识，无法做出判断，仅根据某个简单条件就轻易决定投入资金，等实际开展工作时遇到难以突破的客观困难和问题才发现走了弯路，对自己前期的判断产生怀疑，失去信心。而到了这个时候，企业已经陷入进退两难的境地，若继续跟进，人力、财力、物力的投入会越来越大，但是项目前景依然不明朗；如果放弃或停止追加投入，前期的全部投入以及由此放弃的其他机会成本肯定就成了沉没成本。长此以往，不仅浪费了有限的资金、宝贵的时间、绝好的机会，也挫伤了相关人员的积极性，打击了企业对同类项目甚至项目所在地市场的信心。

基于此，本章将重点介绍获取项目信息的主要渠道、境外业务项目信息的筛选、项目资料的搜集与整理、代理的作用与影响。

第一节　获取项目信息的主要渠道

国际工程项目开发的第一步是拓展信息获取渠道，从多种渠道获得全方位、立体化的信息。如何从自己不熟悉的信息渠道中了解想要的信息？面对形形色色、真真假假的信息又该如何进行遴选、分析、排除？遴选信息的过程中又有哪些需要注意的问题？下面将通过以下信息渠道论述上述问题。

一、外国驻华使领馆

近年来，我国经济快速发展、社会安定，与世界各国外交关系相对稳定，其中境外业务较为集中的亚洲、非洲、拉丁美洲及东欧国家都与我国建立了外交关系。外国驻华使领馆并不是仅仅处理政务问题、办签证事宜的外交机构，一般都配有商务参赞，而商务参赞的主要职责就是负责两国之间的经贸往来，其中就包括我们所关注的工程领域。随着我国经济的发展，中国经验已经传播到了全世界，亚洲、非洲、拉丁美洲的一些国家纷纷效仿我国制订"五年规划"或"十年规划"（时间一般与一届政府任期相同）。在完成这些规划以后，该国的有关部门及政府机构之间经过讨论会最终确立一份近5年的项目清单。这份项目清单集中反映了该国经济建设的各方面重点，必须通过最高权力机构批准，综合考虑各相关部门的意见，结合国家实际情况（经济发展水平、自然资源条件和环境保护问题等）修改完善，因此是一份十分权威、十分严肃的资料信息。

在经济较落后的国家，该项目清单内可能包括很多私人项目；而在经济较为发达的国家，这份清单则主要包括国营项目，私人项目较少。因此，项目清单作为所在国招商引资的窗口，值得工程承包商给予特别关注。通常，该项目清单列有包含项目预计投资额、建设规模等项目基本信息的简要介绍，还有项目归口管辖部门或所属公司的信息说明，甚至包括联系人、联系方式等详细信息。因此，通过这份项目清单，能够对该国的基本经济情况和建设情况有一个初步了解。

但是有了这份项目清单，并不代表彻底掌握了该国的项目信息，还需要对项目信息进行进一步确认和澄清。可以先找商务参赞进行沟通和了解，倾听他们的意见，因为不同项目的实际进展情况各不相同，有的已经完成或接近完成，有的刚进入商务谈判阶段，还有的连初步的调研都没有完成，因此最好请商务参赞帮助再次落实项目现状。同时，需要认真聆听参赞处或使领馆工作人员的意见，他们可能会从实际情况出发，把一些看似可行但实际缺乏推进条件的项目否定掉。需要说明的一点是，在与商务参赞或使领馆工作人员交流时，需注意分辨和筛选他们的主观判断意见。例如，很多商务参赞来我国工作之前可能已在某行业的某企业工作了多年，因此往往会更热衷于介绍与其背景相关领域的项目信息；受地域影响，有些商务参赞会对自己家乡的项目格外重视。如果承包商不加识别地照单全收，这些被过度强调的项目信息就很可能对承包商的下一步决策产生误导和干扰。

二、我国驻各国经济商务参赞处

我国各驻外经济商务参赞处（以下简称"驻外经参处"）都设有相关网站，上面提供了所在国国家介绍、资源情况、政策法规和不同程度的项目情况介绍等信息，而且这些项目信息会实时更新，包括一部分招标文件、采购信息和国家行业政策动态等。通过这个平台，可以充分了解目标国家政策方针和经济发展走向，同时也能查找到汇率和金融政策，甚至能看到该国工程领域或其他经济建设领域的部分负面消息，能对承包商下一步工作决策起到警示和指导作用。另外，如果在其他渠道获得了更多项目信息，或对网站上面的信息有疑惑需要进一步确认，亦可在该网站上找到驻外经参处的联系方式进行电话咨询。如果条件允许，还可以实地拜访驻外经参处进行当面沟通，驻外经参处的工作人员可能对当地市场进行初步的介绍，甚至会提供该项目的详细情况。此外，也可以通过驻外经参处的领导或同志引荐介绍，和当地负责某个领域的部门或企业取得联系，登门拜访，获取更详尽的项目一手资讯。

三、网络

随着世界经济的蓬勃发展以及互联网技术的普遍应用，越来越多的项目信息出现在网络上，因此孕育出了很多提供项目开发信息和提供招标文件的网站，这些网站有区域性质的也有国家性质的。区域性质的网站，在中东地区和东欧地区都有。这类网站可能是从某个国家的基础设施部、电力部、能源部的官网上直接复制项目信息，也可能是直接从某个国家招标网做了一个链接，并没有经过分析和确认，因此不确定性很大。对于国家性质的网站，经济较发达的国家和地区一般会通过招标网发布招投标的项目信息；经济欠发达国家和地区一般也会通过各政府部门的门户网站公布相关的项目信息，即使没有项目信息的明细，一般也会显示联系方式。但是，大部分（尤其是非政府性质）网站都以盈利为主要目的，多数项目信息需要付费购买，所以承包商应在多渠道了解的情况下再决定是否出资购买该项目信息。亚洲、非洲、拉丁美洲地区的大部分官方网站和招标网站都是缺少维护和更新的，多数项目信息是几年前或更早时间的，因此在网上寻找项目信息时需要格外注意。

此外，还可以利用我国自己的商务公共信息服务体系进行信息搜集。自2001年以来，我国商务部网站内容不断丰富，在商务公共信息服务体系建设过程中发挥了主渠道作用。各国外经贸政策环境数据库、国内涉外政策法规数据库等若干大型数据库建设先后启动，可为商务公共信息服务提供信息资源保障。同时，随着我国信息服务推广力度的不断加大，对外承包工程商会、各外经贸公司等机构承办的国际工程承包专业网等对外经济合作专业网站也为企业提供了全面的国际市场信息，可为企业开拓国际市场获取信息助力。

四、代理

代理是企业开拓新市场和深耕老市场的重要手段，项目信息也可以通过代理回馈给承包商。代理具有得天独厚的优势，他们了解当地市场、熟悉当地办事流程，没有语言障碍、文化隔阂，加上长期在当地居住，对当地的信息和商贸机会敏感，效率较高。因此，可将公司的需求或擅长领域悉数告知代理，由代理在当地负责实施市场开发和项目追踪。但是，大部分代理可能从未接触过工程，原来的职业可能是医生、官员、企业管理人员，所以不懂得如何分析项目信息，把握不住项目的开展条件，甚至可能无法完成基本的识别工作，只能将原始的项目信息（有时候可能仅仅是一个项目名称和位置）直接交给承包商。也有不少代理，因为和承包商签订合同时约定每月提供信息的基本任务额，但并未规定只有项目成功了才能取得佣金，因此他们为了收入会经常提供信息，但这些信息的准确性差、有效率低，会对承包商决策产生干扰甚至误导。因此，承包商应该尽量选择有一定专业水平或已有成功案例经验的代理。还要注意，在签订代理合同时一定要写明只有项目成功落地或收到工程启动款时才支付佣金，而对于执行周期长且代理和业主关系较复杂的项目，也可以将佣金的支付分阶段贯穿于项目执行始终。

五、会议

随着我国经济的发展，我国商务部和各地方政府经常组织对外经贸论坛和其他各种交流活动，参加这些会议的外国人士多是各国招商引资部门的负责人、政府官员或企业管理者，他们带来的项目信息通常相对成熟或已经经过内部筛选，具有较强的可执行性。但这些项目可能已经有其他承包商在跟踪，却因为某些问题没有成功，承包商应先根据自身能力判断能否解决这些问题，再进行决策。同时，商务部每年会组织国内企业代表参加对外投资考察团，考察团到达目的地之后会受到高级别的接待，得到较为成熟的项目信息，参团企业也能更加方便地获得对潜在客户和合作伙伴实地考察的机会。此外，各个国家大使馆或驻外经参处组织举办的经济论坛和招商引资会，会组织该国的企业家和政府人士来到我国寻求投资和合作机会、上游生产厂家和下游客户等，到场的企业家或政府官员同样也会带来相对成熟的项目信息，承包商可以有选择性地进行深入了解。需要注意的是，一般这类访问团行程安排比较紧凑，大使馆有该代表团的成员名单和所带项目简介以及联系方式，因此开会之前最好能提前做好准备，合理安排时间，做到有的放矢、把握重点，访问结束后应及时进行综合判断，做好后续跟踪和衔接工作。

六、国际金融机构

为发展中国家项目提供资金的国际金融机构也是重要的信息来源，如联合国粮食及农业组织（FAO）、联合国开发计划署（UNDP）、世界银行（IBRD）、亚洲开发银行（ADB）、欧洲发展基金（EDF）、石油输出国组织国际发展基金（OFID）等。上述国际金融组织除了会在对应刊物上发布信息，还会在Internet热线上的《商业机会》（Business Opportunity）的"新项目"（New projects）、"批准的技术援助项目"（Approved TA project）或"招标通知"（Tender notice）中发布项目信息。

能够获取项目信息的刊物有联合国的《开展业务》（Development Business）、世界银行的《国际商业机会服务》（International Business Opportunity Service）、亚洲开发银行的《拟议中的项目及授予合同》、英国的《国际工程周刊》（ICW）等。

通常，国际机构特别是国际金融机构支持的项目资金比较充裕、风险较小、可执行性较强，项目前景明朗。

七、其他渠道

获取项目信息最好的方式就是成立境外办事处，长期观察市场动向并进行具体分析，但是费用相对较高，不一定适合每个公司，因此也可以让工作人员在日常交往中广交朋友，处处留心项目信息。例如，在非洲不仅有非洲联盟，还有其他区域性或地方性组织，这些机构内部会经常组织例会，官员之间信息互通方便，更有很多跨国联合项目，因此通过一个国家进入周边国家市场是有一定优势的。此外，还有大公司及其境外机构提供的国际工程信息、国际合作伙伴提供的项目信息、注册银行指定或项目业主邀请的国际融资机构提供的项目信息等。

以上信息渠道分析具体见表3-1。

表 3-1 信息渠道分析列表

编号	内容	前期工作	中期过程	后期收获	资金投入	时间投入	公司实力	已有情况	配套资源
被动1	打广告，吸引信息提供者	制作公司样本向老客户推荐	定期举行会议	被动获取项目信息	国内差旅费用	6个月	中小型企业	国际业务可有可无，投入资源有限	1~2名兼管人员
被动2	利用原有销售渠道，获取项目信息	在国内业务合作中推进	专人负责	被动获取项目信息	—	—	国内业务非常突出的企业	是投入最低的方式，做国内业务拓展时顺带国际业务	1名兼管人员，业务落地后建设新部门
主动1	外国驻我国使领馆	先建立联系	其次建立关系	定期获取项目信息	出差北京费用	1年	中小型企业	在北京有办事处，能够积极拓展业务	北京办事处增加1~2名工作人员
主动2	我国驻外国使领馆	先期联系	确定关系	获取优质项目信息	外出费用	1年	中大型企业	对国外业务已经有一定的拓展	下设境外办事处等
主动3	国际金融机构	关注网站参加专业会议	关注相关信息	定期获取项目信息	不花钱	1年	中大型企业	熟悉境外业务的基本操作流程	1~2名既外语又了解业务模式的人员
主动4	企业境外办事处	确定办事处形式	投入资源和精力	获取项目一手信息	每年百万元人民币	1年	大型或特大型企业	境外业务至少有1个国别支撑点	每年投入200万元人民币，一个团队常驻

（续）

编号	内容	前期工作	中期过程	后期收获	资金投入	时间投入	公司实力	已有情况	配套资源
主动5	各种国际政务活动	认识其中人士	参与活动	深挖关系获取信息	各种差旅费用	1年	大中型企业	已经建立一定的政务沟通渠道	长期在一线城市参加活动
主动6	各种国际商务活动	认识其中人士	参与活动	深挖关系获取信息	各种差旅费用	1年	大中型企业	已经具有成熟的商务沟通渠道	1~2名商务沟通人员
主动7	分包、供货商、合作伙伴	原有关系梳理	定点介绍	"打包出海"	费用很低	2年	中小型企业	国内合作紧密	通过国内合作拉动国外合作
主动8	代理	先确定外围人员关系	确定核心代理人员	输出项目信息	费用很高	3年	大中型企业	已经有一定规模的商务渠道	一个业务团队逐步沟通筛选
主动9	传统公开媒体	阅读报纸等传统媒体	挖掘有效项目信息	定向输出项目筛选过的项目信息	费用一般	组织人员投标考察	大中型企业	在当地获取资料能力和分析判断能力	赴当地常驻人员
主动10	网络媒体	通过公开媒体或付费媒体	主动筛选分析	定向选择公开信息	前期费用低，后期费用高	2年	中小型企业	可以获资质或投标保函，了解流程	1~2名商务人员，1名负责高端关系梳理工作人员

第二节 境外业务项目信息的筛选

一、项目信息的准确性

承包商获取项目信息之后,最重要的事情就是鉴明真伪,判断此信息的真实性和可靠性。这些信息是自己主动获得的还是外方提供的?是外方主动提供的还是被动提供的?提供信息的动机是什么?是在什么样的背景和场景下提供的信息?以上这些问题,都需要慎重思考,要判断信息的来源是否是本企业所了解和熟知的渠道,如果是新来源,一定要慎重分辨。因为目前我国的承包商较多,国外有很多代理或信息渠道商为了挣钱,采用未经核实的信息或者故意制造一些虚假信息来"卖情报"换钱;也有些外国政府以招标作为吸引投资的手段对信息内容进行包装修改,用以诱导承包商往投资的方向上走。因此,项目遴选流程的第一步就是要排除虚假信息和挤干不实信息的水分,为后续开发奠定坚实的基础。

对于项目信息的筛选,一些具体的细节可以暂时不用考虑或放在下一阶段考虑,只需要在此阶段做出基本判断即可,以避免造成前期工作中心不明确、精力和时间成本过度投入的问题。

二、项目的资金问题

目前在世界各国中,亚洲、非洲、拉丁美洲的项目信息最多,每个国家都可能有成百上千个项目信息,而这其中比较成熟的可能不足10%。境外工程项目信息纷繁复杂,要取得成熟的项目取决于资金的落实情况,因此判断项目是否成熟最主要的依据就是资金是否落实、落实到哪一层次。通常,一个项目的资金分配情况按进展阶段可以分为以下4个板块:

1)启动资金。启动资金就是在为这个项目准备国内评审以及通过议会批准的过程中所需要业主方投入的资金。

2)如果该项目顺利通过前期国内立项评审,接下来就需要开展预可研、可研工作。这一阶段的资金可能是在项目所在地由业主自筹解决,也可能是由境外赞助或银行等金融机构提供。大型项目的预可研和可研工作持续时间通常较长，对应的资金批准周期也会比较长，所以在评估项目成熟度时一定要留心项目的资金准备是到预可研阶段还是可研阶段，资金是否已落实、落实到哪一个阶段，是否需要承包商负担相应费用或垫资开展相关工作等。这些项目的预可研和可研费用一旦落实，业主往往会请欧洲比较知名的设计事务所或咨询单位完成该项目的（预）可研工作；如果在本阶段就遇到资金问题，承包商一定要仔细研究资金为何没能落实，是在哪个环节出现的问题，再看这些问题本企业能否解决，以及是否愿意投入人力和财力解决。

3) 完成预可研和可研后，进入初步设计和招标设计阶段。亚洲、非洲、拉丁美洲国家的经济基础相对较差，政府基本上都寄希望于世界银行、区域性银行或其他金融机构的资助。其中，有相当一部分项目在完成（预）可研、基础信息成型之后，招标文件的资金始终没有落实，主要是因为这个项目信息虽然存在了很长一段时间，却已经在经济可行性上被世界银行或其他金融机构否决，因此是否值得继续跟踪或投资开发需要审慎评估。

4) 招标设计和初步设计均完成后，就要进行国际招标了。但是如果业主因为缺乏资金希望承包商能够共同投资实施这个项目，或业主本来就只有基本的项目启动金，希望先将承包商吸引住，再做后面的打算，承包商需要做全盘考虑。例如，目前许多发展中国家的政府都有一批项目计划，这些项目条件优惠，但前提条件是需要承包商垫资、带资或融资，以EPC条件为起点逐渐引导或诱导承包商向F + EPC、BOT、DBOT（设计-建设-运营）方向转变。在这种情况下，承包商若全面开展工作，将全部人力、材料、机械投入建设，但是在施工进行一段时间以后被业主告知项目资金链出现问题，是否可以继续推进工程实施取决于承包商垫资/融资/投资的能力，甚至需要转变项目开发模式。这时承包商就陷入了进退维谷的处境，追加投入，前途未卜；就此打住，以前的投入也可能损失殆尽。

国际承包商一般比较注重世界金融组织（世界银行、亚洲开发银行等）贷款、基金会投资等项目，因为这些项目资金有保障，实施时也较规范化。但世界银行和亚洲开发银行贷款的项目对当地国家的承包商有

7.5%的价格优惠，外国承包商却不能享受这 7.5%的优惠，这就使外国承包商在价格上很难与当地的承包商竞争。在这种情况下，就会有很多外国承包商选择与当地合作伙伴组建联营体，绕开"本土化"壁垒。由此可见，每一个项目信息背后的资金问题都是非常关键的，对项目后期的开发和项目发展走向影响巨大。

三、项目的可行性

在确认项目信息真伪、落实资金来源后，要进一步分析项目的可行性。项目的可行性会受到多方面因素影响，在这一阶段，至少要对其作出基本的判断，确定是否继续投入人力和财力，以便深入研究分析更具体的问题。根据项目基本信息判断，若项目类别本来就是企业陌生的领域，该企业在技术上也不占优势。例如，现在市场上的不少境外工程公司，原来是市政、土建、电力、交通方面的国内工程公司，迫于大环境压力和企业发展战略的调整需要开拓境外市场，但是可能接触到的项目又非所擅长的领域，那就需要企业慎重决策是否继续介入。从外部条件来看，此项目如果是列于项目所在地几年规划甚至是当年重点发展计划的工程，则其开发和落地遇到的阻力会小得多，可行性非常大；如果不属于该国重视或重点开发的方向，则这个项目短期内很难有跨越式的突破发展。另外，项目所在国政府换届或领导班子调整，也会影响项目开发的前景和结果。因此，承包商对项目的可行性预判需要综合考虑政治、技术、商务等方面因素。

四、影响项目落地的具体因素

（一）政治

亚洲、非洲、拉丁美洲的许多国家政局不太稳定，经常发生政权更迭、内乱、民族冲突等突发性事件。因此，在项目遴选时要充分考虑目标国家的政治风险，可以从一些权威机构或专业部门定期发布的国别风险报告中直接了解相关信息。特别是对于以前从未在该国有施工建设经验的企业来说，阅读当年的国别风险报告是了解目标国家市场最直接、最有效的方式。例如，中国出口信用保险公司于 2005 年年底首次对外发布了其核心信息产品《国家风险分析报告》，而且每年进行信息更新。另外，国际上还有一些专门提供国家风险报告或相关风险指数的国际机构，其发布报告的更新周期更短、权威性较高，如"欧洲货币指数"每年3月和9月发布130多个国家的风险评级，而"国家风险国际指南（ICRG）"则是每月发布国别风险信息。

（二）技术

基于历史原因造成的客观条件和现实环境，亚洲、非洲、拉丁美洲地区的整体工业水平偏低，在基础建设领域（如路桥、工民建、水务、电力、市政、交通等）相对落后。我国承包商技术优势明显，无论是技术应用的成熟度还是经验的积累，都比亚洲、非洲、拉丁美洲地区甚至是一些发达国家的公司有优势。因此，从技术层面的可执行角度考虑一般不会有大问题，但是如果项目工期紧、有复杂的技术难题或有特殊技术要求，则需要先深入分析公司现有技术是否能实现，不可贸然行事。

（三）商务

通过层层筛选确定技术可行性的项目信息后即进入商务考察层面。商务包含的范围比较广，涉及合同、文化、语言等众多方面。

多数国家在签订项目协议时会采用制式合同，所以前期考察时一定要了解是否必须使用某种制式。在很多政治偏保守的国家经常使用的合同模版，虽然只有简单几页纸，但里面的内容弹性或收缩性很大，对后期项目执行或有掣肘，但是这样的模板又属于该国的"霸王合同"，若不按模板签订，可能就无法承包该项目。因此，承包商需要重点关注如何解决合同内容弹性和收缩性的问题。

也有些国家的制式合同虽然是以 FIDIC 合同为基准，但在特殊合同条件中将有利于承包商的条款做了改动或删减，承包商一定要高度重视这些特殊条款中的具体变动以及改变这些条款的相关背景信息，因为这些条款的修订往往是后期合同执行过程中的难点或发生纠纷的导火索。项目所在国的宗教背景、特殊文化等方面，也是预判项目风险绝不容忽视的关键因素。在中东某些国家，尤其是民风保守的国家，文化因素甚至可能影响沟通管理、人力资源管理、材料管理以及饮食管理等诸多问题，直接关系到项目执行的进度和效率。语言可以分为工作语言、合同语言和生活语言等，由于某些历史原因，使用同种语言的很多英语国家在进出口材料的时候需要提供第三方证明。在具体采购物流过程中，如果差异过大，就会导致项目成本变化幅度增大，因此建议在开发阶段的信息筛选时慎重处理此类问题。

（四）法律

在前期开发过程中，可能会遇到与我国现存法律体系区别较大的欧美法系国家，这些国家的合同文本以及合同应用范围和特点与我国也有很大的区别，因此需要在开发之前的信息筛选过程中充分了解当地的法律体系，尤其是商法通则等，以便后期项目的推进实施。

目前，国内很多公司对国外工程承包项目的法律支持知之甚少，没有给予足够的重视，更缺少必要的投入。根据相关统计，我国企业在境外项目的法律支持方面投入资源普遍偏少，仅占企业经营总收入的0.02%，与其面临的法律风险极不匹配，而国际标准是1%，发达国家是1.5%。在发包市场上，很多国家对于工程领域的适用法律也较苛刻，虽然许多国家工程发包信息上没有强调适用法律，但是通过对该国建成和在建项目信息进行分析就能发现，企业不仅要遵守当地的合同法、商务法、劳动法和税务法等法律法规，在东欧和中东某些国家，相关法律还强行规定，国外承包商不能独立承包工程，必须和当地公司组成联合体共同承包该工程。有时，境外工程承包商不能作为大型EPC项目的总包方，只能作为其中的分包方出现，或必须寻找当地人作为代理。然而，如果依照这些法律规定执行，要么成本增加，影响投标报价的竞争力；要么只能牺牲项目预期收入，下调前期预计的利润。因此，在项目前期遴选过程中，一定要事先了解当地市场的准入和交易规则、投资和进出口限制、工程投标、劳务雇佣、税赋政策、金融及外汇管制、环境及劳动保护等相关法律法规，对于一些特殊条款规定，可以咨询当地注册律所或已经在当地承包工程的中资公司，提前做好解决预案。总之，企业应能熟练掌握当地法律，并能灵活运用，同时要做好尽职调查，该花的钱一定不能省。

（五）劳务

我国人口基数大，从事工程建设行业的人数众多，其中不乏经验丰富、吃苦耐劳的熟练人才，因此在和国外同类型公司竞争时有一定的优势。加之国家鼓励企业积极承包境外工程，也是希望带动我国机电产品出口和劳务输出，同时从承包商的角度考虑，无论是管理的效率还是文化的同质性，都希望多聘用我国员工。但是由于我国工程人员对当地就业市场的冲击较大，亚洲、非洲、拉丁美洲的许多国家政府都设定了一定的限制措施。例如，在有些经济欠发达地区可能在劳动法中明确规定了必须首先聘用当地员工或当地分包；在部分经济发展水平居中地区，又会对我国员工有配额限制，明确规定雇用一定数量的我国员工，就必须雇用相对比例的当地员工；在某些经济较为发达地区，则对我国员工数量有明确限制。由于劳务限制政策可能会影响项目的建设工期、成本等，所以也是前期项目分析阶段需重点考量的环节。

（六）财务

国际工程承包涉及的财务问题主要包括税务、施工要素市场价格、汇兑和垫资等。财务问题在不同国家可能会有不同的要求，而这些特殊要求可能会直接影响项目跟踪的成败。某些国家可能和我国签有双边贸易协定，从国内出口某些货物到目的国是可以退税的，而在市场竞争激烈、项目核算紧张的情况下，退税将成为主要的利润点。现在不少项目所在地也与其相邻国家和地区有双边贸易协定，对从周边国家进口的货物同样予以退税优惠，这也要引起注意。如果企业的大型EPC项目使用了我国政府的优惠贷款，就可以申请该项目在所在国的税收予以减免，甚至海关税费也可以一并减免，这也会给本身造价比较低的项目带来可观的收益。免税也可能有多种形式，如业主向承包商提供可抵扣的增值税发票充当免税税金，或者业主退还承包商材料购买款项中的附加增值税等，不同形式对于承包商而言可能会产生不同的结果。如果业主只是给承包商增值税发票充当免税税金，供货商有可能不认可业主的增值税发票，承包商依然必须支付全价购买材料。倘若承包商未加以足够重视，只是一味地抢进度、全价现金买进材料，最后可能出现的糟糕情况就是承包商只知道有免税政策却享受不到实质的免税待遇。

在考虑施工要素市场价格时，首先要了解合同的形式。对有价格调整的合同，须准确掌握基准期的市场价格；而对没有价格调整设置的合同，须准确掌握市场价格的涨跌趋势和供应风险。当前项目所在地大部分是卖方市场，施工材料、机械配件等的供应往往控制在少数商家手里。

此外，还要考虑汇兑的问题。伴随几次全球性金融危机的发生，作为世界货币的美元不仅稳定性发生了变化，而且箱型波动更加频繁和明显，同时汇率风险因为国际工程合同金额大、工期长、受国际经济形势的影响明显，而变得更加突出。对工程项目而言，一般来说合同中会约定固定的本、外币兑换率，因此外汇风险不在于汇率，而主要是当地币能否与外币进行自由兑换，或者说可以自由兑换的比例大小。特别是当项目在一些不发达国家时，应该考虑其是否对外汇进行管制。有的国家虽然没有严格的外汇管制政策，但整体外汇储备水平低下，在真正需要汇兑时，当地金融机构实质上无法提供较大金额的可兑换外币。

国际工程承包中的垫资主要是建设工程中发包人不按规定预付工程款、进度款、结算款，或在预付款之后由承包商自带资金先行施工，工程实施到某阶段或时间时，发包人分期分批支付或延期支付工程款的行为造成的。另外，在国际工程承包中，资金在两国之间的汇兑手续若较繁复或拖延，也可能会造成承包商对工程预先垫资。垫资往往会形成资金风险，给承包商的发展带来负面影响，垫资行为一旦发生，无法收回款项的风险即如影相随，这将会对项目的收益状况产生很大影响。

因此，财务问题是前期项目遴选过程中的核心环节，决定了项目是否值得推进，更直接左右项目未来的收益。

（七）配套基础设施

在选择项目时，企业要审慎考虑基础设施的影响，若对基础设施考察不仔细或了解不清楚，会对下一步开发或继续跟踪造成一定的压力。很多项目所在地比较偏远，基本的道路交通都没有解决，如果在前期没有经过细致调查和认真考虑，轻易下决心去跟踪该项目，到进行踏勘或开展其他前期工作时才发现没有道路，需要进行铺设，无疑会增加前期开发和后期施工的成本，增加工作时长。例如，在亚洲、非洲、拉丁美洲的一些地区，持续稳定的电源无法保证，大型工业项目只能建设自备电源，这是一笔不小的开支，并且这些地区的电源建设往往又只能由国家电力工程公司承担，需要单独配置或改善输变电的大工程，会额外增加少则6个月多则数年的工期，因而项目前期的风险增大。此外，施工用水及工人饮用水的供应来源也存在同样的问题。因此，对于大型工业项目，尤其是水电消耗量比较大的项目，必须在前期就高度关注项目施工供水、供电的条件，并提前想出应对困难的解决方案。

（八）征地

征地往往是最容易被经验欠缺的承包商所忽略的问题，因为我们国内的项目很多是政府有组织地拆迁，不在承包商工作范围之内，并且在政府的统一协调下，拆迁工作会有序且相对顺利地开展。但是对于大多数亚洲、非洲、拉丁美洲和东欧国家则不是这样：一方面，因为国家政治制度和意识形态不同，他们的拆迁工作经常是组织性比较差，耗用时间也比较长，导致承包商的成本直线上升；另一方面，因为在国外很多项目的征地和拆迁在合同中属于承包商工作范围，当地政府只是协调配合承包商的工作，增大了承包商的压力。此外，当地地形和社会背景情况复杂，甚至有的建设用地原本属于私人土地或酋长领地，即使是当地政府协调，难度也很大，造成承包商的风险直线上升。这类项目主要集中在路桥、铁路、输变电等领域，遇到这类项目信息时，一定要提前考虑征地搬迁等因素，作为项目信息下一步遴选的基础。

（九）环保及HSE（健康、安全和环境管理体系）

随着各国工程承包市场的不断完善和全球环境的不断恶化，很多国家对环境保护和气候影响问题越来越重视，在招投标时往往会强制要求承包商必须提供相关证书或资质文件和体系文件，提交项目所在区域环境保护的策略和措施方案。由于我国在之前数十年的高速发展期签署的工程项目承包合同中，虽然对永久工程的工程量和价格、工程质量、进度有明确的要求和罚款指标，却很难找出明确的HSE管理费用列项，大家似乎都习惯了HSE的费用从风险费里考虑。而大部分境外项目，中资企业是通过激烈的国际招投标竞争赢得的，由于竞争残酷，各工程承包企业包括总包及分包单位的项目资金预算都很紧张，有的单位几乎处于盈利微薄甚至赔本的财务状态，在HSE管理上的资金投入明显不足。一方面，很多承包商对此并不重视，或没有准备，或没有接触过此类文件；另一方面，就算承包商在思想上已经提高了对环保及HSE问题的重视，但由于经验欠缺，对应预留的相关费用把握不准。因此，在经济比较发达的地区或环保要求比较严格的国家，承包商对此类问题要高度注意，尽早落实、了解并预先做好准备，为项目信息的筛选提供相应的判断依据。

（十）黑名单

某些国家对承包商的资质要求比较严格，会对有过不良合作记录或未履约记录的企业设立黑名单。如果某个企业在某个国家已经上了黑名单，那该公司在该国家计划投入此类项目时，很可能会被自动剔除，同时同一公司即使投入其他领域的项目，被否定的可能性也很大。而且在这种情况下，项目所在地的政府可能会戴着有色眼镜来看待来自同一国家的其他公司，这些公司甚至可能在完全不了解原因的情况下被无故连累，项目被莫名其妙地否定掉。因此在项目遴选阶段，若条件允许，应先进行实地考察，充分咨询当地政府或我国驻外机构，落实是否存在此类名单以及影响有多大等。

（十一）采用标准

由于各国的经济发展阶段不同，各自的社会、自然条件也不同，因此在工程相关领域适用的标准也千差万别。项目在做前期开发或信息遴选时，一个需要重点关注的问题就是标准的选择。可以分为3种情况进行分析：

1）经济较发达国家多采用欧美标准，标准高、要求严，设计、施工、供货的难度都比较大。如果该国广泛适用欧美标准，建议承包商慎重选择并且提前做好对标的预算和准备。

2）经济发展水平中等的国家通常有当地标准，一般是以欧美标准为基础或以邻国标准为基础结合本国具体情况编写的。但是由于人力、物力的限制，这些标准可能很久没有修订过，采选的数据之间也缺乏逻辑性。所以，这类标准从表面看要求并不高，但执行起来遇到的实际问题却很多，需要承包商格外注意。

3）经济落后的国家，其标准体系建设不完全，在很多时候可能临时决定标准，具有相当大的随意性。对此，最好的解决方式就是建议对方采用我国标准，这样便于今后项目的执行。这里主要涉及施工土建标准、电力标准、设备制造生产标准等的差异，应该在项目信息前期遴选中及时了解落实，并预先判断和评估因标准问题而带来的项目实施难易程度、时间和成本等方面的影响。

（十二）施工的可操作性

很多项目在前期开发时，承包商只考虑了经济可行性和融资、技术等问题，但随着工作的深入才意识到忽略了施工的可操作性。有相当一部分项目具备基本条件、利润率较高，但进入实际施工阶段后才发现埋藏着隐患，而这些隐患都与成本费用密切相关。此外，承包商还要着重考虑施工图深化设计。国内往往是由设计院提供较为完善、可操作性强的图样，施工单位照图施工，如有问题可以和设计院交涉、协商，及时调整设计方案；国外工程尤其是执行FIDIC条款的国际工程，却要求承包商根据初步的较为简单的设计图样自行深化设计以满足施工要求，其中大的工程常常要出成百上千张图，施工过程中甚至需要招聘当地的绘图员完成大部分的设计工作，所有细化出来的工程费用也要由承包商自己承担。FIDIC条款规定：大的变更超过工程总额15%的，不需承包商承担；不超过15%的，一律由承包商自己承担。所有这些涉及具体施工的方方面面，有不少是可以在信息遴选期间提前了解、落实甚至制订预案的，如果等项目签约尘埃落定后再考虑，所有前期未落实的问题都可能成为后期施工的风险，最终可能导致项目效益低下甚至亏损。

因此，对于投标信息的筛选也存在一定风险，需要提前做出预判并提出对应的处理方法，具体见表3-2。

表3-2 投标信息筛选风险一览表（内部评审要点）

序号	风险点	判断要点	处理方式
1	招标内容（具体工作内容和范围）	工作内容是否符合公司战略要求和资金实力，是否需要整合其他资源	—
2	招标截止时间	是否是双方的假期，是否有合适的资源可以被使用	—
3	信息渠道是否合理	是否需要代理，是否独自投标	—
4	是否有必胜的把握	核心竞争力是什么，价格是否有优势	
5	投标资格预算条件	是否满足，是否需要联合体（业绩、财务、当地经验）	联合体之间签署协议
6	保函事宜	保函的开立方式是直接开立还是转开，保函格式银行是否接受	时间长，可能需要国内的支持文件等

(续)

序号	风险点	判断要点	处理方式
7	合同制式	FIDIC条款，是否有不公平条款	—
8	付款情况	付款为当地币还是美元，或各占一部分	是否需要在当地成立公司
9	当地税务情况	项目是否免税，免税形式是怎样的	—
10	国内文件公证认证时间	国内双认证的文件需要多长时间	在资料完善的情况下，大约需要30天
11	技术标准	是否为英美国家标准，国内有无设计院可以对接	—
12	是否有指定品牌产品、核心设备	该核心设备是否属于当地垄断供应	—
13	是否有指定设计院或施工分包	项目中是否有属地化经营的组成部分	可以在当地分包等
14	价格是否有竞争优势	在具体哪个方面有价格优势	—
15	是否有其他外界因素制约	集团公司、当地使领馆、世界银行、代理渠道等	—

本节讨论了目前我国境外项目承包商获得项目信息的一般渠道、可能遇到的问题、相应的解决手段，以及项目信息的遴选过程、注意事项和大部分国家的一般性规定。在具体工作中，承包商只有对上述问题多思考、多分析，做好预案，才能在争取国际工程承包项目时做到心中有底、手上有牌、有备无患。

第三节 项目资料的搜集与整理

从项目资金来源角度看，国际工程项目开发主要分为3类：自有资金类（投标类）项目开发、我国资金为主（融资类）项目开发和企业资金为主（投资类）项目开发。如果项目承包类型不一致，项目开发方式就会存在差异，开发的基本思路和方法就会有所变化，甚至连项目前期开发的基本资料搜集也会有很大差异。

在投标类项目开发过程中，由于投标时间短、任务重，往往需要多名业务人员整合公司所有相关资源进行协同开发，而开发工作的重中之重则是项目资料的获取渠道、获取时间和资料质量，工作中需要对资料搜集、汇总工作进行严谨而认真的组织安排。大多数招标工程项目需要提前获取招标文件的发售和截止时间等核心信息，这些信息一般可以在业主的官方网站上查到，或在业主的业务负责办公室里获取，而在报纸、网络或其他媒体了解到的文件发布或销售时间是需要和项目业主或资料提供方进行严格确认的。部分项目的招标条件规定，需要对承包商进行资格预审，只有通过资格预审的单位才有机会购买项目正式招投标文件。在获取前期资料时，应该重点分析资格预审相关要求和具体内容，确定上述资料的购买地点、时间以及交易使用的货币，哪些招标资料要用当地币或美元等货币支付，哪些必须以当地银行提供的方式进行购买，当地银行出具交易凭证需要多少资质管理手续费。

大多数投标类项目是传统工程承包企业非常热衷的工程承包形式，企业按照传统模式负责实施不需要承担过多的资金压力和管理压力，所以这类项目的竞争异常激烈。投标类项目搜集的前期资料一般包括商务资料、技术资料以及客户关系资料。

一、商务资料

项目的商务资料主要包括当地的法律环境、财务环境、税务环境、外汇环境、商务关系环境、项目业主组织架构、海关、运输体系、竞争对手等信息。

1）法律环境信息。主要是指项目所在地所适用的法律体系，是属于英美法系还是大陆法系，尤其是和当地业务开发相关的法律内容。例如，在前期招投标阶段，是否需要注册当地法人公司、分/子公司或办事处等，这些需要参阅当地招标法和公司法的基本要求；如果考虑当地的银行账户管理要求或财务要求等，一般需要参考当地的财务管理法或工程承包法等；项目可能产生的税金，一般参考的是当地的税务法；而项目在中期阶段可能会涉及当地安全法、环境保护法等，也有可能会涉及一般的劳动法、移民法或工会组织法等，后期也可能会涉及当地的外汇管理制度等具体要求。上述这些法律信息一般可以通过当地的司法部门进行查询，也可以通过在当地从事承揽项目的其他企业进行咨询，或通过当地的律师事务所进行咨询。

2）财务环境信息。主要包括项目开发成功以后是否需要在当地建立账户、是否需要建立外币账户以及当地基本财务要求或报税要求如何。一般可以通过当地的税务师事务所或会计师事务所进行咨询，也可以通过当地的投资管理局进行了解。

3）税务环境信息。主要包括企业在当地发展项目可能涉及的增值税、海关税、预扣税、营业税、所得税和其他相关税费等。一般可以在当地税务局、其他类似企业或会计师事务所进行查询，主要包括税率、费率、税金、税基、纳税报税时间等方面内容。

4）外汇环境信息。一般是指项目所在地的外汇管理政策，具体包括当地外汇政策、管理强度和要求、当地外汇储备情况、是否自由汇兑，以及所有外汇汇出过程中是否需要交纳高额的外汇转出税等。商业银行或中央银行一般都会有此类相关信息或资料。

5）商务关系环境信息。主要包括项目是否有介绍人、中间人、代理等，以及这些人员和项目的直接业主是否有较强的联系，对业主的组织架构、决策流程等方面是否可以施加一定的压力。这些都是项目能否开发成功的关键影响因素。

6）项目业主组织架构信息。一般由决策团队中的项目管理人员、项目商务管理人员、项目合同或法律管理人员等组成，不同类型的人员有不同的管理风格。在项目推进过程中或项目方案评审过程中，需要决策团队对项目进行分析和评价，因此需要在项目开发阶段充分了解当地的商务环境信息和组织架构等。这些信息一般可以从当地合作伙伴或公司项目开发人员处获取。

7）海关信息。主要包括当地海关管理体系、操作流程、管理特点、清关要求、效率和速度等，以及当地是在海港城市清关还是在首都附近有旱港等。上述信息可以从当地的海关部门或当地的清关公司获取。

8）运输体系信息。对于部分当地开发的项目，尤其是项目所在地属于内陆的地区，相对运输距离会比较远，因此需要考虑当地的运输能力、运输方式、运输距离和运输成本以及在运输过程中存在的各种风险问题。这些信息一般可以通过当地的物流公司、货代公司、清关公司、运输公司等进行采集和分析。

9）当地竞争对手信息。是指在项目开发过程中，可能已经有其他的当地公司或中资公司参与此项目，因此各公司在这个过程中不断发掘竞争对手的优劣势，以此制订打败竞争对手的方案，给予竞争对手致命一击，最终获取项目承包权。需要尽力挖掘竞争对手的组织架构、竞争优势、价格特点、方案特点等，从而提升公司的开发竞争优势。这些信息或资料可以通过对当地市场的走访、现场考察或在我国驻当地使领馆处获取。

10）项目的造价资料包括项目的地材价格信息，如项目开发阶段需要获取的基础机械、材料价格信息（一般包括砖、瓦、沙、石等）或其他建筑所需要的必要材料、进口货物价格信息（一般包括钢材、电焊材料等）以及普通的消耗性材料价格信息（一般包括木板材料、建筑用模板、其他装修装饰材料等），也包括其他物资材料（如油料）。承包商需要在市场开发阶段获取这些用品的价格信息、供货渠道以及市场供应能力、市场价格升降因素等。这些信息一般可以在材料或物资市场中获得，也可以通过当地的一些主流媒体（如网站或报纸）获得。

11）项目的劳动力价格信息，主要包括当地的劳动力水平，主要获取渠道，基本的待遇、薪酬和福利水平，当地宗教信仰，劳动能力、态度和水平，以及劳动力数量规定等。一般可以通过当地劳动局进行了解，或通过对其他工程项目工地进行走访确定。同时，需要考虑在当地是否有第三国劳动力，是否有从邻国或其他发展中国家获取的劳动力，是否需要专门许可证或存在其他准入制度等，这些可以通过当地劳动力市场或已经建成项目进行信息或资料查询。此外，对于来自我国的劳动力、专业人才和技术人员有无限制，如劳动力配额，签证以及签证的时限、办理流程和效率、所需要的成本，当地是否存在劳动签证代办机构、相关收费和流程特点等。这些资料一般可以通过我国驻当地使领馆获取。

12）当地的管理水平及其相关信息，如当地劳动力平均工作效率、劳动力定额水平、基本的建筑材料质量等。这些信息都可以从当地正在建设的项目工地中获取。同时，还要搜集当地其他相关的造价信息，如工业生产类型项目需要大量的生产原材料，因此需要调研原材料的价格和供货能力。

二、技术资料

技术资料主要包括项目的基本技术方案、业主已完工的类似项目信息、以往业主偏好的工艺路线、基本的设备和材料选择标准与方式、技术管理团队基本组成、标书评定委员会组成和决策流程。

1）项目上下游的基本资料。主要是指对于某些电力能源类项目、工业类项目，承包商需要考虑当地整体工业发展水平，项目上游的原料供应，下游的基本配件、辅材、耗材等整体配合能力。选择合适的工艺路线或建设水平，对项目开发具有至关重要的作用。这些资料一般可以从当地已经建成项目的可研报告或已竣工项目的资料文件中获取，通过研读来指导新项目的开发工作。

2）项目的基本地质、自然气候、环境等相关资料。主要是指项目的基本地质情况、水文情况、气候情况和其他自然地理特点，由于国际业务项目所需要的建设周期很长，同时遇到的不确定因素也比较多，加之对当地基本的自然地理条件不了解，经常在项目实施阶段发生很多延误工期的风险或索赔事件，因此需要重点考虑当地的地质、水文、气候和自然情况。这些资料除了可以通过当地的建设部门、水文部门、地质局、气象局等获取，也可以通过官方网站获取，如果时间非常紧迫，也可以通过类似项目的前期可研或地勘资料等获取。

3）项目的配套设施相关信息。一般是指项目所需要的动力供应情况、项目所在位置可能需要的道路情况以及可能产生的工业垃圾的处理路线等。由于大多数项目需要建立完善的配套设施，如果项目所在地的基础设施条件比较好可以轻松满足，但是对于较复杂的项目则需要同步建设配套的电源、水源、天然气等装置和设施，否则如果后期再增加上述内容将会增大项目开发的难度。这些信息一般可以通过走访和调研项目所在地了解，也可以去当地电力公司或水务公司等获取。

4）项目所采纳的建设标准资料是项目实施中重要的标准和依据。由于在大多数工程项目投资中，设备、物资和材料所占的比重比较大，选择哪种标准的材料和设备就成为项目未来建设阶段是否盈利的关键因素。因此，需要去当地充分了解所使用的标准是单一的还是复合型的，抑或直接采纳发达国家的标准体系，并确定这类项目在当地所采用的具体是哪些标准规范。这些标准体系一般可以在当地业主部分或当地设计事务所等单位中获取。

5）技术管理团队基本组成。在项目开发过程中，最重要的是能让本公司制订完成的项目技术方案获得业主方的通过和认可，而多数业主方单位则由商务部门、技术部门等人员组成，了解对方的决策流程、管理流程等非常有助于顺利通过项目方案。因此在项目开发前期，可以通过与业主方交流或参观业主办公室了解他们的组织架构，进而确定他们的基本决策流程，为项目成功开发奠定基础。

6）项目主要设备信息是指项目可能使用的核心设备在当地是否有销售网点和配套的配件供货、修理和售后服务的相关能力，以及在当地是否可以买到项目核心设备的燃料或耗材等。这些一般可以通过设备厂商的官方网站进行咨询处理。

在项目实际建设过程中，可以使用的工程机械一般包括核心工程机械和非核心工程机械。要获取工程机械信息，承包商需要考察当地市场的供应能力，相关机械的主流品牌、租赁市场、购买价格、租赁价格、当地售后服务能力、配件供货能力，以及如果从国内采购大批量高级别的工程机械，在当地是否有配套的售后服务、充足的配件供应、项目完成后的工程机械销售渠道。这些内容都可以从当地工程机械供应市场中获取。

7）项目所需要的核心设备。核心设备一般是指针对核心工艺所需要的发生、生产、反应、变化装置。这些装置都需要整合或整体装配，但选择不同的工艺路线、工艺方案或标准会影响核心设备的制造，而核心设备的费用往往是项目整体造价中最大的组成部分。承包商需要非常认真仔细地分析相关资料和信息，可以通过在当地参观已建成的项目或寻找当地是否有知名厂家在当地的代理商或销售商来确定。

三、客户关系资料

客户关系资料重点关注代理渠道、代理工作关系图谱、项目决策人关系、项目决策流程关系图等。

上述内容介绍了投标项目通常需要获取的信息和资料,即业主方自己有充分的资金储备,不需要从外部解决资金问题。但有些项目属于前期开发,需要由项目承包企业解决资金问题,包括项目建设资金、项目运营资金等。这些项目的开发周期相对较长,开发过程中公司的主动性较强,同时利润率相对较高,一般都属于国内工程企业青睐的项目,基本开发思路是相同的,因此前期所搜集的资料和信息也是相一致的。但由于项目要完成融资工作,需要搜集融资方面的资料或相关信息。

1)确定项目的可融性。即项目本身的特点是否符合融资机构的基本要求,如该项目收益是否有保证、在当地是否有足够的现实意义、是否属于当地政府优先发展的项目、在项目开发过程中是否存在融资风险等。这些资料和信息可以通过项目所在地的金融机构获取,加以分析判断,为未来项目开发指明方向。

2)考虑当地的政治情况和政策条件。主要分析当地政治的稳定性和政策的连贯性,尤其要了解当地经济发展过程中,民众对政治生活的期望值、执政党的议会议席占有率、反对党的基本实力,以及近期是否有大规模民众事件,民众是否有罢工、示威游行的行为。此外,如果考虑从我国国内解决相关的资金问题,需要考虑该国与我国的外交关系,尤其是近期该国与我国的外交活动,是否有高层互访、是否都在努力发展双方的外交关系。这些信息都可以在双方外交部或主流媒体中获取,获取后还需要分析计划开发的项目与当地政府发展的项目是否具有一致性。

3)系统考虑当地的经济发展特点。这里有3层含义:①项目本身是否可以带来充沛的现金流,即项目自身的"造血"功能是否强大。②需要考虑当地经济发展水平,既包括基本的经济增长率、经济存量、经济增量、经济总量等,也包括外汇储备、外汇兑换的管理情况,以及该项目建成后是否有显著的经济拉动作用。③如果用我国国内资金解决该项目的融资问题,需要考虑两国的经贸往来、基本特点、每年的交易额度、双方经贸往来逆差或顺差的情况，我国政府对当地的贷款总额、贷款条件以及贷款的基本风险考虑，是否存在优先项目清单、该清单近期是否可以落地，公司推进的项目是否具有一定的优先性。这些信息既可以从当地的商务部、外交部或联合国获取，也可以从我国驻外经参处等单位获取，获取后重点分析项目基本特点或可融资的优先性、条件限制等。

需指出的是，投资类项目和融资类项目都有其特殊性，还需要补充一部分信息和资料。

1）对于投资类项目，一般需要注册 SPV 公司，那么是在当地注册，还是在第三国注册；是否有合作伙伴；是否是合资公司；合资公司的股权构成，股权交易的基本限制情况等。这些信息都可以通过当地的投资局或贸易部等机构获取，是未来公司是否在当地投资的重要依据。

2）当地的税务问题。例如，对于投资类项目是否有税务减免的优惠政策。这些信息通过当地投资局或税务局等机构的信息系统即可获取。

3）当地的外汇问题。一是对外汇支付、外汇管制要求进行分析，主要包括当地的外汇储备情况、支付情况以及受世界银行监管的情况。这些信息需要和当地的财政部门或外汇管理部门进行深入交流后确定具体信息内容。二是从项目的技术性方面深入分析。一方面，需要考察项目的上游商业情况，如对于电站项目，是否需要考虑其核心材料来源情况，供货的周期性、垄断性、选择性以及价格特点。可以与当地原材料供应商、政府主管部门甚至政府进行深入讨论，确定上述信息的真实性和严密性。另一方面，需要考虑项目的下游信息，如电站发电后如何收费，是通过当地的电力公司收费还是向当地的个人消费者直接收费，还需考虑收费过程中价格的波动性。这些信息需要与当地的项目消费使用部门进行沟通，确定具体信息并进行分析，以便指导项目开发和推进。

第四节　代理的作用与影响

在项目开发的前期阶段，企业进行信息获取、筛选、前期开发筹划等的途径有很多，但对于一个刚走出国门的企业而言，通过当地合作伙伴

(俗称"代理")的引荐、推广等方式进行市场开发往往是不二选择。当地合作伙伴应有很强的经济实力、管理能力以及对项目发展趋势的预判能力。

在目前国际工程发展的大潮中，代理起到的作用是毋庸置疑的。在项目前期，代理主要是推广公司品牌和形象，在当地建立起良好的客户关系，选择合适的开发项目，进行项目信息筛选，制订良好的项目开发计划，配合并指导项目开发过程，推动项目开发成功，完成签约并督促及时生效；在项目执行阶段，代理可以介绍优质的供货资源、分包商资源，同时负责与项目的业主进行沟通，正常支付项目进度款，确定项目在实施过程中的各种风险预判、索赔管理等工作；到项目尾期，代理协助制订项目的收尾计划、做好剩余物资处理以及项目最终决算处理，与此同时发掘新的项目机会、寻找新的市场信息、制订新的项目开发计划，从而让公司分支机构在当地的业务得以延续。由于本书重点介绍国际工程市场拓展方式，因此会着重介绍代理在项目开发前期所起到的作用，对代理的选择方法、甄别手段、判断标准以及在合作开发项目过程中需要如何管理、协调和配合代理。

在选择合适的代理之前，需要重点考虑公司的基本发展定位和在当地的竞争优势，即根据自身实力选择合适的代理。例如，公司如果是刚进入某个国家市场或专业市场，其主要目的是根据合适的项目机会或项目信息进行快速分析判断，进而达到尽快签约和业务落地的目的。这期间选择代理时的主要考虑因素有沟通能力强、当地人脉关系网根基深厚、能够快速发现项目机会等，一般为市场开拓型代理。而对于有些公司，其在当地的业务已发展到一定水平，需要代理能够帮助解决在项目实施过程中的具体问题，这就需要管理型代理；而对于另外一些公司，无论是在当地的市场开发还是项目实施都已经成绩显赫，需要在当地拓展新的领域或业务模式，那么就需要新的代理协助开发。因此，不同战略目的和发展状态的公司需要的代理类型是不同的。按照不同角度，代理可以划分为不同的种类。

按照能力大小，代理基本可以分为初级代理、中级代理和高级代理。

1）初级代理。初级代理指年龄比较小、业务经验一般，可能对某个专业领域较为了解，只能解决一类问题或一个领域的问题，业务覆盖范围相对较小。

2）中级代理。中级代理在经验、年龄、能力或其他各个方面都已经有了一定的成熟度，并且业务范围可能横跨几个领域或行业。中级代理有可能是一个公司在进行业务拓展或代理服务。

3）高级代理。高级代理的年龄、经验以及业务水平是最高的，可以从多个方面处理棘手的问题，在经济上已经有较强的独立性，在政治上也可能有一定的实力。高级代理往往是一个公司在运作，代理公司通过整个公司的实力提供项目代理服务或项目运作服务，其实力也是最强的。

按照业务范围，代理还可以划分为商务型代理、技术型代理和杂项型代理。

1）商务型代理类似于公司的商务经理角色，其商务能力比较突出，在沟通、交流、关系渠道拓展等方面能发挥良好的作用。主要优势体现在项目的前期开发中，他们可以通过个人实力介绍项目信息、项目的人脉关系或项目拓展需要的各种要素，但是对于项目的方案策划、技术管理或技术性谈判，则可能没有太强的能力驾驭。

2）技术型代理多数是由当地政府机关、管理单位或顾问咨询单位发展而来的，在项目的工艺路线、技术方案、技术细节和成本控制等方面有较强的业务能力，在项目前期进行方案谈判的过程中能起到非常好的参谋作用。技术型代理的缺点也较明显，如商务沟通能力较弱、做事灵活程度不够、关系网较薄弱等，在多数时候仅能提供简单的项目信息，对复杂项目的操控能力较弱。

3）杂项型代理的出身五花八门，能力各有强弱，水平高低不齐，态度也因人而异。杂项型代理能够完成的工作任务可能多是业务层面的，如项目的市场开发或项目实施、关系渠道拓展；也可能是其他非业务层面的，如介绍一两个当地关系，或介绍其他层面的代理或关系。

因此，企业若想在某个国家深耕市场或积极拓展业务，一定要结合自身的发展战略、目的、实力、项目特点和真实需求，选择一个适合企业发展及项目开展工作的代理。

代理在境外的业务拓展过程中具有至关重要的作用，因此选择一个合适的代理对于业务开发就是重中之重了,也是现场开发前期的重要组成部分。对于不同类型的代理,寻找渠道或场所也是不一样的。

例如,技术型代理可以通过国际组织、政府、学校、专业机构等层面进行发掘。

1)国际组织。在当今世界,大多数国际机构由于经济、政治体量过小,纷纷组成联合体或区域型组织。在这种情况下,很多国际组织对当地的政治、经济、文化等了解充分,在当地的经济发展中也扮演了重要的角色。而这些国际组织往往与当地政府联系紧密,能够确定项目能否顺利落地及具体发展情况,所以这些国际组织的工作人员无论是在文化层面、语言层面还是在业务层面都是代理的潜在人选。

2)政府。政府部门有大量的技术型干部,但由于国外的管理文化和环境不同,政府人员离职率比较高,他们之前可能是部长、专业司局长或者其他技术型干部,专业技术实力比较强,接触人脉广泛,同时对专业部委上上下下的人脉关系、决策流程比较熟悉,是非常好的代理人选。

3)学校。首先,由于大多数技术干部毕业于当地知名的高校或国外知名高校,当地知名高校分布相对比较集中,校友可能在当地各个技术岗位发挥作用,因此作为代理可以充分发挥校友优势,解决各个层面的沟通问题。其次,大多数国家的政府干部采用的是旋转门制度,即在大学任教一段时间之后赴政府任职,政府任职期满后再回到高校任教,这样也会在政府体制内有大量的人脉渠道,了解政府的运作流程,因此大学知名教授或有从政经历的老师也是代理的潜在人选。

4)专业机构。在大多数国家,尤其是经济体系不完善的发展中国家,工作机会相对较少。如果一个人在当地的知名公司、国际公司的当地办事处或其他支柱型公司有过任职经历,这说明其家庭背景较突出、学习能力较突出或有其他方面的特长,在这种情况下能够更好地与当地政府或其他公司沟通,也会建立一定的人脉关系网,对于代理工作可以做到游刃有余。

除了从上述4种渠道充分挖掘技术型或商务型代理,还可以通过其他渠道发现并培养商务型代理。例如,部分商务型代理可能来源于当地身世显赫的家族,而这些人一般是当地政府高级别官员的后代或军队干部的后代,可以成为公司的商务型代理,其特点是虽然技术能力较弱,但商务沟通能力或关系网非常强大。随着在当地业务的不断拓展,公司会在业务推进过程中遇到形形色色的人员,无论是技术型代理还是商务型代理,都应该予以认真选择和重点对待。

对获取代理的渠道还可以做进一步的分析,如代理获取的渠道大致可以分为被动偶遇、主动寻找和其他方式。

被动偶遇这种方式存在于以下场所:

1)在大多数企业愿意"走出去"的情况下,很多时候在某个国家长期生活的人或与之有业务往来的人,一旦了解到该企业愿意"走出去"且发展思路明确,就会向该公司提供相关的项目信息。在这种情况下,该公司就会无目的地获取到境外项目的代理权,成为最早了解项目信息的公司。

2)在符合公司发展战略和项目开发客观需求的情况下,公司在项目所在地建立境外办事处,这样在当地就有了一定的品牌推广基础和场所。在这种条件下,就会有大量的优秀人士寻找本公司合作,潜在的代理也会层出不穷。

3)参加多项目的投标工作。考虑到建立办事处的成本和周期问题,可以在当地尽量多选择一些适合公司的投标项目,不断参与当地的投标项目,那么公司的品牌影响力和知名度会得到显著提高,在当地的代理公司或个人就会主动找机会合作,这样公司就会被动地获取代理。

在业务发展过程中,也有主动寻找项目代理的渠道,主要包括以下场所:

1)政府官员的办公场所。大多数境外项目都需要政府参与,无论是在项目的前期建设阶段还是在后期运营阶段,都需要频繁地与政府官员沟通交流或向他们做汇报,在这一过程中会遇到不同公司、不同机构的负责人或代理,也可以借此发现很多优秀的代理。

2)金融机构。多数境外项目在推进的过程中都需要大量的资金作为支持,需要与金融机构交流项目信息等,而这些项目信息往往都与当地的政治发展联系紧密。因此,当地银行行长、金融机构负责人等也是非常适合作为代理的。

3）会议活动。一是某国政治层面、经济层面的专业会议和政府会议。由于大多数国家人口较少，而能够举行上述会议的酒店一般都具有一定的政治和社会地位，因此可以通过在这些酒店参加会议主动认识参会的各方面人士，加强沟通联系，未来定会有所收获。二是跨国会议、区域会议。这些会议有可能是联合国组织的，也有可能是区域性机构组织的，重点讨论国际经济问题、政治问题等，参会人员一般为政商两界人士。所以，在这类会议上很容易发现合适的代理。

4）会展展览。在某些国家经济发展过程中，会经常组织一些商业会展活动，如某国的招商引资大会等，能够参与这些会议的人员往往都是商界名流或政府官员，通过这个场所也可以获取大量潜在的代理信息。

除了可以通过上述两种途径获取潜在的代理，也可以尝试以下方式：

1）很多公司已经在当地建立了发达的人脉关系网，通过与该公司的业务合作或受其推荐可以了解这家公司在当地的代理情况，适当时候可以聘为该公司代理。

2）通过我国驻外使领馆的介绍，与对当地经济发展和基础设施建设比较了解和热心的退休人员进行沟通交流，可以在其离开公职之后聘为公司代理。

3）通过中资企业代表处和其他外派机构。在境外业务拓展过程中，很多项目的代理是中国人，因为他们已在当地发展多年，对当地情况比较了解，而且熟知国内文化和思维方式，易于沟通和交流，是代理的潜在人选。此外，现在越来越多的新闻机构、文化机构、教育机构都有大量的外派人员，他们在语言方面有优势、在文化沟通方面无障碍，也可以考虑作为代理的潜在人选。

4）在当地生活的中国人较多，一般是在某企业担任翻译或商务经理。他们具有语言优势，而且因工作需要与当地政府官员等交流较多，因此也具备当代理的潜质。此外，目的国一般会有很多中餐馆，但因为价格不菲很少有当地普通民众消费，消费者多为当地官员，长时间往来下这些中餐馆的店主与当地官员建立了朋友关系，因此很多中餐馆的店主也适合担当代理角色。

5）一些当地的物质材料、工程机械、专业设备供应商，也有一定的社会关系和影响力，也是代理的潜在人选。

初步确定代理渠道和代理人之后，需要对代理人进行进一步筛选。如何判断对方是不是一名优秀的代理或一家优秀的代理公司呢？需要通过以下4个步骤：

1）根据外在形象进行初步判断。第一次见代理本人时，要注意对方的外在形象。首先，要观察对方的衣着。如果是专业代理，大部分时间需要和政府官员沟通，所以是不是仪表堂堂或西装革履就显得尤为重要，尤其是从西装的笔挺程度、皮鞋的光亮程度就可以初步判断此人的基本身份和社会地位。其次，可以通过一些装饰物（如手表、皮带、手机等）确定对方是否是有一定的经济地位。大多数当地商务人员都会同时配备几部手机方便工作交流，从皮带的档次和质量上也可看出其品位。同时，在沟通过程中，可以充分了解他的经济状况，如所驾汽车和住所的档次以及家庭成员的受教育程度等，以综合判断其是否具有一定的经济实力。

2）根据专业知识和基本业务能力进行判断。通过交流沟通，可以初步判断其业务水平及基本能力。在沟通中可以重点询问他们对业主方组织架构的认识或对决策流程的理解程度，同时也可以向他们咨询一些项目层面的专业知识，如配套资源、上下游建设、需要的各种资源或对项目开发过程中的各种风险预判。只有做过类似业务的代理，才能对这部分工作十分熟悉，如果其对答如流，那么就基本可以确定此代理的专业程度比较高。

3）根据态度和性格等方面进行判断。在与潜在代理的沟通接触中，可以逐步明确对方是否是具有高雅气质的人，以及思维是否缜密、不拘小节。部分代理在合作之初会主动要求预先支付代理费用或签署独家合作协议等文件，从这个层面一般能判断潜在代理是否属于能做大事者。

4）根据对方的基本合作意愿进行判断。在沟通交流的过程中，对方是心神不定、经常跑题、显得不耐烦，还是积极性非常高，愿意进一步交流沟通，能够主动提及下次沟通交流时间，或充分展现其高超的谈判技巧，且能够在短时间内提供可交付的输出成果，都是判断未来能否开展深度合作的基础。

在识别和分析判断代理的过程中，除了完成上述的基本判断流程细节，还需要充分考虑对方的合作意愿，以及当地的文化、商业文明层级等具体因素，这样才更有助于公司选择一个优秀的代理。

在确定代理的潜在人选之后，需要对代理的工作进行进一步梳理，其中代理关系是需要长期维护的，因此需要考虑日常关系的维护手段，如经常在一起沟通交流项目开发的进展情况、邀请代理赴我国对本企业进行考察访问等。此外，还要求从企业领导层面对代理进行正向激励，对代理完成的工作予以肯定。在此过程中，确定双方关系的主要方法是签订代理协议，明确代理周期、唯一性等核心问题，而成本等细节则按照双方协商的大致出资比例各自承担；在业务管理过程中，代理需要提供有核心竞争力的专用渠道，包括信息渠道、项目渠道、人脉渠道等，并提供成熟的项目信息。

综上所述，代理选择和管理工作是比较复杂的，周期也是相对漫长的。在做相关工作时，选择代理要慎重，配合代理要细心，培养代理要耐心。

第四章　国际业务招投标项目开发操作

从宏观角度分析，境外项目一般可以分为业主自有资金项目、我国政府融资项目、企业自身投资项目三大类别。其中，业主自有资金项目或已经解决融资渠道的项目往往会采用招投标的形式处理，我国政府融资项目往往都是以双方议标或投标的形式处理，而企业自身投资项目也是通过议标或投标的形式处理。因此，企业的境外业务要有突破性进展，就要学会充分使用投标这种手段，这也有助于企业在当地快速提高市场占有率。

本章主要介绍国际工程项目招投标基本背景、项目招标文件制作细节、投标人员组成与分工和方案的选择、投标过程中的考察工作实施和开发过程中的接待工作，帮助读者充分了解和掌握国际工程招投标全过程的操作细节和风险控制。

第一节　国际工程项目招投标基本背景

项目招投标工作比较复杂，目标单一，时间紧张，不仅需要在最短的时间内研读业主提供的招标文件，还需要认真准备各项工作，提前预判和规避实施过程中的各项风险。

国际工程项目招投标的基本特点如下：

1）入门门槛比较低，大多数企业都可以参与。国内工程项目尤其是特大型工程项目一般都会有资质、资金实力等限制条件，但国际工程项目往往更注重类似项目的业绩或其他方面的硬性要求，门槛相对较低。

2）招投标项目的资金问题已经被业主解决，开发周期相对较短，因此招投标项目的相对开发时间较短、成本较低。

3）招投标项目的资金、技术和商务等方面的内容已经确定，开发压力相对较小，竞争环境较透明和公平，所以大多数国际工程企业对招投标项目是非常青睐的。

企业是否需要参加招投标项目主要从以下3个方面考虑：

1）企业竞争压力或生存压力是否较大。企业"走出去"的动机是不一样的，有些企业是因为战略需求，有些企业是为了扩大市场份额，有些企业是为了完成更高级别的使命，有些企业则只为了当下的经济利益。但无论如何，积极主动地、大量地参与招投标工程项目都会促进企业市场开发工作的成绩及质量，企业只有通过多投标这种方式才能获取大量的项目机会。

2）是否在当地建立了办事机构。如果在当地建立了办事机构，无论是当地代理，还是当地供应商，抑或其他项目资源提供者，都能获取更多的招投标项目信息，进而提高获取项目承包权的概率，也能提高企业在当地的影响力。

3）在参与当地市场招投标项目竞争之前，需要充分认识自身实力，如是否具有技术垄断性、是否能够提供有竞争力的价格、是否有助于扩大企业在当地的影响，这些都是确定企业是否要参与当地招投标项目的核心要点。

因此，是否需要参与当地招投标项目竞争，应该根据自身实力和当地的客观环境、企业发展要求等进行综合判断，进而得出最终的结论。

一、招投标之前的企业战略实操管理

对于招投标工作，必须按照企业的发展战略制定配套的招投标战略和相应的管理办法，目的在于强化完善项目投标过程中的管理工作，并明确企业内部各单位和各部门在工程投标过程中的职责和权限，同时对投标报价的原则和程序进行进一步说明，以确保企业投标报价工作合理、有序、科学、规范，最终达到提高中标率、规避市场风险的效果。

项目投标管理工作是指企业进行境外工程投标时从商务文件组织、技术文件组织、施工组织设计和报价编制到评审的全过程。例如，境外营销市场部通常作为工程投标的牵头部门；工程项目管理部参与项目的立项评审工作，并评估项目在技术、经济、公司内外部资源等方面的可行性；财务部主要负责评估项目资金落实情况、信用保险、保函项目经济性、所在国税务政策、收汇保障、资金来源、财务资源等能否支持项目平稳推进；技术管理和支持部参与评估技术、标准、施工组织设计等方面的可行性并给予专业意见。

投标工作一般由企业本部组织，需要市场部与项目所在地前端市场机构或项目部积极配合，市场部主要负责提供商务支持。有时可能会出现多家分/子公司集中参与投标的现象，若该现象发生在特定市场或在其他未能准确预见的情况下，则要在确保成功率的基础上力求整体效益最大化，同时应遵循以下原则进行项目分配：

1）登记优先。以企业投入项目工作的时间节点为基准，让介入项目前期工作早并且已经做了大量准备工作的部门优先。

2）业绩优先。以部门的日常工作业绩表现为参考依据，让竞标项目有明显专业优势且项目管理能力强的部门优先。

3）整体利益优先。从保护企业根本利益出发，以大局为重。对于竞标项目，要能够充分发挥企业的集约化优势，提高中标率，各投标业务部门需优势互补，可以实行联合投标、协作投标等策略。在此需注意，以单个部门为代表进行相关活动需要得到企业的批准。

4）成熟市场。以项目所在市场的条件为参考依据，对已相对成熟的市场或者项目比较集中的国家和地区给予明确的保护，其他部门若要进入该领域或该市场需要事先征得企业管理层面的审核和批准，这也是从整体利益的角度考虑的。

投标文件编制完成后，编制单位根据企业评审意见对投标报价进行调整，最终方案经投标管理领导小组研究决定。承包商要严格按照企业制定的投标评审制度对商务、技术造价、施工组织设计进行评审，评审通过后按照流程进行授权准备标书递交和合同商签的准备工作。投标工作完成以后，要将所有相关资料在企业内部进行备案处理，同时对相关工作人员进行绩效考核和相应的奖惩。

二、招投标操作基本流程

国际工程招投标工作压力较大，要求多项工作都能够非常细致地处理完成，因此需要有科学而严谨的工作方法，可以通过制订招投标工作计划进行工作分解和时间规定。国际工程招投标的基本工作流程有10个方面，具体见表4-1。

表4-1 国际工程招投标的基本工作流程

编号	内容	时间（开始—结束时间）	主要工作内容（输出成果）	负责人	备注
1	投标决策	最前期做出判断	—	公司最高层确定目标	核心要素
2	投标人员组织架构	—	确定核心人员及投标人员班子成员	国内＋国外同时操作	—
3	投标计划	—	每个节点之前完成任务	—	倒排工期
4	现场考察	—	商务关系 当地技术和价格信息 竞争对手情况	—	必须带着目标和问题出发（含预算）
5	技术方案	与4、6、7项穿插进行	确定合作伙伴 给合作伙伴确定范围 约定输出时间	—	—
6	商务方案	倒排时间	公司资质文件（公证和认证问题） 投标保函问题	—	—
7	造价方案	—	符合第1项的目标	—	不平衡报价 外汇管制等
8	内部评审	—	价格、法律、技术、实施方案评审	—	风险解决预案
9	最后组标	倒排时间	组标细节问题	—	详细检查
10	标书递交	—	现场获取竞争对手信息 澄清或答疑	—	—

国际工程招投标的基本流程顺序和详细内容如下。

（一）获取招投标项目信息

一般情况下，通过代理人或登录目标客户的网站，或从当地的政治、经济类报纸上都能获取大量的招投标项目信息。大多数国家政府在采购过程中都会按照当地的招投标法律实施，其中基本的要求就是要遵循公开、公正、透明的原则。政府采购项目一般会以在当地招标投的方式进行，所以可以足不出户、低成本地获取项目信息。之后，按照企业的要求与开发团队或项目代理人进行密切沟通，进行招投标项目信息的二次筛选，最终判定具体参与的项目，再开展下一步工作。

（二）购买招标文件和资料

项目信息中一般会列出招标项目的具体细节，包括购买标书的时间限制、投标开始时间和截止时间、所需要的费用、购买地点和具体联系人等，在这种情况下需要通过当地朋友、代理人、公司派人等方式赴当地购买招标文件。此外，在实际操作过程中，还要注意费用的支付方式和限制性条件。

（三）项目招投标工作计划制订与落地

获取招标文件之后，企业应立即成立投标小组，由投标负责人确定基本的分工、制订严谨的投标工作计划进而实施。投标工作大致可以划分为商务文件准备和递交、技术文件准备和递交、造价文件准备和递交。

1）商务文件主要包括企业基本资质类文件、业绩类文件、管理体系类文件和个人资料文件。

2）技术文件一般包括基本技术方案或工艺方案、技术建议书或可行性研究报告、核心图样（包括工艺图样、建筑图样、电气暖通图样、厂区平面布置图样等）、项目调试方案、项目运维方案、项目的基本经济评价、项目的环境评估报告等，有时还包括项目的核心设备清单或响应表、核心设备厂家的授权书和资质文件，以及项目的基本运输物流方案和基本清关方案等。对于大型的EPC项目，需要递交项目的整体进度方案、设计方案、采购方案、施工方案和各项方案的计划节点安排、现场平面布置等各项资料。

3）造价文件一般需要按照业主方提供的招标文件清单递交相关的工

程量清单列表。对于大型的、机电设备含量比较大的 EPC 项目还需要提供核心设备造价列表、部分价格分析与说明、各项单价数据列表等。本项工作也是企业参与招投标工作的重点，所耗费资源较大、时间较长，同时也是发生风险和问题最多的阶段。

（四）项目投标文件递交

按照相关要求准备和完成项目投标文件后，需要进行最终的组标，包括盖章签字、装订、密封等工作流程。而对于国际工程招投标的项目，则需要在最短的时间内判断是邮寄投标文件还是递交招标文件，如果是递交则需要考虑出国的成本和时间等问题。总之，要在业主规定的截止时间前完成招标文件的准备和递交工作。

（五）业主方对招标单位的资格预审

对于具体工程项目，业主在收到投标人递交的各项投标文件之后会首先分析商务文件，即对项目进行初步的资格预审，看投标人是否具备投标主体资格。在这种要求下，也就存在联合体招标的形式。与此同时，也会有部分招标项目可能在前期业主方招标阶段分成两步走的情况：第一步，在大范围内公开进行国际公开资格预审招标，即基本的资格预审流程。具体是根据企业的特点、能力、组成、架构、核心业绩等确定潜在投标人。第二步，向潜在的投标人发放标书。这个阶段由投标单位组织正式的项目投标工作，并确定项目的详细投标文件，包括商务文件、技术文件、造价文件等，通过文件递交后的评审工作确定项目最终的中标人。

（六）业主审核和判定招标文件

业主方获取投标人的投标文件之后，一般会按照招标文件规定的招标流程或计划开展工作。首先是评审技术文件或商务文件，不同的项目要求不同，重点评审的标准是符合性、适应性审核；其次是进行个性化评审；最后是进行细节检查，并进行分析或评分等。而在实际操作过程中，一般都是以项目价格作为主要判断基础的。

（七）确定中标单位和签署合同

在技术文件和商务文件全部评审完成后，撰写投标人通知书，一般会告知结果是否中标，同时告知原因。而中标人收到通知书后，需要按照业主的要求递交各种类型的保函，并且完成各项前期组织工作，准备进入项目执行阶段。

项目招投标工作完成以后，业主方需要进行投标人及投标文件的审核，所有的审核都应遵循公开、公正、透明的原则。从项目的资金来源划分，包括外部资金项目（如世界银行、亚洲开发银行、非洲发展银行支持的项目）及内部资金项目（如政府财政收入支持的项目、政府发债的项目）。大部分招标项目都来源于世界银行、亚洲开发银行、非洲发展银行等，这些银行对于项目实施管理模式的要求基本一致，主要是通过招投标的手段确定项目的潜在中标人。正因为如此，公开招投标的管理模式在世界上被大多数国家应用在基础设施项目中，流程和管理细节基本一致。

业主方对于文件的审核流程和细节也是大致相同的，具体流程包括：

1）确定投标文件的完整性。在发标阶段，对于投标文件的完整性是有明确要求的，对包括几个卷宗、每一个文件夹的目录有哪些内容都有说明，常规是包括技术文件包和商务文件包。业主方会依次打开，整理和确定每个文件包中包含多少个子文件夹、多少个目录清单，目录清单中对应的文件必须全部包括在内。

2）按照招标文件中规定的数量和内容进行逐一检查、整理，如有缺少或遗漏等问题须进行记录，完成后交由后续评审的技术部门或商务部门。本项工作一般由业主的综合部门或综合办公室完成。

3）评审投标文件的响应性。一般由招标委员会或业主的商务部门对所有审核的投标文件进行逐一会审，对招标文件中规定的每一项商务文件要求进行评判。如果确定完成，则标注投标人已经完成此项工作，同时进行评分。商务文件评审完成后，交由技术部门评审。一般招标文件会在技术文件中明确说明是否响应：如果响应，请确定；如果没有响应，请说明原因和特点。而技术评审部门则会对技术文件的细节内容进行逐一分析、逐一检查，一般会有一个标准技术文稿或参数表，一一对应。如果全部对应完成，则本项为满分；如果有不足之处，则予以扣分。技术部门评判的标尺一般是一套完整的技术方案或技术响应细节清单列表。在具体项目文件评审过程中，可能先进行商务文件评审，也可能先进行技术文件评审，还可能两个文件同时进行评审，继而确定投标文件的个性化特点。一般还会审核投标人技术文件或商务文件的个性化特点，如是否具有非常强的商务能力或条件，是否应用了新技术、新财力、新工艺等，是否有使用新设备、是否有新的工艺方案等，以及投标人的价格特点、价格组成、价格范围等，并进行打分。一般招标文件中，技术文件和商务文件很难分出高低，但是通过价格评审之后就可以轻松地计算出投标企业的分数了。

4）确定投标文件中的各项细节问题。这些检查工作较烦琐，花费时间较长，一般包括如下内容：大小写是否合规，每页是否签字和盖章，美元和当地币的汇率是否标明，清单上的纵向和横向是否行行一致、列列一致，是否有计算错误，是否有换算问题，字迹是否清晰，是否有其他编辑、排版、计算、书写、装订等问题。

三、业主评标工作

对于大多数招投标项目，通常采取综合打分的标准，即对公司的基本商务能力、技术能力和其他能力等进行综合评判，说明每项得分情况，最终叠加获得总分。一般都是百分制，即最高得分为 100 分，可能技术为 50 分、商务为 50 分。如果是先开商务标的情况，可能会规定如果商务标低于 40 分，则无需打开技术标书。这是世界银行、大多数国家采用的评标标准，相对比较公平和公正。但在实际操作过程中，真正的百分制很难落地，因为竞标企业的核心竞争力都极为相似，几乎是同质竞争，即商务分和技术分几乎一致，因此价格方面就显得尤为重要。所以，企业制作标书的过程更是比较价格的过程，价格的高低往往是企业综合实力的体现。

四、招投标文件的组成

招投标文件的组成较复杂，由于各国国情不同、项目不同，差别可能会比较大。因此，在投标过程中应重点分析招投标文件的组成，进而制订相关的工作计划。

招标文件的第一部分一般是招标公告或投标人须知，包括招标的基本流程、时间节点、注意事项、业主单位、招标项目的基本特点，以及联系方式、疑问澄清处理方式等。

招标文件的第二部分包含商务文件和技术文件。

1) 商务文件主要是项目的制式合同，可以依托于 FIDIC 合同条款，也可以是当地独立的合同制式。合同条款的一部分是通用条件和通用条款，重点介绍项目合同条款的一般性规定；另一部分是专用条款，即招标人认为项目实施过程中可能有哪些风险点或注意事项等，并进行一一标注说明，其实就是解释前面的通用条款。专用条款中也可能解释部分管理要求和说明等，如投标人提供何种类型的资质文件、文件的组成、文件的基本条件要求等。还有可能在招标文件的合同目录中单独设立一类附件资料，这些附件资料就是招标人向投标人提出的商务文件形式、内容、格式、时间等的具体规定和要求。商务文件的附录中可能包括项目投标的保函格式、履约保函、预付款保函的内容或其他格式，也可能包括项目支付进度款的银行信息、开户要求等各种商务条件和说明。

2) 技术文件一般包括：①项目的技术方案、工艺说明、平面布置图、工艺图、图样说明等；②项目核心设备的相应清单文件，对项目的核心设备或材料等进行逐一说明和解释，也可称为响应清单；③项目的规范、计量规则、测算办法、报价文件表格等的说明文件，以及项目需要投标人满足的技术资料清单，如项目现场的平面组织、施工组织设计、项目整体进度计划、项目的劳动力组织计划安排等；④项目的某些特殊技术要求和说明文件等。

对于某些重大项目，要求可能还会有所不同，如要求项目的融资方案、项目融资银行的兴趣函等。总之，不同类型的项目招标，所用的文件是有一定区别的。

掌握招标方评审的管理办法之后，需要根据公司实力制订一份较为合理的投标公共计划，该计划一般包括以下 3 个方面的内容。

1. 商务文件的构成和各项工作的完成时间

商务文件主要包括项目的各项基本资质文件、项目联合体的各项资质文件、投标项目个性化商务文件等。

1) 获取项目的招标文件以后，需要在 2~3 天内制订项目的整体投标计划，必须体现招标文件的特殊性、项目业主的具体特点和各项要求等。

2）根据项目招标的截止时间进行项目投标工作分解，确定具体的招标细节及完成时间。首先，投标公司需要提供营业执照、公司财务报表、公司章程、公司业绩、授权函等外文版文件；其次，进行公证；最后，进行上述文件的双认证。本项工作需要 10~15 天。

3）如果项目较为复杂，则需要联合其他合作伙伴，同样需要递交相关的投标商务文件，需要在 15~20 天之内完成。完成本项工作后，统一由公司进行汇总和整理。

4）部分特殊项目还需要提供公司项目管理体系文件、公司沟通管理体系文件、公司环境保护等具体操作流程文件，且都需要先进行分类整理和说明，再进行文件公证工作，然后进行文件的双认证工作。本项工作需要 10~20 天。

商务工作计划安排具体见表 4-2。

表 4-2 商务工作计划安排表

编号	内容	时长（天）	工作或输出内容	备注
1	分析标书			
2	整理要点和制订计划			
3	按照标书要求准备文件			
4	确定是不是联合体投标			
5	配合单位投标文件准备			
6	投标文件公证			
7	投标文件认证（双认证）			
8	投标保函的形式及其分工			
9	投标保函公司内部处理			保函或保证金
10	投标保函需要资审文件（若有）			
11	投标保函国内银行评审			
12	投标保函当地银行处理			
13	投标文件汇总			
14	投标文件整理检查			
15	投标文件密封和组标			
16	投标文件递交			

2. 技术文件的组成和具体完成时间

在招投标过程中,技术文件的准备工作涉及面广、因素复杂,投标人员需要花费大量的时间和精力,具体包括项目可行性研究报告或项目技术方案、项目图样、工程量清单、项目施工组织设计、项目实施进度计划和人员组织架构、核心设备清单或列表、设备厂家的生产许可、业绩文件或资质文件等。

在招投标技术文件准备过程中,建议按照下述工作流程开展。

1)分析项目招标文件的技术特点,总结基本的技术要求和特点,进行内部沟通。本项工作需要2~3天时间。

2)组建技术团队并分工。对于较为复杂的项目,需要进行项目技术工艺路线的分解,再选择合适的项目合作伙伴。本项工作需要2~3天时间。

3)与技术合作伙伴进行技术交流、工作难点分析、重点说明等。本项工作需要1~2天时间。对于某些有特殊要求的合作伙伴需要签署战略合作协议或商务合同,本项工作需要5~10天时间。如果涉及付款问题,可能还需要3~5天时间解决。

4)获取技术文件之后,由技术团队和合作伙伴消化吸收,翻译工作穿插其中。本项工作需要5~10天时间。

5)技术团队编制技术方案,包括项目基本技术可行性分析、技术方案、实施方案、基本项目工艺流程图、建筑图、电气图、暖通图等。这项工作大约需要20天时间,在整个项目投标工作中耗时相对较长。如果涉及翻译问题,还需要10~20天的时间。此外,在项目投标阶段可能会涉及项目考察和业主澄清等工作,需要10~20天时间。

6)可能会就项目的技术方案开展公司内部评审和沟通工作,需要2~3天时间。

技术标工作计划安排具体见表4-3。

表4-3 技术标工作计划安排表

编号	内容	时长	工作或输出内容	备注
1	分析标书技术要求(标准和规范)			语言处理问题

(续)

编号	内容	时长	工作或输出内容	备注
2	分析标书技术要求（设计深度）			
3	制订设计标书工作计划			要求过程与结果并重
4	选择合适的设计伙伴			
5	是否需要签署合作备忘录或付款			
6	核心工艺流程确定与验证			
7	核心设备参数确定			
8	核心设备厂家合作关系确定和报价			
9	非核心设备询价与报价			
10	设备包装等信息获取并询价物流			
11	设备参数信息表确认并填写响应表			
12	整体技术方案完成			
13	必要时提供配套图样			
14	设备厂家提供设备参数和说明等纸质版文件			包括资质、授权、业绩等
15	获取设备厂家报价和物流价格报送造价部门			
16	整理所有技术输出文件			

3. 项目造价以及法律工作完成时间

在准备项目商务和技术文件的同时，需要准备项目的造价文件，这项工作的完成速度和质量将会直接影响中标结果。建议按照如下流程操作：

1）由项目投标团队确定该项目投标的法律风险、财务风险和造价影响因素。本项工作需要1~2天时间。

2）由开发人员就项目的法律风险制订解决方案，一般包括赴当地实际考察或选择与国内合适的律师事务所合作。本项工作需要10~20天时间。

3）财务风险分析和方案准备，包括项目的财务管理细节、当地汇率政策、当地外汇政策、当地税务分析等，可以通过公司的财务顾问、国内会计师事务所、当地的会计师事务所、当地的税务师事务所解决，也可以委托当地的代理解决。本项工作需要 10~20 天时间。

4）在获取外部或项目所在地信息之后，需要尽快开展内部的组价工作。确定公司对这个项目投标所制定的基本策略，如果想获取最低价格，则需要与合作伙伴进行协商和价格比较。本项工作需要 3~5 天时间。

5）由分包单位确定价格和报价，并提供相关的厂家资料和文件，注意此项工作必须是在技术文件或资料已经完成的情况下开展，进而与报价单位沟通协商并确定价格。本项工作需要 20~30 天时间。

6）对于施工过程可能涉及的价格问题，可以通过前方人员提供，或由报价人员组成考察小组赴当地进行价格调研，了解价格详情和供货渠道等。本项工作需要 10~15 天时间。

7）根据招标文件进行图样工程量确认和计算，同时根据调研的价格信息和当地的实际情况进行分析比选，并根据公司要求的管理费、利润率和其他管理要求制订合理的投标报价价格。本项工作也是投标过程中最重要的一项，需要 10~20 天时间。

8）完成公司内部的价格评审。本项工作需要 2~3 天时间。

造价标工作计划安排具体见表 4-4。

表 4-4　造价标工作计划安排

编号	内容	时长	工作或输出内容	备注
1	获取价格方式确定			转包或大包
2	设备、材料价格确定			由设计院或厂家确定或网络确定
3	包装运输方案和价格处理			由物流公司提供
4	备品备件价格方案确定			由设计院提供或厂家提供
5	是否需要耗材、检测设备、专用运输、吊装仪器等			
6	确定施工价格获取渠道			自己干、转包或几家单位参与
7	赴现场考察获取材料/设备价格信息			
8	基本主料价格信息			
9	主要辅材或辅料价格信息			

(续)

编号	内容	时长	工作或输出内容	备注
10	当地人工或分包价格信息			
11	当地财务管理信息、税务信息			
12	当地劳动保护信息、签证等			
13	当地外汇管理信息、汇率、外汇管制等			
14	当地燃油、动力费价格信息			
15	当地基础设施折旧信息			
16	当地法律风险引发的价格变化信息			
17	总价汇总			
18	测算成本			定额法、实际成本法或分包法
19	成本价格内审与分析			
20	考虑利润和风险，决定最终价格			

第二节 项目招标文件制作细节

上面介绍了招投标工作的意义和作用，初步分析了招投标工作的开展顺序、操作细节和注意事项。但在实际操作过程中，由于项目工期紧张、工作任务量较大，经常会出现疏忽遗漏的问题，而要规避这种风险，需要从工作细节入手。下面将从技术文件、商务文件、报价文件、评审以及最终组标等招投标的细节工作方面进行分析。

一、技术文件

技术文件制作是全部投标过程中最复杂的环节，涉及人员、专业较多，时间相对较长，过程中出错的概率也比较高。确定技术合作单位和具体负责人员之后即开始准备技术资料，具体包括以下6个方面：

1）分析原有技术资料。获取招标方提供的项目原有技术资料后，在投标经理进行初步分析的基础上,发现主要技术风险、技术特点和核心的工艺路线,同时分析招标方的技术特点和路线,以及与我方现有的或国内主流的工艺路线之间的差异。如果差异较小或特点基本相同,可以考虑按照国内的基本思路进行方案制作;如果差异很大,则需要进行系统性改变和调整,制订新的方案。完成本项工作后,能够充分了解招标方的技术特性、工艺路线的选择、国内外的技术差异等内容。

2)寻找合适的模板和基础资料。大多数技术人员或管理单位都有充足的技术方案储备,其中技术方案可以通过以下 3 种渠道获得:①技术方案已经比较成熟和传统,大多数技术人员都会在计算机中进行该类型技术方案的储备,可以直接调用;②技术方案比较新颖,应用并不是非常广泛,需要通过网络、数据库、专业公司等渠道进行沟通了解,进而获取相关的技术方案资料;③技术方案陈旧,国内已经不再使用,只能在图书馆或历史悠久的设计院等单位获取。

3)技术文件的编辑、整理和修订。在分析国外技术文件阶段,往往需要结合当地的基本特点,如项目的上下游建设和配套设施的特点等。由于我国工业化程度比较高、社会分工比较细致,可能会导致大部分技术方案的深度和广度不足,如对于电站类项目原料的进口路线和规划、运输和加工等具体问题,以及电站建成后的输变电项目规划和实施等大多不够深入。因此,需要充分结合当地的基本情况和实际特点进行技术资料的编辑和整理,不能全部照搬国内的成套技术方案。获得招标文件中的技术思路、路线和差异特点后,需要按照招标文件的要求制作技术方案文件,目前主要有两种制作方法:①照搬国内已有的技术方案,进行局部修改,这种方法主要是针对招标时间紧、工作任务大,同时国内外的技术思路、特点、工艺路线等几乎没有差异的情况;②根据现有的技术资料或成体系的方案,结合业主的招标文件和已经分析完成的双方技术方案差异对比表进行修改或补充,在现有技术资料的基础上按照招标方要求进行局部调整或修改,将招标方的技术想法在现有技术方案中得以体现并优化。这样做既保留了国内技术方案的优势,又结合了招标方的技术想法,一举两得,完成时间和效率也相对可控。

4)过程中的资料获取、补充,合作伙伴间的谈判、沟通交流等。本部分工作由技术人员或设计人员通过在资料制作过程中的分析研究，以及与项目招标方或其他技术提供者进行沟通交流，以达到最终获取资料的目的。在资料制作过程中，可能需要针对业主招标文件的技术部分与招标方进行澄清和磋商。一般会组织相关的技术考察团队赴当地进行技术考察和交流，团队成员主要包括公司的投标工作技术负责人、合作伙伴的技术负责人、设计院的主管人员等。赴当地以后，首先要去项目现场实地勘察，确定项目技术方案落地的可行性；然后通过研究招标文件的技术问题且现场初步建立认识之后，与项目的招标方进行当面的技术澄清和交流，以获取上述问题的解决方法；之后可以通过形成的问题清单，与当地的顾问咨询团队、设计院、施工单位或其他类似项目业主进行沟通，以确定最终的解决思路和答案；最后完成技术方案制作工作。

5）注意过程中的部分询价工作，主要是核心设备和材料等。对于大型复杂工业类型项目，由于招标时间较短，所需要的专业设备比较多，而企业内部相应的技术储备尤其是最新的价格信息可能较少，同时技术方案中的设备可能为非标类型、落后型号或国外标准设计。因此，需要技术团队对图样、工程量清单、当地标准等各类信息与制造商等单位进行磋商、交流、澄清，以便获取真实有效的价格，并在供应商报价过程中与制造商沟通，获得技术方案的改进和调整等。

6）通过层层推进上述工作，由投标单位在技术合作伙伴的帮助下制作完成最终的技术文件方案。一般会按照招标文件的要求进行编辑整理，包括项目技术建议书、项目技术方案、项目可研方案、项目初步设计图样（平面图、工艺流程、标准剖面图和立面图、电气和暖通等其他辅助设施图样）、项目实施策划方案（包括各种进度计划表格）等文件。完成上述工作后，将技术文件方案递交投标公司总部进行最终的评审和外出递交工作。

二、商务文件

在制作境外项目招投标工作技术文件的过程中，同样需要完成商务文件制作。商务文件制作的工作量相对较少，但也需要进行外部资源的协调配合，如公证、认证等，因此不可控因素也较多。商务文件的制作工作主要包括以下内容：

1）商务文件资料汇总与整理，主要包括公司的基础资质类、业绩类、管理类及个人资质或能力类文件等。

第一类为公司基础资质类文件，如公司的营业执照、财务报表、章程、股东会决等文件及记录。

第二类为公司业绩类文件，包括公司以往业绩清单、专业领域内的业绩清单、项目类相关信息和照片、竣工证书、业主反推荐信等。在制作过程中，最好能图文并茂。

第三类是公司管理类文件，如公司的项目管理体系文件、质量关系体系文件、企业社会责任管理类体系文件。应注意，这些文件至少要在某个项目上有过成功的应用。

第四类是个人资质或能力类文件，如个人履历表、专业资质证书、毕业证书、推荐信等，要附有个人照片。在实际操作过程中，投标人员的计算机中应有上述资料的存盘，最好是以英文形式呈现。这个阶段要注意的风险是，如果以联合体的名义投标，本公司的商务文件可能早已准备妥当，但是其他公司的文件不一定准备完整且不一定能在最短时间内提供到位。同时，需要联合体各方尽快完成项目的合作协议书，而多数企业对于联合体协议的签订和日后管理是相对陌生的，这些问题都会影响制作的进度和质量，需要格外注意。

2）商务文件公证工作。快速整理完成上述文件以后，需要进行商务文件公证工作，即把所有资料送到公证处进行公证处理。公证的内容包括公证词、个人签字和公章等，本项工作由公证处完成，属于外部资源，时间可控性比较差，一般至少需要1周的时间。建议在具体工作过程中一次性递交所有需要公证的文件，避免疏漏；选择当地有过涉外经验的公证处，效率会比较高；在递交文件的过程中将公证书直接翻译成所需要的目标语言，避免进行二次加工降低效率、增加成本。经常参与国际项目投标的公司，一般都有自己的目标公证处，在工作推进过程中相对轻松。

3）商务文件认证工作。对于大多数国际业务的项目文件资料，完成公证工作之后需要在当地使领馆、外交部领事司或中国对外贸易促进会进行认证工作，即通常的双认证工作。例如，在获取商务文件的公证书以后,正式递交给外交部领事司认证服务中心,由其交给投标目标国的驻华使领馆;驻华使领馆根据自身的工作程序进行审核和认证完成后,返回公司的外交部领事司认证服务中心;之后由外交部领事司进行第二次认证,在原有文件上加盖外交部领事认证的服务公章,至此双认证工作完成。本项工作最大的风险是双认证时间较长,一般需要20~30天,且都属于外部资料处理,时间不可控。

4)组织外出商务工作考察团。在商务文件制作和递交的过程中,投标的商务工作需要成立项目考察团,赴当地进行考察和交流。其主要工作是按照各个专业的分工和工作基本特点,确定出访人员名单和分工细节,同时在国内工作时间允许的情况下制订较合理的出访考察计划。①由商务工作人员负责调研当地的法律风险、管理风险、海关风险、运输物流风险等,重点考察完成这些工作所需要的时间和成本等方面的问题。②组织投标团队的技术人员或设计合作伙伴制订技术搜资清单,安排人员赴项目现场实地考察,同时安排与业主方的技术负责人、当地的设计院人员或顾问咨询团队等进行技术交流。③安排项目的造价团队赴当地采集造价信息,如当地可以提供的各种工程建筑材料价格、供货渠道和能力信息,当地劳动力的收入水平和工效信息,当地工程机械租赁、购买和维护保养费用等价格信息。在当地考察过程中,充分调研其他在建项目,考虑当地的计量特点与国内计量方式的区别,按照当地方式进行计算。④安排财务人员对当地的外汇管制、财务管理和税务管理等细节进行调研以获取一手资料。⑤由商务人员负责考察团在当地的生活和工作的细节安排,主要包括衣食住行等各项具体内容。需要注意的是,要在出发前明确人员分工,确保每个人都有自己的工作任务单,同时根据任务单制订相关的工作计划和时间安排表,以提高整个考察团的工作效率。

5)明确当地的法律风险问题。商务人员可以通过查询网上公开资料、业主提供的招标文件,以及与公司有合作关系的律师事务所进行沟通交流等方式,获取项目所在地的法律特点,包括如下内容:项目前期对于中标人的主体资格认定;是否需要在当地成立公司,是何种形式的,当地的财务管理有何特点,是否需要在当地开立账户等;在项目中期,当地的劳动法、合同法、环境保护法等是否能够严格执行,严苛程度如何,过程中的风险有哪些；在项目后期，项目结算的处理方式，项目招标人是否有充足的资金准备和应对预案等。这些都需要法律或商务人员在当地进行充分调研和资料搜集。

三、报价文件

在技术和商务文件准备工作同步进行的过程中，且正式投标开始 10～20 天之后开始报价工作。对于大多数国际工程项目而言，报价的高低将影响项目是否能够中标，因此企业对这些工作的重视程度往往高于其他投标工作。报价工作或报价文件的制作一般按照如下步骤实施。

1. 制定报价的基本战略或目标

获取投标项目信息后，应该按照公司的发展战略、核心竞争力以及对当地市场的研判和分析确定项目的投标报价策略。例如，对于竞争激烈的市场，建议考虑低价中标；对于竞争较宽松、技术垄断明显或拥有其他核心竞争力的情况，建议高价中标；对于招标方比较着急的项目或其他比较特殊的项目，可以考虑高价中标；对于希望尽快打入市场、想在当地立足的情况，建议考虑低价中标。总之，是否递交中标是一项系统工作，需要公司上级领导、公司业务层和分包单位等共同分析确认后才能开展相关工作。

2. 开展初步调研工作

由于大多数项目均以低价中标作为首要目的，在这种情况下成本的控制，一方面是公司的低成本管理体系比较严苛，另一方面则是能够获得最可靠的当地造价信息。这就需要广泛地搜集信息和相关资料。相关内容上面已有介绍，不再赘述。

初步调研工作中需重点考察的价格信息有以下 7 类：

1）当地的基本建材价格。主要是确定当地产的基础建材类型和价格，如砖瓦、砂石、钢筋、水泥等，可以通过当地的供应商或直接赴当地生产单位获取信息。

2）明确当地进口的工业设备及材料。主要是针对当地不能生产，只能通过国外进口以解决当地需求的物资类型。一般大型品牌的制造商在当地都有代理商或加盟商，可以通过他们获取正规报价。

3）当地的基本耗材和能源费用等。例如，基本的氧气、焊材、加工工具，多种添加剂、汽油、柴油等，需要调研这些物资是否管控、供货渠道是否垄断、价格波动是否严重、是否有政府补贴等。

4）当地工程机械价格。主要调研当地的主流工程机械属于哪个档次、质量品牌及特性如何、工程机械租赁市场是否充裕、价格水平是否有波动，注意重点考察当地的新设备和新机械的价格，以及当地售后、服务、保养等的费用和细节。

5）当地劳动力价格信息。重点调研当地的劳动力水平、价格、效率、劳动报酬、福利制度以及当地劳动力保护情况。此外，上述劳动力的来源，是在当地发掘还是通过第三国解决，是否有强大的工会组织、工会组织参与项目的程度等。

6）当地生活、住宿、签证等费用。考虑到项目实施阶段将会派遣一定数量的工程人员常驻项目现场，那么基本的生活物资费用、成本费用、餐饮费用、租房或自建房屋费用等都需要考虑在内。此外，在大多数国家，国内人员赴当地参与工程项目施工需要办理劳动许可证，或外国人就业资质等，相对成本比较高，周期也比较长，因此在项目调研过程中也应该予以重视。

7）当地的管理或风险处理费用等。需要在当地充分调研获取当地的基本管理费用、分包费用和当地的基本利润取值空间等，以及在当地实施项目可能会遇到的具体风险或特殊困难。

3. 保险、财务和税务等信息的采集

大型工程项目涉及的因素非常多，尤其是金融方面的信息，因此调研过程中需要有财务人员或商务人员对当地的财务管理信息进行调研。调研内容包括财务账户的设立成本费用、当地融资的费用、当地贷款和存款的利率、在当地开展经营工作所产生的各项其他财务费用，以及当地的保险费用（如一般工程企业险、第三者责任险、当地交通管理的强制性保险等）、基本的费率情况、保险年限、承保费用管理等具体情况；当地的税务费用，如海关关税、营业税、利润税、增值税、所得税等，需要调查当地的税率、税基计算方式、征收细节和当地税务管理部门的严苛程度等。这些信息都需要进行细致和严格的调研分析才能完成采集工作。

4. 调研当地的海关和运输物流费用

对于较复杂的工程项目，大部分物资需要从国内发往项目所在地，这就需要前期先调研当地的海关管理水平、清关速度、清关代理费用、当地物流成本、基本物流路线以及物流的管理细节等，运输过程中的保险和时间问题，以及实施过程中可能产生的各种风险费用等。

5. 按照招标文件进行工程量核实和计算

这一环节的重点工作是分析工程量，主要有两种方式：

1）在招标人提供的招标文件已经非常翔实和具体的情况下，可以通过图样、工程量清单和当地的工程量计量方式进行对比分析，确定科学合理的工程量，从而进行后续工作。

2）在招标文件相对简单的情况下，如只提供可参考的工程量或示意的工程量，就需要技术部门对提供的工程范围和前期资料进行细化分析，进而制作出完整的图样和工程量清单，再由报价人员对工程量清单和图样进行对比复核，最终确定合理的具体工程量。

6. 成本价格测算

第一种是在工程量已经计算核实的情况下进行成本测算，一般包括：直接采购费用，如在当地采购的机械设备费用、在国内采购的机械设备费用，以及在国内选择分包的报价、当地分包报价等，直接进行累加即可；第二种为自身计算费用，需要根据图样标注，工程量清单中的表格测算单价一般为综合单价，即通过项目具体的实施方式，结合当地价格计算出直接费用、间接费用和管理、风险费用等。在具体计算过程中，应注意按照国内的价格取一定的系数进行换算，而大多数工程项目的材料物资很可能是从国内组织发货、运货以及清关等，这样费用相对较低，不包括销售商的管理费和利润，因此可以简单理解此处的单价应该采集当地的批发价格或批发商的成本价格。

7. 管理费、合理利润测算

对于不同企业，标准不同，管理成本不同；对于不同行业，管理要求强度不同；而对于不同的项目，企业对投标项目提供的利润水平也是不一致的，因此需要按照投标开始时制定的投标战略，结合项目成本情况，与公司各个层面领导沟通确定最终的管理费和利润取费水平，进而确定最终对外报价的价格。

8. 完成项目的对外报价格式

需要按照招标文件的要求或招标文件的报价格式，对前期计算出的项目成本进行拆分，制订需递交给业主的最终报价格式。在价格拆分操作过程中需注意，对于大部分操作简单的工作类型，业主可以通过横向比较的单价报出低价；而对于业主无法准确进行横向比较的，单价可以适当调高一些。

9. 进行项目的成本单价分析

在完成成本测算和项目对外报价以后，需要对项目报价进行评审，而评审过程中需要完成项目的单价构成分析、项目单价分解构成分析等具体工作。对工程机械、劳动力、材料等进行消耗量分析，完成此项工作后，有助于评审快速通过。

上述内容是大部分投标项目需要准备的资料和递交文件的情况，但对于某些较特殊的项目，可能需要补充其他投标文件。例如，部分项目在投保过程中需求投标人对融资问题做出承诺，并对项目中标后的融资问题进行处理，因此需要投标人提供融资兴趣函，这项内容一般由金融机构提供。大多数项目招标人都希望能够获得贷款年限较长、利率较低的融资条件，政策性银行可以满足此条件，但国家规定原则上不会提供任何形式的支持函，因此大多数支持函需要通过商业银行提供。投标人提供项目基本背景和相关信息后，银行内部审核通过即可开出，此过程需要 5~10 天时间。

在项目招投标过程中，需要由投标人准备并递交投标保函，这项工作相对简单，但是耗用时间过长，属于外部资源协调处理，在投标进度计划中往往被列在关键路径。原有保函制度的落地主要是通过投议标许可证制度进行管理和监控，而目前我国对于境外企业的投标保函制度已经从原有的行政审批制度调整成备案制度。

原有的投标保函制度步骤包括：企业在项目所在地确定参与某个项目的投标工作，需要向我国驻当地的经参处递交申请函，申请函获得批准后，即获得经参处颁发的投议标支持函。获取该支持函后需要向机电商会或对外承包商会申请投议标许可证，在机电商会和对外承包商会内部走评审流程等相关事宜，专业协会内部评审通过后，需要向商务部主管机构申请投议标许可证。完成这项工作的时间为 30~40 天。只有获取了投议标许可证才能向银行申请保函事宜，否则银行不予接待。银行获取投议标许可证、项目基本情况、项目保函申请书等后，会组织银行内部的国际业务部和法律事务部进行保函条款内审，审核完成后对外开具保函。完成本项工作需要 20~30 天时间。部分项目需要开立当地银行保函，即所谓的转开保函。一般需要在国内银行审批完成后，由银行内部对国外银行进行担保，对相关资料和文件进行转接，国外银行确定收到国内银行提供的担保和项目资料和文件后开出当地银行保函。这种情况还会比原有的工作时间延长 20~30 天时间。

近年来，为了解决企业开立境外项目投标保函困难的问题，我国出台了新的政策。原有的审批制度不再适用于大多数国家，只需要企业在商务部的网站填写基本项目信息，即可获得项目投议标备案证书，在获取备案证书后就可以向当地银行申请开立涉外保函。在具体选择开立银行时，重点考虑涉外业务较多的银行，同时尽量通过与本公司业务往来比较多并且授信额度高的银行办理。

四、投标文件评审

在做完所有的招投标工作，项目的商务文件、技术文件和报价文件准备完成后，就需要由公司的各个专业部门配合公司的外部专家对项目的投标文件进行评审，主要评审内容有法律风险评审、技术风险评审、报价风险评审等。

1）法律风险评审。主要检查项目所有的商务文件是否按照招标人的基本要求准备完善，各项细节内容是否已经准备妥当，一些个性化的文件是否已经提供完全；审核该项目中的合同风险，完成招标文件中的专用条款和通用条款的风险分析，以及基本的风险防控手段调整。同时，审核投标文件中对于项目实施过程中可能发生的风险，如汇率、兑换、不可抗力、仲裁地等条款如何处理或规避，是否有应急预案，如增加项目的风险储备金等。

2）技术风险评审。重点考虑项目技术方案的可行性、在当地落实本项目技术方案是否具有技术优势或成本优势、该项技术是否具有不可替代性、技术伙伴是否能够在投标答疑过程中进行解答。此外，还要对当地的技术标准和规范的使用情况、我国的技术规范和标准是否可以在当地落地、技术方案中的优劣势、竞争对手可能使用的技术方案等进行预先了解和研究。

3）报价风险评审。第一步，从宏观角度分析项目的对外整体报价是否具有优势、公司的管理费和利润等如何计算、其他竞争对手的价格是多少、业主的标底价格是多少以及公司能够接受的最低价格是多少。第二步，准确核算成本。对基本成本分析清单、综合单价分析清单、人工费用分析清单、机械费用清单、材料费用分析清单，项目的人工消耗量、机械消耗量、材料消耗量，以及分包报价的真实性和可靠性、供应商提供的价格是否包括出口退税费用等进行详细核算。第三步，进行间接费用测算，包括项目的财务费用成本分析、项目的汇率损失分析、项目的现金流分析、项目的保险费用分析、项目的管理费用分析（包括培训费用、属地化费用、当地捐赠费用等）、项目的商务费用分析（包括项目的代理费用、公关费用、项目应酬费用分析）、项目的税务费用分析（包括当地政府征收的税种、税基、税率、纳税时间和周期等）以及项目的风险费用分析（包括项目的材料涨价预备费用、项目的不可抗力费用等）。完成上述工作后，项目的整体招投标工作基本完成，后续可进行组标工作。

五、最终组标

最终组标是整个投标工作的收官之战，相对简单，但需要在短短几天时间内完成对所有文件的细节处理，工作压力相对较大。具体流程如下：

1）检查所有电子版资料是否已经按照招标方要求全部提供，相关文件是否符合招标文件要求，主要检查是否有缺少项；进行文件排版和编辑；按照公司要求，填写公司标识或招标方要求的内容。需注意，排版完成后尽量将所有文件转化成PDF版本文件，这样有助于不同计算机打印出的文件质量效果保持一致。

2）将所有文件进行整理和纸质打印。需要将所有文件进行汇总整理、计算和设定编码等，按照业主招标文件的要求和不同部门提供的文件数量，配合单位提供的投标文件，首先进行主要内容核实，然后按照分子目录进行二级内容核实，最终确定完成后按照公司的要求核实页码，查看是否存在缺页、少页等情况，是否有遗漏项等。

3）根据打印文件的数量，准备好公司的公章、投标专用章、合同专用章和项目专用章等分类盖章。由于其中大部分文件可能需要先进行签字处理，所以需要准备投标人的手签章，然后按照页码编排逐页签字盖章。考虑到公司的公章申请使用流程比较长，因此大多数项目可以使用公司的专用章，如投标专用章和项目专用章等。

4）对所有的招标文件进行分类整理、打孔、装订、封皮制作等工作。对于计划在项目当地进行投标文件打印和装订的企业而言，需要提前考虑当地的硬件设施环境，如是否有足够的打印机、打印机墨盒、打印纸，以及是否有足够的装订文具，如裁纸刀、装订夹、打孔机、裁纸机。只有在满足这些条件的情况下，才能打印和装订。

5）考虑到投标文件存在先在国内打印、装订完成再递送至目标国的方式，需要预先制订较为紧凑的行程计划，提前预订酒店、购买机票、办理签证等。

完成以上工作后，等待顺利递交公司的招投文件。至此，招投标工作顺利完成。

在招投标业务操作过程中，可能会遇到不同的风险。其中，与国内招投标工作有显著区别的情况数不胜数。以翻译问题为例，受教育水平和现实环境的约束，我国大部分工程人员、专业人员的英语水平不高，因此在很多国际项目招投标工作中首先要进行国外标书的母语转换，即从英语翻译成汉语，翻译完成后开始汉语标书的制作，制作完成汉语标书后又需要将汉语标书翻译成英语标书。在这种情况下，就会导致制作标书的时间比国际工程公司正常投标时间少了将近三分之一，因此标书的质量会有所下降，也有可能因为翻译质量不佳导致标书内容受到影响。

此类问题有如下4种解决方式：

1）聘用既懂英语又懂专业技术或项目管理的人员，这样既可以提高标书的制作质量，也能提高标书的制作效率，还可以为公司节省部分翻译费用。

2）通过翻译公司进行前期翻译和后期翻译，其步骤是首先需要寻找合适的翻译公司，其费用可能不低，而且在有效的时间内完成工作量巨大的翻译任务，质量很难完全保证。在后期标书翻译完成后，可能为了满足投标的时间限制要求，无法及时校核稿件，对投标文件的质量影响较大。

3）需要对公司现有投标人员的能力进行培养和提升，以解决语言问题。在标书编制过程中，应主动掌握与投标文件相关的英文核心词汇和核心句型。对于确实无法进行准确翻译的内容，可以使用配图或进行标注解释；而对于无法准确描绘的词语和工作内容，可以通过使用定语从句进行解释说明。

4）通过现代化的手段进行翻译，包括计算机翻译、网络翻译、软件翻译、翻译设备翻译等。目前来看，部分优秀的翻译软件和一般的翻译公司翻译质量旗鼓相当，费用却节省了很多，因此这类方法比较常用。

第三节　投标人员组成与分工和方案的选择

上面介绍了国际招投标的基本流程和操作细节。大部分项目的操作流程是相同的，但是在每一个项目的招投标过程中遇到的问题或困难则是不尽相同的。对于投标方而言，投标过程中每一个流程的工作都很重要，但更重要的是整个投标的宏观战略。在某个项目开始投标之前，往往需要制定清晰明确的投标战略，这样接下来的工作才能做到有的放矢。简单理解，在某一个具体项目投标之前，其实已经能够判断出这个项目能否中标了。

投标的宏观战略制定流程较复杂，与公司的整体境外战略制定是相通的，需要考虑以下 3 个方面：

1）公司的整体战略。例如，公司整体境外战略是如何制定的，公司今年的境外业务是否已经达到了目标，公司的境外业务应该如何发展，公司的境外业务是否需要快速发展，公司未来境外业务承揽的目标是以工程总承包为主、BOT 项目为主还是需要转换经营思路以贸易为主。总之，具体的投标战略一定要依托于公司的整体发展战略而制定。

2）要充分考虑项目的自身特点，如项目所在地的政治环境是否稳定、是否会发生延期付款的问题、是否会发生政变，同时需要考虑当地的经济问题，如当地的外汇管理是否严格、当地的汇率波动是否明显、当地的经济增长率如何、当地的人均 GDP 以及当地的通货膨胀率指数等。从以上这些指标均可以判断当地的经济发展水平，从而判断当地市场的潜力，分析和预判未来是否会出现大量的招投标项目。此外，还需要考虑项目本身的技术特点和商务特点等，如公司是否承揽过类似项目、是否具有专业技术竞争实力、能否在技术管理层面高出其他竞争对手、公司的价格是否有竞争优势等。

3）公司实力和内部管理等。对于一个复杂的竞争性项目，除了考虑客观因素，还需要考虑公司自身实力。目前，多数国际业务项目的竞争都很激烈，一个项目投标文件的成功制作和递交需要投入大量人员，所以公司是否可以打造一个优秀的、有能力的投标团队也是需要考虑的因素。同时，公司的内部管理，如决策流程的效率问题也是制约项目投标成功的一个重要因素。如果公司的决策流程比较长、效率比较低，那么建议多开发议标类项目，少参与投标类项目。

投标工作中采取的战略一般分为 3 种：不中标战略、中标战略和其他类型战略。

1）在大多数国际业务投标过程中，部分企业会采取不中标战略，原因如下：①为企业未来发展培养队伍，了解市场。很多企业刚走出国门，对当地市场不了解，自身队伍实力较弱，那么提升团队境外市场开拓能力最有效、耗时最短的手段就是积极投标、多投标。有些公司为了提升队伍的市场开发能力而参与投标，而因为可能缺少项目执行团队，因此首先需要培养项目开发团队。在这种条件制约下，制定的战略就是不中标。②当地市场风险过大，很难准确判断当地情况。对于公司没有在当地开发过项目或执行过项目的情况，为了充分了解市场尤其是当地市场的基本风险、管理特点和造价水平，可能会以出高价的形式参与当地项目。这样通过开标以后的价格既能了解当地的市场水平、竞争特点和管理情况，又没有过分暴露自身实力，但出高价的形式基本可以确定是无法中标的。③其他原因。多数项目的投标都需要多家企业参与，参与企业达不到规定数量的投标是不被认可的。因此，在很多种情况下部分参与者是由竞争对手邀请或上级公司指派命令被迫参与投标的，仅仅是参与投标，而不是为了中标。

2）中标战略是最宏观的目标。在此情况下，中标战略可以细分为多种子战略，一般包括以下情况：①高价中标战略。例如，公司在当地经营业务的时间较长，有大量优质的人脉资源和项目实施资源，而当地目前急需上马某个政治项目或其他紧迫性项目，需要在最短的时间内完成招投标工作并开展项目实施工作，此时就可以采用高价中标战略。②技术垄断中标战略。对于某些特殊的项目，公司掌握了大量的技术资源，形成了一定层面的技术垄断，或形成了优势非常明显的技术核心竞争力，就可以通过技术优势完成战略目标。③低价中标战略。对于国际业务的大多数项目，企业之间的核心竞争力往往是相同的，项目自身的技术特点也较单一。这种情况就决定了参与该项目竞争的公司非常多，而招标人的选择面则非常大，这就需要公司能够递交出一份具有价格竞争优势的标书，即价格低才能中标。因此，大多数国际业务中的招投标项目都是通过最低价确定中标人，也就需要企业采用低价中标战略。④商务能力强中标战略。在某些项目的开发过程中，会有当地或国内合作伙伴积极走动的身影，也就是通过代理的卓越商务协调管理能力确保最终中标。如果公司具备这种优势，可以以此作为公司投标的战略目标。

3）其他类型战略。企业在参与投标项目过程中遇到的影响因素非常复杂，同时每个企业之间的管理模式和操作细节也不尽相同，因此投标宏观战略不仅有中标战略和不中标战略两种类型，还有其他类型战略。有些企业由于国内生产任务过重或其他国家市场开发压力过大，加之商务开发人员非常有限，发现某个招投标的项目信息后，公司决策认为投标可以，不投标也可以，中标能够接受，不中标也是意料之中。在这种情况下，这些企业虽然参与了投标，但对投标结果不抱希望，但最终的结果却是中标了。虽然发生这种情形的概率比较低，但也存在。即投标时的战略是中标不中标都可以，是一种比较中庸的战略目标。

确定投标战略以后，需要公司总部和项目投标团队的负责人根据实际情况制定合适的战术。战略目标的设定有多种情况，战术的选择也有多种具体情形。假定公司的战略目标是获取这个项目，并且制定的次级战略目标是低价中标，在这种情况下制定战术的方法有：根据具体操作方式制定战术；根据成本情况制定战术；根据商务情况制定战术；根据技术情况制定战术。每种战术操作的背景都有所不同，需要根据具体的项目环境和公司实力等确定最终战术。

第一种方法，根据具体操作方式制定战术。

1）针对不同的项目技术要求和时间条件等限制，需要在短时间内完成项目的投标方案，因此需要进行团队作战。如果项目在公司的营业范围之内，且公司具有多名优秀的投标人员，则可以自行组织投标团队，以公司人员为基础班底，以外部人员为辅。在这种情况下，主要工作均由公司内部人员完成。

2）委托专业单位进行前期投标工作。由于部分公司是以商务开发、战略投资为主，自身不具备较强的投标能力和项目实施能力，因此在前期投标阶段会选择一家单位合作，将所有的投标工作交由合作单位，合作单位制作完成项目的投标文件后，再由开发单位进行审核，加上管理费和利润最终递交标书。同样的情况，有些公司已在当地成立办事处承揽并建设项目多年，但目前招标的项目属于该公司刚刚涉及的行业或领域。在这种情况下，该公司只能选择与某个单位进行前期合作，确定技术方案和价格等。这种情况属于投标工作主体交由合作单位完成，本公司只负责审核文件和确定价格，从中赚取一定的管理费和利润。

3）由于投标的项目涉及的行业或专业过多，而本公司业绩不足，只擅长其中的一项或几项，因此只能完成招标文件中所擅长的部分，只能与多家企业进行联合投标。这样需要在前期签署联合体投标协议，各自负责协议中规定的投标内容，最终统一汇总确定投标方案和价格，以此确保项目最终中标。

第二种方法，根据成本情况制定战术。

在已确定低价中标战略的情况下，要充分分析招标文件和投标的客观环境，进而确定在某一个专业或具体部分采用低价竞争的战术。下面以EPC工程总承包项目为例进行介绍：

1）可以通过设计进行价格控制，如选择不同的工艺路线、不同的工艺方案和操作细节等，或主动降低等级、选择不同的工业标准，这对成本造价影响是非常大的。因此在投标阶段，需要通过控制设计的标准、工艺路线、实施操作等手段确定最优价格。

2）可以通过采购工作有效控制成本，如采购不同等级的工艺设备、不同类型的配件、从不同的厂家采购、在不同的时间完成采购，这些对价格的影响非常大。

3）选择不同的施工单位进行价格比选。施工单位资质不同，其报价水平显然也会出现差异。因此，很多较为简单的施工工作可以在当地寻找分包商完成，也可以通过当地的分包商控制成本，实现获取最优报价的目的。

第三种方法，根据商务情况制定战术。

1）在不同的项目投标过程中，可能业主同时对某个项目的多个标段分别进行招标，这样如果投标方参与全部标段的投标，中标的概率会相对较高，也有助于控制单个标段的成本，进而降低总的项目投标价格。因此，对于某些项目可以采用多个标段同时投标的战术。

2）某些项目招标人在招标过程中可能会涉及上下游系列问题或各类专业问题。例如，有些企业试图通过工程施工低价中标，达到以销售设备换取高额利润的目的；有些企业试图通过低价获取总承包项目，未来通过运营维护或进行售后服务获取利润的战术。

3）在项目实施过程中，业主方付款具有一定的时效性，一般货币也有时效性的问题。在报价过程中如果合同条件允许，对于预计未来工程量会增加的子项可以选择报高价，对于未来工程量会减少的子项则采用报低价的方式。同理，对于预计未来价格可能有变化的情况也可以进行不平衡报价，这都是可以达成低价中标战略的具体操作战术。

4）通过代理变更项目战术。大多数项目可能会通过当地代理获取项目，但项目前期只能以低价中标，后期再通过当地代理获取项目变更增加投入，这样代理获取的费用也会增加。

5）获取业主标底进行反向推算。由于不同的国家采用的招投标的具体形式有很大差异，部分国家在招标过程中标底是公开的，大多数投标企业均可以获取标底。在这种情况下，可以先简单测算一下该项目工程承揽成本，如果成本低于业主的标底，则可以以业主标底为准进行对外报价，未来中标后再测算具体成本。这种战术手段前期的工作量相对较小，适用于时间紧迫的项目。

第四种情况，根据技术情况确定战术。

在项目业主招标阶段缺乏经验的情况下，可能会咨询一些专业的承包商寻求技术支持和建议，这种情况下就会出现承包商的一些技术建议体现在招标文件中的现象，该承包商中标的概率也会大幅度提高。此外对于某些专业的供应商，如果在招标文件的技术规格书中指定需要使用某些品牌或具体型号的产品，也会增加其中标的概率。但这些工作一般都是招标人在编辑招标文件时完成的。

目前，大多数企业在参与国际项目的过程中，战略的制定者人数较少，而真正科学的决策一定是群策群力的结果，因此必须建立一套科学而严谨的流程和体系，由各级专业人员充分发挥自身优势，最终达到统一决策的目的。

多数国际业务招投标过程中的决策流程如下：

1）由项目开发人员整理项目的前期资料。①项目开发人员获取项目的前期信息和资料，确定项目信息的获取渠道是属于经常合作的伙伴还是首次进行业务合作的伙伴，同时分析资料的深度和广度。②在获取基础的项目信息之后，需要根据公司战略、发展情况、项目基本特点、参与招投标可能遇到的困难和风险等信息进行二次分析。其中，重点分析如果参与该项目投标可能遇到的具体问题，以及解决问题的基本思路。③在获取项目初步信息和招投标特点之后，与主管领导进行沟通，以确定基本思路是否一致，最终达成一致的战略目标，并决定是否投标。

2）在完成第一步的工作内容之后，会形成一份基本信息项目报告，作为后续工作的基础性文件，需要由项目开发人员分析现有文件特点，即初步检查项目前期文件，包括内容、深度和广度等。例如，公司的业绩是否满足投标需求、是否需要在当地建立办事处、公司的营业额是否满足招标文件需求等。同时需要对技术文件进行更深层的分析判断，如公司的技术资源是否可以满足独立投标需求、是否需要与其他技术合作伙伴合作、招标方提供的图样深度相当于国内的初步设计或概念设计还是详细设计、是否缺少图样等。通过上述分析后，确定公司参与这个项目投标工作的基本战术，再与公司高级别领导沟通，主要沟通内容是剖析如果参与该项目投标工作可能遇到的问题和风险，并提出基本对策。

3）制订风险应对计划。针对第二步提出的基本风险内容和对策情况，制订投标工作的初步工作计划。该计划应该包括项目投标小组的组织架构、人员组成和工作任务分配以及完成具体工作的时间要求。上述资料文件全部完成后进入后续工作。

4）大多数公司参与境外招投标项目都需要通过公司评审或会审形式确定是否参与该项目，即达成战略共识、战术宣贯和具体操作落地等。在这个阶段需要递交前期已经完成的各种分析报告和判断依据、未来风险规避方案等具体内容，以便制订详细的工作计划和明确任务分配。参加投标前期评审会议的人员一般是各个专业部门的负责人，开会的主要目的是让所有人达成一致意见，为项目投标阶段互相配合并提出专业化建议奠定基础。需注意，所有参会人员都要发表意见和观点，以达到群策群力的目的。由于时间短、任务重，大多数企业在决策过程中往往会出现两个极端：一个是由国外市场开发人员直接决定项目是否参与投标；另外一个是由国内的主管领导确定项目是否参与投标，以及基本的投标战略和战术手段。而这种决策体系的弊端非常明显，容易形成一言堂的结果。如果市场开发人员或国内主管领导非常优秀，结果可能会非常出色；而如果他们能力有限，就极有可能导致项目开发失败。除此之外，还有一种情况是市场开发人员和主管领导的意见不一致，导致最后贻误战机，项目开发失败。因此，需要建立一套科学而严谨的决策体系，各层级如下：

第一层级，由于个人背景、知识经验、能力、所处的环境和角度不同，决策人会产生不同的判断标准或个性化的想法。例如，项目的开发人员在进行项目是否投标的决策过程中，首先会依托自身的专业实力背景，如是否参与过大项目的开发、是否有整合资源的能力、是否参与过类似项目的投标或实施工作、是否对当地市场有充分的认识等；其次会依托个人的经验是否丰富、专业实力是否突出，如投标造价能力、技术方案修改能力、法律风险防控能力、项目财务和税务的筹划管理能力以及是否参与过投标项目的具体工作或相关的评审工作；最后会依托于个人业务压力和发展前景，如公司对业务开发人员是否有足够的业绩压力、是否有具体的考核目标、该考核措施是否对业务人员有影响等。这些都是能否推进市场开发人员完成项目投标工作的主要因素，也是项目市场开发或投标决策工作判断分析的主要依据。

第二层级，由市场开发人员的主管领导进行分析和判断。在具体操作过程中，该主管领导首先会根据专业实力和业务背景对项目开发能否成功做出初步判断；其次会根据当年或近期完成工作目标的情况对项目开发或投标与否进行二次判断，如果竞争压力较大或风险较大，则会放弃本项目的投标工作。

第三层级，由公司的各个职能部门对项目招投标情况进行统一分析和判断，确定是否具有参与价值。例如，会从公司层面考虑项目的风险问题以及项目未来操作可能带来的汇率问题、税务问题等，也会基于公司对当地市场开发的影响程度进行分析。

第四层级，由公司高层领导从公司战略层面、公司在当地的长远发展情况、公司业绩完成情况等角度分析判断是否适合投标。

以上是投标决策的四个层级，项目开发的所有相关方都需要参与其中，并且每个人的意见都要有所体现。具体方案如下：

1）市场开发人员在项目招投标决策中占25%的权重，重点是通过对项目的分析、市场的判断提供决策意见。

2）市场开发人员的主管领导在项目投标决策中占25%的权重，重点考虑部门的发展和人员考核情况、当地办事处的经营发展情况和目前公司实施项目收汇情况等，同时需要深度思考公司在当地的深入发展情况和战略目标等。

3）其他职能部门的人员在项目投标决策中占25%的权重，重点考虑项目在开发过程中和项目实施阶段可能遇到的风险和困难等，尤其是要考虑项目本身的特点。

4）公司高层领导在项目投标决策中占25%的权重，主要从公司的宏观战略落地、未来发展趋势、行业发展情况、项目所在地的基本形势、项目承揽方式等层面进行分析判断。

通过上述四位一体的打分机制或头脑风暴的方式就可以充分发挥每个人的主动性，也能够充分利用不同角色或不同岗位的知识经验，其中每部分角色的权重都是25%，能够做到每人一票，每票的影响程度是一致的，这样也规避了某些高级领导在决策过程中一言堂的情况，实现了群策群力、科学严谨的决策目标。

由上面的介绍可以充分认识到国际业务的招投标工作是相对复杂而又严谨的工作，需要各个专业或行业人员进行充分的交流沟通和互相配合，才能有机会顺利完成投标工作。因此，在确定项目投标工作的战略目标后，需要建立一支强有力的投标队伍去落实各项工作，因为投标团队的实力往往决定了项目能否顺利中标。投标团队的组建一般有4种方式：

1）由公司内部人员组成项目投标团队。以公司市场开发人员和项目技术负责人为主，部分专业配以外部单位的技术人员、商务人员和造价人员等。这种方式的优点是以项目投标人员为主，未来整体技术方案和造价等相对可控，但需要的外部资源较多，可能需要投入一定的资金，同时在投标过程中有大量的沟通交流工作，效率会受到一定程度的影响。这种方式一般适用于公司的主营业务或投标金额相对较大的项目。

2）由于某些项目的复杂程度很高，涉及的专业面也非常广泛，一家公司显然无法独立完成标书制作，需要以成立联合体的形式进行前期投标工作和后期项目实施。在项目投标过程中，前期需要建立由多个单位组成的投标小组，并明确分工。例如，某人或A单位负责设计和技术方案标书，B单位负责所有联合体的商务标书资料收集、汇总和整理工作，C单位负责核心设备供应商的各种资料、参数设定和报价工作，D单位负责项目施工报价和施工组织实施方案制订工作，最终由牵头方公司负责价格核实和确定，确保完成最终报价。这种投标团队组建前期，由于工作内容不同、工作交叉性较大，需要紧密配合与沟通，建议组建联合投标团队在共用办公室工作。

3）由我方负责提供相关资料和信息，具体投标工作由合作伙伴负责，如整体方案制作和递交等。我方人员提供项目相关资料和公司所有商务文件、业绩信息等，交由合作单位全权处理；合作单位根据项目信息完成项目整套标书的制作，其工作重点是项目的技术方案和报价方案等。完成项目的整体投标方案后，由我方提供关于本项目适用的管理费用和利润数据等，最后汇总完成由我方进行评审，最终递交标书。

4）直接外包的招投标方式。某公司获取项目信息后，直接交由合作单位进行投标，不需要参与管理过程中的任何工作，只需要在完成标书制作后以联合体名义进行投标。项目顺利中标后，该公司收取一定的管理费用、协调费用或代理费用后逐步退出项目的实施管理。

在实际工作中，第一种和第二种团队组建方式较常见，因此重点介绍前两种方式的团队人员具体分工情况。

1）由项目开发人员、最早的项目信息提供者或项目前期的信息发起人作为项目的投标小组负责人，主要负责项目投标计划的制订和项目投标人员的具体分工，投标过程中的核心节点设定，如技术方案完成、价格汇总和评审等，以及过程中各种协调沟通、对外衔接和对内布置的任务。

2）由商务负责人负责本公司以及合作单位的所有商务文件资料、公证认证资料、业绩资料等的汇总，项目投标过程中商务团队的出访和考察，项目前期需要的各种商务资料、技术资料的获取，当地财务风险、税务风险、法律风险等基本信息资料的获取和分析，与代理人员的沟通交流，投标竞争对手的各项具体信息的获取，以及项目投标商务评审过程中商务部分的答辩和最终商务标书的汇总工作。

3）由技术负责人主要负责选择合适的技术提供方，分析业主招标文件的主要工艺路线、技术方案的优劣性，对技术方案团队进行具体分工和监督指导，选择合适的供应商并进行报价和资料收集整理等，选择合适的工艺路线和工程标准体系，解决技术方案编制过程中的任何问题，对外进行技术沟通和答疑，选择合适的物流团队进行物流方案的准备，在规定时间内完成技术方案制作，参加公司内部评审并进行答疑，最终完成技术标书的制作。

4）由报价负责人主要负责项目前期各项报价资料的获取，包括当地的基本地材价格信息、各个分包商的价格信息、竞争对手的价格信息、业主可能存在的标底情况；过程中对技术方案等进行分析评价，确定工程量的细节信息并进行工程量复核，及时发现存在的风险因素并进行量化，如项目的汇率损失、管理费用、财务风险费用、税务风险费用等；最后汇总项目所有的造价信息以及公司的管理费和利润取费水平，以便测算该项目的实际成本。

完成成本测算后,按照招标文件要求填写项目的总投标报价表格。以上工作完成后需要评审所有造价信息,提供各项成本分析表单,以决定最终对外报价,通过评审后递交对外报价。在项目投标过程中,除了商务、技术、报价 3 类主要工作人员,综合后勤负责人也不可或缺,主要包括项目资料员、后勤员、行政员、接待员等。其中,资料员负责搜集项目在投标过程中所需的各种资料、文件、信息等,并进行汇总、备案、转发和催交;后勤员需要在投标过程中保障各专业工作人员的福利、餐饮和住宿等;行政员主要负责与确定好的合作伙伴进行协议签署的推进、催交,合同协议签订,付款,各种资料的归档,以及各个过程中各种财务费用报销汇总;接待员主要负责国外团组赴国内考察的整体行程安排和接待工作,也负责单位人员组成考察团赴当地进行业务谈判交流、实地探勘等工作计划的制订、衣食住行等各项细节的安排和统筹。

第四节　投标过程中的考察工作

对于境外业务市场开发工作,无论是融资类项目还是投标类项目,都需要对当地进行实地考察,主要原因如下:

1)项目的实地考察是前期搜集资料的重要手段。通过项目的实地考察,可以有效获得开发项目过程中需要的各项技术材料、商务资料、造价信息等,可以充分论证项目实际情况和之前所获得的信息资料之间的差别,也可以了解项目所在地的真实情况,并且从宏观上判断政治、经济形势对项目的影响。可以说,大部分的困惑和疑虑都可以通过项目实地考察得以澄清。

2)实地考察也是了解竞争对手的最好手段。在开发过程中会遇到各种类型的竞争对手,如果仅在办公室完成相关任务,则很难分析出该项目竞争对手的真实情况。而赴当地考察以后,通过与项目业主的充分交流,能够获取竞争对手的基本信息,从而制订新的开发方案,做到有的放矢。

3)实地考察非常有助于和项目业主的沟通交流。多数企业在项目开发过程中,不了解客户的组织架构、决策、管理风格,导致在所递交的项目方案中没有重点或未能体现这些情况的特性,但是通过现场实地考察可以通过沟通交流的方式确定项目的技术风格、基本决策体系和管理重点等。

在实际工作中,实地考察往往存在以下问题:

1)工作目标不明确。无论是投标项目还是议标类项目,都是按照技术、商务等专业进行简单分工,往往都是在出发前才能确定具体行程安排,并没有带着相关的问题或明确的工作目标赴当地考察,往往成本花费较高,但收效甚微,提交的方案无法体现当地的具体特点。

2)实施过程中分工混乱。由于早期目标不确定,在实施过程中几乎做不到具体分工,因此分配任务比较混乱,导致应该获取的信息没有获取或同时从多方获取的信息不一致。

3)成本过高或时间过长等。由于任务管理比较混乱,之前没有制订详细的现场考察计划,导致现场考察时间延长、成本增加,多项需要国内外配合的工作可能被延误。

在考察工作过程中,首先要明确具体的工作任务。无论是投标类项目还是融资类项目,对境外业务拓展影响比较大的考察一般有商务考察、技术考察、造价考察和财务考察等,这些考察内容往往是互相配合,交织在一起的。在实施考察任务之前,需要明确开发团队的人员组成和分工。

1)明确组织分工。在开发前期已经确定了相关合作伙伴,包括技术团队、设计团队、施工团队、商务团队等。每个团队都有自己的工作内容和范围,这些工作既有一定的交叉,又有各自的独立范围。在考察工作开始前,必须明确工作中哪些是需要设计团队在当地完成的,哪些是需要施工团队完成的,又有哪些是由商务团队完成的,需要分别制订各自的考察任务清单和工作表格等文件。

2)在开发前期,有很多问题在国内确实无法解决,必须通过赴当地考察才能确定。赴当地进行考察的人员,需要充分阅读和了解业主提供的技术资料和相关文件,并且通过与国内相同内容的规格、标准等进行对比分析明确彼此的差异性。而现在的技术手段、网络渠道等无法解决此类问题,因此必须通过实地考察才能解决。在赴当地考察前,所有考察人员都要递交各自的工作需求清单。

3）每个专业团队都有明确的考察任务。由负责单位根据上述内容的需求清单，结合已有的相关资料进行横向分析对比，最终确定赴当地考察的任务清单，要求人手一页，所有工作内容具体明确，由负责单位寻找相关线索或安排相关会议，协同配合解决。

完成上述工作以后，需要制订较为严格的工作计划。

1）确定工作任务的完成方式。对于已经存在的问题清单或待考察工作清单，首先需要明确各类工作任务的完成方式，例如是通过当时市场实地调研，还是通过与当地人员沟通交流，亦或在当地主流媒体进行查找处理。对于比较复杂的问题，需要采用多种调研方法，而对于较简单的考察任务，则通过人员交流沟通就可以完成，因此需要根据任务清单中的问题反复核实。

2）确定具体负责人或牵头人以及团队成员。由于外出考察实际上是团队作战，各个专业之间需要紧密配合，需要确定考察团组的基本人员构成，至少包括设计人员、造价人员、财务人员和商务人员等。各个专业小组可能是1~2名成员，需要确认小组负责人和各个小组的具体考察计划安排、统筹安排，避免各个小组的任务有交叉重复。

3）安排具体时间和行动计划。对于不同的工作内容，需要制订相配套的工作计划，通过计划的约束性控制考察成本并提升工作效率。对中小型项目建议考察时间控制在一周左右，大型、特大型项目的考察时间控制在两周左右，一般不要超过三周。制订具体计划时，工作日的白天时间尽量安排外出和实地考察等内容，晚间进行内部沟通交流。赴当地考察开展后，首先要解决必须通过外部资源才能解决的问题，例如与业主方的技术协调会等，之后再对通过网络等手段就可以解决的考察问题进行处理，同时需要将问题进行轻重缓急的排位处理。

4）与外方沟通需提前准备相关资料或流程细节等。在沟通过程中，需要考虑项目所在地的基本特点和文化，可能在部分国家搜集资料需要向有关部门填写申请，或需要在与项目业主开会沟通之前递交正式的书面申请。因此，无论选择哪种方式进行项目开发过程中的考察工作，都需要根据当地情况与外方相关人员进行沟通交流，以确定具体的时间安排。

5）预先确定生活、交通、机票、签证等工作细节。项目考察工作布置应具体，需要根据实际情况和安排制订计划。首先，确定人选名单，搜集护照等信息办理签证，签证办理完成后需要预订机票。其次，赴项目所在地之后当地的住宿条件、餐饮安排，是否需要与当地的其他公司沟通交流后再确定相关细节等。再次，由于各小组的工作任务和计划不同，在当地考察过程中还需要考虑当地的交通问题，如是否需要租用车辆等。

在计划实施过程中，一般按照小组分组实施，同时各小组根据所分任务携带好必备的物资和设备。对于大多数考察任务，实施前一般要求将本次考察任务的基本清单进行对照分析和落实，要求任务明确，需要提出的问题能够明确表达；在所有的资料和文件等已经准备妥当的情况下，如果建议对方采纳我方的观点，是否需要提供 PPT；准备好在考察过程中需要的各种记录工具，包括便携式计算机、手持 GPS（全球定位系统）设备、卫星电话、录音笔等；保证每个小组至少有一名语言比较精通的人员参与，负责对外沟通交流。考察任务实施前的准备工作包括以下内容：通用性设备，如便携式计算机、移动硬盘、录音笔、移动电源等；专用性设备，对于部分需要进行探勘的工程项目需要准备手持 GPS 设备、卫星电话等。对于需要在当地探勘的，可能需要准备铁锹、镐头等工具。对于某些外出距离比较远的考察内容，一般需要准备一定的生活物资，如水、食品、药品等，还要准备一定数量的外汇现金。

现场考察中的技术组工作内容主要分为项目工作和技术资料工作。

项目工作一般是指如果项目的前期资料比较明确，可能需要对项目所在地的基本地质和环境条件进行观察和了解，重点为项目所在地的地形、地貌、地质情况、水文和气候。对于部分需要选线的，如公路和供水管线、输变电项目等，需要在实地考察过程中反复确认并跟踪项目的选线走势情况，对线路的合理性等进行调研；对于选址的项目，如水电站、码头等，需要在原有研究资料基础上，重点分析当地可用的地址以及各个地点的基本情况，并进行分析对比；对于选矿的项目，类似于矿产开发的项目，需要对当地的原矿石进行采样、确定矿石等级和储量等，并交由实验室化验分析处理；对于电站、工业类项目，需要对生产原材料进行现场考察，重点包括矿区与生产区的距离以及对原矿石的等级和特性进行分析判断等。

技术资料工作主要包括：

1）与项目业主进行充分的技术交流沟通。需要我方派出技术小组与项目业主进行充分的技术交流沟通，主要内容为当地技术特点、工艺路线、设备选型、业主的设备偏好等。

2）与当地的地勘部门进行交流沟通，确定项目所在地的基本地质情况，同时与我方之前赴项目所在地的考察调研情况进行对比分析，确定实际情况。

3）与当地的设计单位进行交流沟通。结合之前获取的项目基本信息、现场探勘情况和与业主沟通的情况，与当地的设计顾问咨询单位进行充分沟通，确定当地项目实施的具体技术风格、特点和要求等，并确定未来技术方案的基本路线。

4）与项目技术标准、规范和检测机构等进行交流沟通，确定当地的技术标准规范体系、适用情况以及操作细节，同时了解对于材料/设备的检测体系运行状况和基本操作要求等。

5）参观当地现有项目情况。在有条件的情况下，由业主安排对目前正在运行的项目进行实地考察，确定以往项目的技术和特点，借鉴有益经验指导我方的技术方案。

商务组现场考察的工作内容重点包括代理情况分析、竞争对手情况分析、当地商务环境考察和项目报价商务文件资料搜集获取等；对于部分造价内容的考察由造价组完成，不做交叉处理。其中，代理的现场考察主要包括与代理进行深度讨论、确定项目整体开发方案、判读已经获取的前期项目信息，同时商谈代理协议的各种细节和签署情况。在完成代理考察的情况下，需要对代理的实力进行进一步验证，由代理获取本次所参与项目的项目报价文件、商务方案、技术方案等，用于指导本项目商务、技术文件的制作，这也是商务考察工作的主要目标。在当地商务考察过程中，还需要判断本项目的竞争对手，调查分析竞争对手的优劣势，进而调整我方的技术、商务和造价方案。此外，还要调研当地的商务法律环境，如招投标法、公司法、合同法、工程承包法等，并考察这些法律的应用场景、执法力度、法律健全性等具体问题。

商务考察工作由商务小组人员完成，约需要7天时间。在考察过程中，其中一项主要工作是完成项目的基本价格调研和分析，测算出项目的合理成本。因此，现场考察造价组的工作内容有：①调查当地地材价格。地材价格考察需要重点分析当地建材市场分析价格，尤其是批发价格、供应渠道、供应能力、供应过程中的运输费用和风险等。如果是进口材料，还需要考虑是否有配额限制以及当地的市场价格波动水平。②调研当地劳动力价格、技术水平和渠道，是否来自于第三国，是否有配额限制，当地的劳动力保护水平，当地的社保平均水平，当地是否有工会等，这些考察内容可以通过赴当地劳动力市场、劳动局、工会、移民局等机构进行调研处理。③调研和考察当地工程机械价格。主要考察当地新购买工程机械渠道、价格、主流品牌、配件和售后服务等。如果是进口机械，不但要关注是否有进口管制情况，还需要考虑当地租赁机械的价格，一般在当地的工程机械交易中心或主流品牌代理商等处可以完成此项考察调研。对于项目可能涉及的主要机械设备的价格和供应渠道需要进行现场考察，重点考虑是在当地采购还是从国外采购，主要的进口手续和流程，以及过程中的价格、关税水平、运输成本等，是否有类似的进口管制。这些信息情况可以从当地代理商、经销商和海关、物流公司处获得。

  首先，造价考察组需要调研当地主要耗材的价格和供应渠道，如汽油和柴油的供给情况、价格水平、供货渠道、供货周期，一般可以通过当地媒体、加油站和油气公司了解与调研。之后，造价考察组需要研究当地生活费用价格水平，如一般的食品价格、住宿价格、交通价格、办公费用等，可以通过当地的大型综合市场、房屋代理等了解和调研，工作难度很小。最后，造价考察组需要完成当地主要管理费用调研，可以通过对当地的其他承包商、在建项目的考察与分析判断当地的基本利润水平、管理成本和相关费用等，进而完成造价考察组的全部考察任务，为最终递交报价方案提供真实有效的资料及数据。

  项目实施过程中的管理费用是不确定的，主要是由于前期对财务方面的信息了解得不透彻，因此需要由财务考察组重点考察当地的财务管理内容，主要包括当地基本财务问题。这些内容可以通过与当地的其他企业和会计师事务所沟通交流，确定当地的基本财务管理模式、记账模式、公司组织形式、设备折旧、成本测算等具体问题。此外，还需要考察当地的税务问题，通过当地的税务局和其他合法纳税的当地企业确定当地的基本税种、税率、缴税模式、执法程度和管理细节等，并分析当地的普遍纳税情况；需要赴境外公司或其他清关公司考察当地的海关情况，主要包括清关的关口管理水平、收费情况、清关效率和管理的廉洁程度、透明度等；赴当地央行、外汇管理局等单位了解当地的基本外汇管制和汇率波动特点，以及外汇转出时可能遇到的限制性障碍问题，或在与当地其他企业的调查过程中掌握外汇的流入和流程特殊渠道等；通过当地的银行等机构考察了解当地基本金融政策和管理细节情况，如基本的贷款利率、存款利率、市场货币供应情况、开户的要求和操作管理细节等。

在现场实地考察过程中，必须注意投入产出比，尽量按照计划和目标进行，时间不宜过长，成本也不宜过高。在具体考察过程中，需要每天对基本的工作内容进行审核和分析，确定当天已经完成了哪些工作任务，并依此做出第二天考察任务的安排或调整。完成上述工作以后，需要汇总所有考察情况，结合先前准备的考察工作安排细节计划进行详细核对，核对完后对之前的基本技术方案、商务方案、报价方案等内容进行相应调整，并将这些真实有效的信息汇总发回国内总部，为制订项目方案提供数据支撑。即使该项目开发失败，以上数据也会在公司归纳存档，为以后的项目开发工作奠定基础。

第五节　开发过程中的接待工作

接待工作在国际工程市场开发过程中是一项重要的工作内容，既是增强与客户联系的重要途径，又是对外宣传、树立公司形象的重要渠道，还是挖掘项目深层信息的触手。

一、接待工作的类型

接待工作主要分为三大类型，具体如下：

1）项目开发阶段的接待工作。对于投标类项目或融资类项目，接待工作是指在项目投标或方案制作阶段由我方外派人员赴项目所在地进行考察，这个阶段需要由主要发起方进行相关的接待工作安排。对于由项目业主方或外方发起的考察、沟通交流工作，由我方单位在国内进行接待管理。通过接待工作实施发掘与客户的合作关系，以便合理安排后续工作计划、解决核心问题。其主要目的是考察我方的基本实力、态度或解决具体的合作方案、细节等。由于没有最终确定合作关系，这类接待工作相对简单。

2）项目执行阶段的接待工作。主要包括项目的各种协调会议，项目所需要设备的各种催交、驻场监造，以及项目业主方组织的各种培训、实践工作活动，由国内单位负责。这种接待工作相对标准化，在合同中可能已经明确说明相关内容，只需要按照要求逐步推进即可。

3）由其他原因所产生的接待工作。例如，由于我方在项目所在国的代理要求进行工作访问。在日常业务开发过程中，代理可能会经常组织当地政府官员或项目组等赴我国考察，以推进项目开发的速度。在这种情况下，需要我方安排接待工作。还有由某些突发情况引起的访问，如当地政府调整了开发思路、遇到贷款问题或其他问题，需要与国内公司进行协商解决。虽然事发突然，但必须要有处理结果。此外，某些集团类公司的组织架构比较庞大，上级公司经常会指派各种接待任务。一般的接待工作都需要专人负责并制订相关的工作计划。该计划的详细程度主要根据接待等级区分。

二、接待工作的作用

做好接待工作有助于推动项目开发工作的进展，具体表现如下：

1）可以安排外方参观公司，认识公司文化，了解公司实力。可以邀请拜访的外方先进入公司考察交流，了解公司的基本情况、商务实力、以往业绩、公司历史、公司文化等，再与公司的管理层进行面对面的沟通。这样既能增进双方的友谊，又能了解公司的管理风格。因此，大部分接待工作都需要首先拜访公司或部委的总部。

2）可以带领外方参观公司参与过的各类项目，以便让外方对公司实力有直观的认识。在总部接待完成以后，需要对公司已经建成的项目进行实地走访、交流学习，以了解公司在此类业务开发过程中的基本能力和管理水平，以及对此类项目的基本建设过程、技术风格、运营成本、操作要点与风险等各项细节工作的熟练度。这样非常有助于增进外方对此类项目的认识，同时也能提升他们对开发此类项目的信心。

3）可以通过面对面的交流，加深相互了解和个人关系。在接待过程中，如果外方人员比较多，可以安排多名接待人员进行一对一的交流沟通，从多方面获取项目信息。

4）可以集中讨论问题，有助于项目开发工作的进一步推进。在项目开发前期，遇到的问题可能是分散的或无法集中处理的，而在接待过程中会有大量的沟通时间，可以对项目进行针对性的沟通，集中处理和解决某些具体问题或宏观性问题。这样非常有助于项目开发工作的后续推进，更加有助于开展私人外交或公关。

5）由于我方正在开发的项目地处国外，我方对当地文化环境、政治情况不了解，不利于开展深度沟通交流和私人拜访。而如果在国内进行外方团组接待工作，由于有充分的时间，工作场地、住宿场地也都比较分散，因此有大量的时间进行私下交流沟通，在开展公务、商务活动的同时也会创造出私人沟通空间，非常有助于双方团组中个人感情的提升。

三、开发阶段的接待工作

市场开发阶段的接待工作一般分为项目开发阶段的接待工作和项目执行阶段的接待工作两种类型。我方考察团出国访问和外方考察团赴我国访问，均由我方单位负责接待工作。市场开发阶段的接待工作主要包括生活接待和工作接待两部分，下面重点对工作接待进行介绍。首先，应根据客观情况、客户需求、项目进展情况制订详细的工作接待计划；其次，应按照工作接待计划的要求做好相关的接待工作，具体包括公司总体会议接待、项目参观接待和其他专项会议接待。

（一）制订接待工作计划

在具体接待过程中，接待工作必须分工详细、责任到人，才能达到事半功倍的效果。

1. 分析对方来访的主要目的

这是推进项目生效、项目合同签订、项目参观学习或对某些具体问题进行磋商解决的关键,因为针对不同的目的,对方的人员组成就不一样,我方接待的规模也要进行相应调整。需要根据项目正在开发的阶段、过程中交流的细节和对方的明确表示,在确认对方考察的主要目的之后进行基本排序,首先满足第一需求。

2. 分析对方的主要成员

如有重大或复杂性问题,对方成员可能较多,可能包括高级官员、中级技术干部或业务操作人员。接待高级官员时,对于部级以上干部需要对国内外事单位进行汇报备案处理。对于不同级别的干部,虽然工作和生活安排是一致的,但在接待方式上是不同的,行政级别越高的干部接待成本越高。

3. 控制和协调接待过程中的时间

在接待过程中,一般白天以外出、参观和会谈为主,晚上以商务宴请、感情交流为主。一般商务型考察团时间最多按照7天布置,极个别考察团时间可能长达14天,在规定的时间内要以工作安排为主。例如,在7天的接待安排中,参观访问等一般至少在4天。要求细致到每天的基本安排,以时间为单位安排具体内容,同时预留出一定的空闲时间备用。

4. 安排和协调具体时间

具体时间安排和协调主要包括考察团离开当地机场后是否有陪同人员,在获取第一手信息后进行国内接待安排,之后确定他们乘坐的航班在国内机场的落地时间和相关接机安排;接机工作安排完成后,考虑运送考察团成员的交通工具安排,是多辆车还是一辆车;如果在工作日时间,需要有接待人员陪同到酒店办理入住,稍作休息之后,送至工作场所开展相关工作;如果飞机落地以及到酒店时间属于非工作时间,这时办理入住手续后,可以让他们直接休息;如果落地时间与餐饮接待时间相吻合,就需要在完成入住之后,在周边或酒店餐饮中心举行欢迎宴会;第二天清晨,要在规定的时间内赴酒店接送考察团成员,一般情况会首先赴公司总部举行欢迎会议,由我方高层人员参加并主持。会议过程中,首先安排我方致欢迎词,之后双方互相介绍和交换名片,播放公司介绍宣传片,然后双方进入简单交流阶段,由我方主动提供目前开发项目的基本情况,倾听对方的核心诉求以及需要我方提供的条件等,此后双方进入自由沟通交流阶段。会议一般会耗时 2 小时左右，个别会议会超过 3 小时，需要在会议桌上预先备好茶水和点心。中午可以安排在公司附近进行宴请活动。下午可以继续举行会议或安排参观其他已完成项目。当天晚间由公司高级别领导组织欢迎晚宴。第三天，一般会安排赴较远地区的项目工地实地参观考察，午餐在当地解决。目前我国高铁交通非常便利，考察团成员可能会要求乘坐高铁而不是飞机赴另外一个城市参观访问。在这种情况下，晚间招待工作在另外一个城市进行。依次类推，第四天的工作访问也可以按照此计划进行，基本要求每天至少 3 小时的工作时间、3 小时的休闲时间，其他时间可以自由安排。在完成工作任务以后，可以安排 2~3 天时间进行休闲活动。

由于考察时间较长，在安排接待工作的过程中，可能会考虑由本项目的合作开发伙伴一同安排接待工作，这样能够分担一定比例的接待成本，提高接待效率。对于不同的考察团，在安排具体行程和计划的过程中，需要重点考虑风俗禁忌、餐饮习惯和住宿条件要求等。总体而言，只要做到对生活细节处理到位、工作安排充实饱满、生活安排温馨体贴，就基本满足了接待工作的要求。

5. 接待过程中的严密配合与服务

无论是哪一类型的考察团到我国开展工作访问，都需要针对具体过程做好详细计划，将各项工作的核心要点进行分解，同时要求责任到人，准备好相应的预算。在接待过程中，既需要认真仔细、热情大方地提供服务，也需要保持灵活机动，优先上报风险较大的事件，获得批准之后再实施。

第五章　国际议标类项目开发的操作流程

国际工程项目开发一般具有3个特点：一是开发周期较长。普通的境外投标类项目，一般会在规定的时间（1~3个月）内得到明确结果。但有的国家或有的项目，由于没有足够的资金往前推进，业主在已经授标的情况下将项目束之高阁，不投入资本金或项目启动资金，擅自停止项目的下一步推行，导致承包商迟迟不能开工。这种情况在经济不发达、外汇储备不足的国家和地区是比较常见的。二是开发费用高。由于不同国家项目开发条件各异，境外项目的开发时间具有较大的不确定性，导致企业在前期开发工作中必须投入较高的资金和较多的资源。三是开发目标不明确。在项目开发过程中，根据前方反馈的项目信息，可能需要对公司内部人员进行调动和重新安排。对于开发周期较长的项目，业主方往往也存在人员重新调整、项目易手、项目利益相关方变更、分管官员替换等情况。由此，大多数国际工程项目的开发都不可能一蹴而就。

事实上，只要能预判风险，就可以在一定程度上采取措施加以规避和解决。核心方法是树立项目管理的基本思想，强化计划、执行、检查、处理（PDCA）的工作闭环，通过项目整体管理的方法和手段推进并实施项目开发工作，把前期运作和管理也当成项目，运用项目管理的理念和方法组织和运作。因此，本章介绍项目开发的总体流程、项目开发的启动工作、项目开发的计划工作、项目开发的实施工作、项目开发的监控工作、项目开发的收尾工作和项目开发合作伙伴的选择与考评。

第一节　项目开发的总体流程

当把项目开发作为一个以"项目落地"为结束标志的独立项目运作时，可以套用项目管理的基本思路，将开发工作分解为五大过程组，即开发工作启动、开发工作规划、开发工作执行、开发工作监控和开发工作收尾。

项目开发工作启动主要是指在项目信息得到筛选、分类、甄别之后，确定该项目信息可以进行开发或跟踪。这时，需要召开项目开发启动会，正式启动项目开发工作。尤其是大型、特大型项目，因为需要调动的资源比较多且复杂，更需要通过正式启动仪式展示整个开发计划的起点。项目启动作为重要的一步，基础是项目开发计划。在项目启动会中，需要对后续开发思路、整体工作安排、分步工作划分和实施细则等进行详细说明，同时综合考虑各方面的不确定因素，预留一定的弹性缓冲时间。项目开发计划应能体现开发团队的整体开发思路，不仅要考虑项目前期开发的实际操作内容，也要针对在开发过程中可能遇到的整体风险提前做出预案，如涉及融资的项目需要考虑项目的融资周期，并为这部分工作预留一定的时间。对于资金来源本身，可以在多重备选中进行比较，可以选择我国的金融机构，也可以考虑世界银行、亚洲开发银行等国际金融机构等。因此，项目开发计划的制订是整个开发团队实力最集中的表现，并且需要根据实际情况和工作进展进行适时的修订和调整。

有了较为翔实和可行的工作计划之后，需要通过团队成员将计划中的每步工作执行落实到位，这就是开发计划的实施。如果每一个分解步骤都得以顺利履行完成，即表明本项目开发任务大功告成。开发总结会属于开发工作收尾阶段最后一个重要的里程碑，无论项目开发的结果是成功还是失败，都可以在开发总结会上进行相关资料的移交安排和经验的总结分享，将有形的交付物和无形的经验资产交付给下一个阶段的执行者。如果项目开发成功，会上也会对参与开发的优秀团队和员工予以奖励和表彰；如果项目开发失败，在开发过程中收集的项目所在国税务、审计、劳动保护、法律等相关资料和数据也是企业的一笔可贵财富，可供后续项目借鉴参考。

从开发工作启动到开发工作收尾，贯穿始终的是对项目开发这一特定项目全生命周期的工作监控，主要监控指标包括进度、质量、效果、成本控制等。监控主要指标的作用在于：评审项目前期的各种方案（包括技术方案、造价、商务合同、施工组织设计等）；及时处理开发过程中遇到的不可控因素；及时采取措施规避或解决潜在风险。

上述五大过程组作为项目开发工作的绝对主体，每一个部分既相对独立，各自具有特定的工作内容，合在一起又是一个有机的整体，具有前后因果的逻辑关系。项目开发的总体流程如图5-1所示。

第二节　项目开发的启动工作

项目开发的启动工作主要包含三部分内容：一是项目信息的前期处理；二是项目的信息处理会议和立项；三是项目的前期组织安排，包括人员分工和组织架构设定。

一、项目信息的前期处理

项目信息的前期处理主要包括信息渠道建设、信息筛选、信息处理与保存。

1）信息渠道建设。信息渠道建设是项目开发的基础内容，也是关键一环。在进行项目开发之前，信息渠道就应该已经具备或正在建设，能够提供有效的项目信息，以便后续进行分类、分析和决策判断。如果公司发展境外业务的时间已经较长，一定会有较成熟的信息渠道，这时开发人员的工作内容只是将各方得到的项目信息进行筛选和分类处理；而对于新兴公司或进入新兴市场的公司，则需要业务人员首先获得项目信息，建立信息渠道和一定的市场关系，之后才能进入筛选阶段，工作压力相对较大。

2）信息筛选。目前，国际工程市场竞争激烈，各种类型的项目信息非常多，如果信息筛选工作做得不踏实，将造成资源浪费。因此，在获取项目信息以后，应通过对市场的判断、对经济情况的预测、对项目成熟度的分析等得出是否进行后续工作和安排的结论。此部分工作一般是由公司内部各类型专家开会讨论后统一研究决策执行。

3）信息处理与保存。项目信息在内部评审获得通过的同时，必须具备项目的基本信息，包括信息来源、项目信息摘要、相关风险点和开发规划等。一般在公司内部对信息进行分析、讨论和判断，从而做出工作计

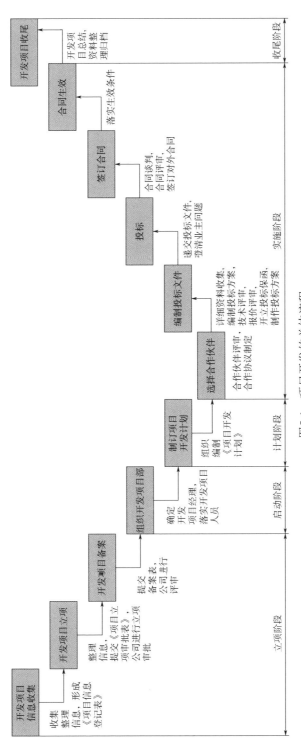

图5-1 项目开发的总体流程

划，所有项目信息和讨论情况都可以作为信息保存的内容。

在项目开发的早期阶段，需要对项目信息进行初步判断和处理，无论是继续跟踪还是就此放弃，都需要召开一定级别的专门会议，参会人员一般包括部门领导、相关职能部门的工作人员、技术专家、合作方的专家等，会议的主要议题是项目的成熟度、是否适合公司开发等。其中，会议结果的决定权是最重要的一部分内容。在某些企业内部，由于长期形成的管理思想比较落后，一般会由主要领导或最高决策者做出判断，而前方工作人员或技术专家的意见却无法起到相应作用。而要实现科学决策，则需要由前方业务人员分析或提供可选择性结论，经部门内部或公司小范围讨论后提出具体发展思路，业务部门及相关配合部门讨论后完成最终的判断和决策。其中，前方业务人员进行判断或决策的权重最大，应该达到50%；部门内部或公司小范围讨论所占比重则应达到30%；业务部门及相关配合部门或其他高级领导者的决定权只占20%。

二、项目的信息处理会议和立项

项目开发启动会参会人员做出判断的依据是之前获得的各种相关技术信息和商务资料，在此基础上需要进行详细调查工作，调查内容主要如下：

1）工程基础资料。包括项目的前期可行性研究报告、项目的概念或方案设计、当地政府的各种立项和评审文件、政府的相关规划等。如果是初次进入某国市场，还需充分调研当地的水文、气候、气象、地质等相关资料，因为无论该项目成功与否，这些资料未来都能体现其价值，也会为项目的可行性研究报告或造价提供有效的帮助。

2）技术经济资料。包括当地的造价信息、供货商的供货能力、物流的路线和能力、业主对于某些机电产品是否有特殊要求以及当地的报价规则和习惯等。技术背景方面的调研主要包括当地标准、当地规范、当地检验检疫要求、各种设备执行认证标准、材料试验要求、设计是否有当地硬性特殊性要求等。

3）商务资料。包括当地商务环境分析、未来经济发展分析、当地各种政策分析、汇率波动趋势研究、外汇管制政策分析、当地财务管理要求研究、当地税务管理要求研究、当地审计管理要求研究、当地法律管理要求研究等。关于商法的相关内容，也需要尽力了解。

4）对于某些具体项目，需要进行特殊调研。例如，建立一个火力发电站，不但要了解项目本身的各种信息，还要了解能源的运输路径、运输能力、各种配套设施的建设水平和供货能力等。可见，只有通盘考虑项目相关的所有上下游资源，才能做出最后的方案。

如果公司内部认为该项目的后续开发基本条件均已具备或立项工作已完成，则可以启动备案工作。在具体工作中，需要向我国驻外使领馆、经参处等机构汇报，报告项目的基本情况、目前所处的状态、后续工作计划等，争取对方的支持。如果驻当地使领馆直接拒绝，建议慎重考虑项目是否开发。对于融资项目，还需要与相关的金融单位、保险单位进行初步沟通，询问是否可以提供金融支持、担保支持。如果效果不理想，建议慎重考虑是否开展后续工作。需要注意的是，这一阶段的相关工作只局限在初步沟通和交流层面，理想结果是得到对方的口头支持，即使沟通效果不理想，也能充分了解项目目前的状态以及我国政府对于该项目或这类项目的态度。因此，这部分工作是非常重要的。

三、项目的前期组织安排

如果上述工作能够顺利推进或项目开发工作需要进一步拓展，需要成立项目开发部或项目开发小组，主要作用有：一是项目的开发任务会进一步具体化，会落实到具体的个人来完成，因此涉及的工作面非常复杂；二是项目开发工作很繁杂，需要编制具体的开发计划，以避免开发工作出现没有目标性和计划性的错误；三是在推进开发工作的同时，需要投入足够的资金，因为目标的不确定性、开发周期过长等都会导致相关费用增加。

对于大型项目而言，需要成立一个项目开发部；对于小型项目而言，成立1~2人的项目开发小组也是非常有必要的。项目开发部或项目开发小组的人员安排对于项目开发成功与否起关键作用。

项目开发小组的一般配置如下：

1）一名开发经理。负责项目开发的整体控制工作，具体包括商务层面和技术层面的所有工作，同时控制项目开发的整体进度和成本，起总揽全局的作用。

2）一名商务经理。负责项目前期的各种资料收集，包括国家规划、财经政策、财务和税务、外汇管理、法律法规、环保政策、工程承包环境、工程造价等，并将搜集到的资料予以整理和充分消化、吸收，提出建议供公司总部和开发小组讨论和决定。

3）一名专业工程师。负责与整个项目的工艺流程、施工、设计、造价等相关单位的联系工作，确定和改进技术工艺，完成项目技术方案的准备、整理和递交，并与业主进行技术方面的沟通和交流。

4）一名造价或概算工程师。负责项目前期技术方案完成后的项目概算、预算编制和整理，以及与业主管理人员进行商务报价工作的谈判等。

5）一名综合管理员。负责三部分工作：一是项目资料的整理和汇编；二是团队内部的信息沟通和交流；三是后勤及其他相关事务。

大型项目开发受外界因素影响较多，单凭公司一己之力一般很难完成此类项目的开发工作，因此需要根据公司的特点和不足选择适宜的合作伙伴，包括设计院、施工单位、设备供货商、运营单位和代理单位等。选择合作伙伴的主要目的有两点：一是在前期开发工作中，方便获取必要的技术支持、商务支持或专业顾问咨询服务；二是在项目执行阶段，合作伙伴可能需要具体负责某一部分的工作内容，如设计咨询和施工分包，因此需要对合作伙伴进行仔细甄选。无论选择何种合作伙伴，都需要遵循强强联合、优势互补的原则，与合作伙伴达成合作意向后再开展具体工作或深度配合。

在上述工作全部处理妥当之后，需要召开项目开发启动会。这是一项里程碑式的工作，标志着开发工作从前期的准备阶段进入正式启动阶段，也表明这是整个公司对于某个具体项目的肯定。在项目开发启动会上，要给开发团队充分的授权，因为之前的工作可能由个人或小组完成，能动用的公司资源非常有限，但是由于工作内容的不断增加，势必需要更多和更优质的公司资源，如果没有相应的授权将很难在公司内部实现有效的沟通、协调和指挥。对于规模一般的企业，或前期开发已经形成一定影响力的小组，可以缓步开展此项工作。

第三节 项目开发的计划工作

在项目开发过程中,必须制订与项目执行阶段相匹配的工作计划,对未来工作中可能遇到的风险做出预判,并提出解决措施。项目开发计划一般包括项目开发工作流程计划、开发工作分解计划、开发进度计划、开发里程碑计划、开发组织结构计划、开发费用计划、开发风险应对计划和开发沟通计划。例如,项目开发流程计划如图 5-2 所示。

一、项目开发计划的设置细节

项目开发计划为二维设置,横向为工作的进行阶段或大致工作分配内容阶段,又可分为 3 个阶段,即前期信息收集阶段、项目立项信息准备阶段、项目开发谈判阶段;纵向一般是根据单位或机构的设置而划分为不同的执行主体,一般也包括 3 个方面:公司职能部门、项目开发团队、文件整理备案团队。如果按照项目推进的时间顺序划分,项目开发计划的设置分为 12 个步骤。

(一)项目信息收集

这部分的主要工作内容包括:从已有的信息渠道收集各种类型的项目信息,之后进行汇总和分类,确定是否开发。如果没有相关的信息渠道,则需要首先建立信息渠道。

(二)项目可行性分析

在互联网时代,每一家国际工程公司甚至个人都会有大量的项目信息,这些信息大多良莠不齐,需要进一步甄别和分析,否则会造成资源浪费。因此,需要在有限的资源条件下决定是否开发此项目,一般会通过个人判断或部门内部的头脑风暴会决定。总之,这部分工作内容只是一个定性问题,如果项目信息得到确认,决定继续跟踪和开发,就需要向上级主管部门与领导汇报工作,争取领导的支持和肯定,同时储备相应的资源。在判断是否继续开发工作的过程中,作为判断依据的资料必须是丰富和翔实的。

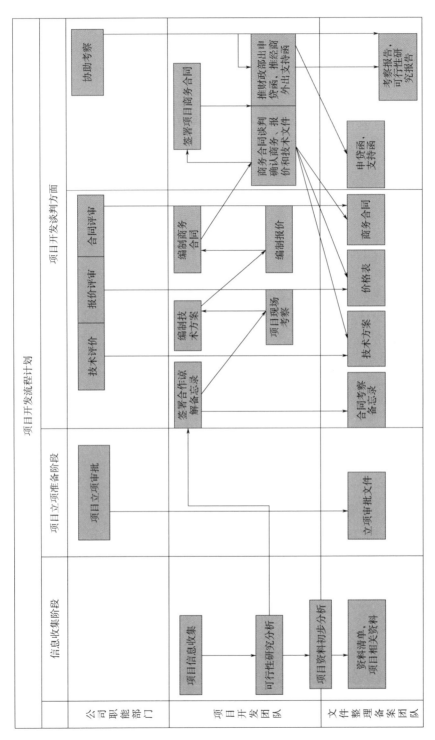

图5-2 项目开发流程计划

(三) 项目资料档案保管

在完成以上工作的基础上，必要时应先进行定量计算。宏观方面，包括项目所在地的发展规划和这个行业或领域的规划；微观方面包括当地税务情况、当地劳动力情况、设备和物资的市场价格；项目操作层面，包括项目的可行性研究报告、项目的经济分析。如果是简单的投标项目，则需要对项目的招标文件进行详细分析和讨论，也包括对相关领域的资料进行分析和讨论。研究分析和讨论后会有两种结果：一是继续跟踪和开发；二是条件不成熟，不再进行后续开发工作，但是之前所收集的资料必须交到资料室或档案室保管处理，为以后类似项目的开发提供参考。

(四) 项目立项审批

项目立项审批的主要目的是判断是否对项目后续开发投入必要的资源、是否需要领导的支持、公司各种资源的配合情况如何。而这个阶段的关键则是公司内部组织一定规模的项目立项审批活动或专业会议，研究的主要内容有：①项目的基本技术情况介绍、项目在开发之前已经获得的技术资料的深度和广度情况说明；②该项目所在地所处地位、业主的上级主管部门介绍；③项目是否是自有资金、财政借贷水平、国家经济发展水平等；④当地劳动力价格介绍、地材价格水平介绍、是否有合适的分包队伍等。其他商务信息既包括该项目是否有竞争对手、竞争对手实力分析、竞争策略分析，该项目在当地的影响力，如经济影响力、社会影响力是否巨大；也包括是否有当地合作伙伴、是否有代理关系的简单介绍。在完成上述介绍以后，如果得到公司的认可，则可以进行后续工作。在立项审批会议上，还需要对后续工作做一定的部署安排，主要包括开发时间、开发步骤、未来可能遇到的阻力和困难以及应对这些问题的预案。

(五) 存档

文字资料、会议纪要、工作总结等相关内容需要存放到文档管理部门，包括公司级别的和部门级别的。至此，项目立项准备阶段的工作全部结束。

(六) 签署合作谅解备忘录（MOU）或其他意向性文件

与外方签署书面意向性文件是开发阶段的一个里程碑工作，意义重大,但难度并不是很大,因为很多国家政府或国营单位对合作谅解备忘录看得非常重要,因此才非常谨慎,认为这就是后续成功签署合同和顺利执行的第一步,也是公司对项目开发有信心、加大投入的基础。但是问题在于这个阶段的基础资料很少,公司投入的精力也非常有限,因此这个过程是非常有挑战性的,无论遇到任何困难和问题,这步工作内容都要解决。签署合作谅解备忘录时,注意内容最好可以排他,其次时间节点尽量控制得长一些,也就是合作谅解备忘录的有效期尽量长一些。

(七) 现场考察或探勘

这个阶段的主要工作是在已有材料的基础上,通过分析、判断、确认,最终收集到项目所需的各种技术信息。这一阶段的努力工作,将为后续技术方案的编制和最终文件的递交打下坚实的基础。主要任务如下:

1)完成技术资料的收集,主要包括:项目所在地的地质情况(土壤和岩石等)、当地的水文情况(地下水位等)、当地的气候情况(风速、风向、风力强度和降雨强度等)、项目所在地的交通环境(是否有良好的运输环境,如汽车运输、火车运输、水路运输和航空运输等);是否有足够的供水设施、供水能力、供水管线,当地工业或项目用水配额及其价格如何;供电情况,主要包括电价、当地电源距离、电压等级、电流强度、输电线长短、供电能力、当地电力公司或输变电公司的服务水平;环保情况,主要包括当地是否有强制环保措施,对于一般废弃物、废弃液体、废气和废弃固体的处理方式和处理要求,以及对环境保护的具体要求等。

2)完成商务信息的收集,主要包括:法律尽职调查,最重要的是公司法、工程法、财务法;税务尽职调查,主要是企业税务问题,涵盖所得税、增值税、利润税等税种;工程承包环境尽职调查,如当地工程承包领域对外来公司的准入机制要求、是否有资格进入当地市场承揽项目;当地工程企业的整体水平如何,是否需要成立联合体进行投标或开发项目,或寻找合适的当地分包;当地承包市场是否有外资公司,这些外资公司是来自发达国家,还是来自发展中国家;当地建材供应能力、价格水平、运输路线,当地劳动力业务能力、工作态度、劳动保护、基本待遇、工伤处理等;工程机械市场调查,包括当地施工用工机具水平、租赁价格等;当地工程承包市场的标准问题，尤其是机电设备份额比较大的项目，应充分考虑标准的影响，尤其是是否接受我国标准，以及当地多重标准是否会影响整个项目进度或顺利执行。

完成上述现场考察工作或现场踏勘工作后，需要完成相关的考察报告。如果条件允许，还应召开项目现场考察总结会。这一阶段有 3 个方面的收获：

1）这些工作的完成标志着市场的第一手数据调研完成，即使在未来项目开发不成功的情况下，这些数据资料也是一笔宝贵的财富，可为未来在这个市场进行项目开发提供参考。

2）通过以上工作的不断推进，对当地工程承包市场有了更深入的了解，在这个国家的人脉关系网建设也得以推进，为未来新项目的开发和执行打下了一定基础。

3）项目现场考察和探勘工作能有效促进团队成长，团队成员对项目前期开发工作和沟通工作也有了更深刻的认识。

（八）项目技术文件编制

项目技术文件主要包括项目的技术方案、商务方案和合同文本。

1）技术方案主要包括技术方案文字版、配套说明图样、项目管理纲要，具体内容有项目的施工组织设计、整体开发计划和工期进度计划、项目的设计工作安排、采购工作安排和计划、项目管理体系文件、项目质量管理体系文件、项目 HSE 管理体系文件等。

2）商务文件主要包括项目的工程量清单、设备清单，承包商、分包商和供货商的各种资质文件与业绩清单、国际质量认证证书等，项目的融资或投资工作安排和计划，项目的商务工作安排计划等。

3）合同文本需要考虑是使用当地业主提供的合同文本，还是使用公司常用的合同文本，亦或使用大多数项目常用的 FIDIC 合同文本。其他辅助性文件包括项目的 PPT 介绍资料、项目的动画介绍等。上述内容的编制过程需要由专业的团队负责，该团队主要由项目前期开发人员、商务经理、造价人员、技术总工等组成。对于小型项目或公司之前参与过的类似项目，可能编制时间较短；但是对于大型项目或之前未涉及领域的工程项目，可能编制时间较长，还需要动用公司的各种资源。技术文件一览表内容示例见表5-1~表5-8。

表5-1 技术文件分类表

编号	文件分类	合作单位	负责人	完成时间	备注
1	设计文件				
2	施工文件				
3	采购文件				
4	运维文件				

表5-2 设计文件细节管理表

编号	工作内容分解	输出内容	负责人	完成时间	备注
1	合作单位选择（集团内部）	内部评审流程等			
2	合作单位选择（合作伙伴）	战略协议或其他文件			
3	合作单位选择（雇用形式）	合同协议和付款流程单			
4	设计单位完成工作计划	工作计划表			可能包含架构表
5	前期资料分析讨论	资料消化会议			对比标准核心工艺核心设备清单等
6	技术报告	可研形式、技术报告形式、是否包括环评等			是否已经完全消化对方提出的技术要求和标准规范等
7	设备清单表	核心关键设备输入、输出数据、功率数据			是否符合业主要求和当地规范标准等

(续)

编号	工作内容分解	输出内容	负责人	完成时间	备注
8	相关图样内容	包括基本工艺图样、建筑图样、电气、暖通等专业总体布置图样等			是否符合业主之前图样或技术要求
9	技术风险讨论分析会	公司内部技术评审会			规范标准等风险化解处理手段

表5-3 施工文件细节管理表

编号	工作内容分解	输出内容	负责人	完成时间	备注
1	合作单位选择（集团内部）	内部评审流程等			
2	合作单位选择（合作伙伴）	战略协议或其他文件			
3	合作单位选择（雇用形式）	合同协议和付款流程单			
4	地材价格及供货商信息收集整理				
5	当地具体施工做法收集整理				赴当地考察
6	当地施工队伍寻找与沟通				赴当地考察
7	当地生活设施和签证细节				赴当地考察
8	参加设计技术会议				
9	组织施工方案				
10	提供施工设备清单细节				
11	劳动力组织计划人员架构和信任人员简历				

表5-4 采购文件细节管理表

编号	工作内容分解	输出内容	负责人	完成时间	备注
1	合作单位选择（集团内部）	内部评审流程等			核心工艺设备，外标

（续）

编号	工作内容分解	输出内容	负责人	完成时间	备注
2	合作单位选择（合作伙伴）	战略协议或其他文件			核心工艺设备，外标
3	合作单位选择（雇用形式）	合同协议和付款流程单			核心工艺设备，外标
4	业主设备清单表分析对比				对比标准、参数设置、功率和能耗等
5	完成标书技术响应表				设计院参加
6	询价小组建立与工作				
7	开展询价细节工作				多种途径
8	供货商提供授权书				
9	供货商提供设备详细资料				技术规格表
10	供货商提供设备价格信息				
11	供货商提供设备包装尺寸、重量、报关编码				
12	选择运输物流单位				
13	运输物流单位提供相关方案				含细节和价格方案
14	供货商提供运维方案和备品备件清单				如果需要

表 5-5 运维细节管理表

编号	工作内容分解	输出内容	负责人	完成时间	备注
1	合作单位选择（集团内部）	内部评审流程等			
2	合作单位选择（合作伙伴）	战略协议或其他文件			

(续)

编号	工作内容分解	输出内容	负责人	完成时间	备注
3	合作单位选择（雇用形式）	合同协议和付款流程单			
4	备品备件方案				如果需要
5	外方员工培训方案				
6	收集当地核心材料物资供应信息				赴当地考察
7	收集当地水电等基础设施信息				赴当地考察
8	收集当地劳务工资水平信息				赴当地考察
9	生产用各种物资材料方案				
10	生产过程中公司运营管理或成本问题和税务问题等				如果需要
11	完善和递交运维方案	通过公司评审			

表5-6 商务文件一览表

编号	文件名称	工作内容	负责人	时间节点	备注
A	基本文件				
1	投标公司购买发票				购买时间和汇款方式以及联合体问题
2	投标公司营业执照	公证+双认证(外交部+使领馆认证)			
3	投标公司章程	获取流程和耗时			
4	投标公司财务报表				或年审报告
5	投标公司法人授权书				
6	投标公司其他体系文件				如果要求

(续)

编号	文件名称	工作内容	负责人	时间节点	备注
7	某些公司管理体系文件				
8	上述文件翻译和准备				
9	分包单位同样操作				控制流程和整体时间
B	业绩文件				
10	公司业绩文件清单列表	英文文件+公证+认证			如果需要
11	分包单位业绩文件				
12	业绩文件照片等				
13	业绩文件竣工证书				
14	已完成项目业主推荐函				
15	已完工项目其他证明材料				
C	许可类文件				
16	投标许可证书	当地经参处+国内部委			如果需要
17	涉外业务相关证书	专业资质文件			
18	涉外银行许可文件	金融业务熟悉情况			
19	总公司许可				集团公司内部
D	保函类文件				
20	国内银行开立要投标保函				
21	大型跨国银行开立保函				
22	当地银行开立保函				

表 5-7 报价文件检查一览表

编号	工作内容	来源	负责人与时间	备注
A	工程量核算内容			
1	工程量确认或细化			
2	核心设备确认			
3	具体施工做法确认			
B	数据来源			
4	当地地材价格			
5	办理签证价格和当地工资水平			
6	当地税务费用			
7	当地管理费用等			顾问咨询保安费用
8	当地生活费用			
9	当地运输费用和清关时间			
10	当地代理费用等			现场调研
C	报价依据			
11	图样（工程量）提供			
12	定额提供			国内定额或当地定额
13	设备参数确定			
14	备品备件费用			
15	运维费用			
C	计算过程			
16	分专业测算			
17	汇总内容			
18	参考目标值或标底			
19	实际成本从下而上			
D	内容评审			
20	涨价费用			
21	不可确定因素费用			
22	汇率损失			

(续)

编号	工作内容	来源	负责人与时间	备注
23	保险费用			
24	利息费用			
25	培训费用			
E	对外价格			
26	管理费用			
27	利润			

表5-8 其他文件或工作一览表

编号	工作内容	细节要点	负责人	时间节点	备注
A	资料翻译				
1	外文翻译成中文				
2	完成后中文翻译成英文				
3	翻译队伍选择				计算机、内部人员、翻译公司
B	人员外出考察				
4	队伍组成				
5	获取签证和准备				
6	当地行程安排				
7	出发前问题准备				
C	资料汇总与检查				
8	各专业标书自审自查				
9	各专业标书汇总时间确认				
D	封标与装订				
10	标书汇总后整体排版				
11	所有标书文件核对与确认				确认页码、顺序、内容等
12	标书盖章签字确认				
13	整体密封装箱				
E	标书递交				
14	购买机票，安排行程				获取护照和签证

(续)

编号	工作内容	细节要点	负责人	时间节点	备注
15	标书递交				
16	现场开标情况汇总				如果有

项目技术文件编制完成后,需要对项目的前期方案进行评审,一是因为编制完成后的方案反映了公司的管理水平、业务能力和对项目的理解等方面的情况;二是科学化的管理也要求方案必须通过评审。一般性评审的主要内容包括项目的技术方案评审、价格评审、商务合同评审、施工组织设计评审4个方面,只有这个4个方面全部满足公司的要求(包括管理要求、利润要求、进度要求、质量要求等)才能对外递交。一般递交时包括纸质版和电子版两种,如果通过公司内部评审,相关的技术方案、价格清单、商务合同模板等都需要在公司内部进行备案处理。

(九) 方案递交和商务谈判

方案递交一般会选择新的财政年度开始前3个月,这样可以保证业主在3个月之内完成项目方案的评审,同时为后续合同顺利签约做好准备。而业务人员和项目方案的递交人员必须要对项目方案有非常高的把控程度,把控内容主要包括项目的技术深度、报价方案的底线和工期最短时间的预计。业务人员在沟通谈判时,需要充分了解对方的组织架构。一般情况下,对方的组织架构分为业务层和管理层:业务层主要负责评审项目的技术方案,内部可能有专门的人员或机构负责价格方面的内容,同时也会有专门的法律部门负责合同的评审和修改;业务层完成初步评审后,会将项目资料递交到上级主管部门,一般是管理层,管理层负责提供相应的意见和判断,主要的依据是下级部门提供的评审意见。因此,在具体的方案谈判或合同谈判中,需要双管齐下。

1)业务层评审我方提供的技术方案等资料,给出意见后,交给上级管理层,等待上级管理层的最终意见和判断。

2)先交给管理层,直接由管理层做出判断,给出具体意见,然后交由下面的业务层进行评审。这种情况是比较特殊的,也不符合项目所在地政府的一般规定,但在很多第三世界国家普遍存在,而且行之有效。

3)交由业务层处理之后,受体制限制、管理习惯差异等影响,效率往往很低，经常是文件递交之后石沉大海，而这时一般需要管理层介入。也就是说当业务层效率较低时，需要从上到下适当施压，以解决下面存在的问题，进而实现目标；如果管理层效率较低，需要业务层进行有力的推进和协调，也就是从下往上推进，以达到事半功倍的效果。

在开展上述工作之前，首先，需要我方业务人员了解对方的组织机构，即这个机构的每一部分工作内容都由哪个具体的部门负责，如是否有负责合同评审的法律部门，如果有则意味着在进行双方谈判时我方也需要准备相应的专业法律人员，同时充分了解各个部门之间的关系，尤其是上下级关系。其次，需要了解项目评审的基本流程，技术方案通过初步评审之后是否还有二次评审或最终评审，报价评审小组什么时候介入、影响力有多大等。了解了项目的整个评审流程后，就会对这个项目的前期沟通谈判周期有一个大致判断，对整个项目的风险把控也就有了基础。在项目谈判过程中，每个部门中每个人的分工不同，每个人起到的作用也不同，但是他们之间又存在一定的联系，了解其中的关系网或关系带是谈判前的必修课。谈判前，需要充分了解对手的底线，即对这个项目的迫切程度、对这个项目的资金准备、对这个项目能够承受的最高报价等。在具体的谈判过程中，由于存在各种各样的条件限制以及变化因素，谈判人员需要有一定的心理准备和应对预案。因为类似项目的谈判沟通，短则需要3个月，长则需要3年。谈判人员需要有强大的压力承受能力，并制订一套较为详细的谈判和推进计划，主要包括时间节点、方案调整、应急预案。

（十）商务合同签署

商务合同签署工作主要包括两部分内容：

1）签署合同之前的准备工作，主要是准备相关的技术文件、签约仪式等。在文件准备过程中，相关文件需要准备正式的格式，签约仪式需要按照公司的要求或当地政府和企业的习惯遵照一定的流程处理，包括选择场地、摄像、助签工作布置等，同时需要邀请当地政府部分官员、媒体记者和我国驻外使领馆人员等。签约完成后是否需要召开庆祝酒会，需要具体问题具体分析。

2）合同部门条款的落实工作。合同的签署标志着前期开发工作的完成，也预示着项目执行工作前期部分的开始。而在一般合同条款中，都会写明合同生效条件，通常情况下需要提供预付款保函或履约保函，或两者都需要，而签署合同之后需要尽早落实这些工作内容。针对项目需要融资的特殊情况，需要尽早开始准备各项文件，有些需要在国内办理，有些则需要在我国驻外使领馆办理，需要前方的工作人员签约之后尽早完成。

（十一）合同生效条件的达成

在前面已经介绍过，对于一般投标项目，需要向业主提供履约保函或预付款保函，或两者都需要。而在这之前，需要前方开发团队和我国驻外使领馆紧密沟通，提供相关的项目投标支持函，之后在国内争取对外承包商会、机电商会、商务部等部门和机构的支持，获得投议标许可证后才能办理投标保函的具体事务。而对于融资类的议标项目，则需要当地财政部门提供项目的支持函或申贷函，同时需要我国驻外经参处提供项目的支持函，具体包括项目的合同、可行性研究报告、项目环境评价报告等，这些资料可以在项目的开发推进过程中准备、搜集或整理，也可以在合同商定以后或签署完成后搜寻，时间可以依据具体情况具体分析，但这部分工作是合同生效的必要条件，同时这项工作耗费的时间也比较长，建议尽早完成。投资类项目需要的内容更多，除了上述内容，还需要其他补充协议作为项目的生效条件，如电力投资类项目需要签署购电协议或特许经营权协议等。这些工作都可以在合同签署完成后进行，但是考虑到对项目尽早生效的期望，一般建议最晚在商务合同谈判过程中就开始，以免耽误时间，影响项目合同生效。

（十二）准备后续工作

对于满足合同生效条件的问题，在某些情况下需要和国内公司领导沟通，在国内和国外同时做好合同生效前的准备，这时候可能需要高级别的领导赴前方推进项目的生效工作，包括各种支持函的获取。对于一般投标项目，当地业主可能需要赴我国考察公司实力或项目履约能力；而对于融资类项目，则有可能由当地财政部的官员赴我国考察公司履约能力，同时推进各种生效条款的落实。此外，国内的相关部委和金融机构也需要派遣专业团队赴项目所在地实地考察项目的成熟度、贷款条件等具体内容，也需要与业主所在地区的财政部门或主管部委进行沟通，决定贷款事宜和后续工作内容。而上述的这些工作，都需要公司内部的项目开发团队给予积极的配合和支持，以确保上述工作顺利完成。

二、计划阶段的工作分解和节点安排

项目开发计划制订完成以后，需要将其中重要的工作内容提炼出来，并在一定时间内进行分析研究，完成较翔实的进度计划。

第一步，将开发工作中的内容进行分解。对于投标项目，一般可以分为获取信息、决定参与、购买标书、制订投标计划、建立投标团队、方案准备、公司内部评审、文件递交、投标保函准备和递交、获得经参处的支持函等，同时还包括现场考察、国内资源整合、相关文件公证和准备等。其中需要特别注意的是方案准备、公司内部评审、项目投议标许可证获取等内容，这部分工作的主要特点是时间短、工作强度大，需要在规定的时间内完成尽可能多的工作，尤其是项目方案的制订和对外价格的整理，因为每一个项目都是唯一的，虽然有类比的对象，但没有绝对相同的方案和价格，同理对于公司内部评审人员的要求也比较高。其他的商务工作则是可以完全一致的，如公司的相关资质文件递交，一般公司中都会有专业的部门负责这些资料的整理、准备和递交，因此这部分工作可以被认为不会占用大量的精力和时间。

融资类项目前期工作虽然对时间节点的要求不高，但是工作内容较复杂烦琐，主要由商务、技术和融资三部分组成。

1）商务部分主要包括外交部支持、经参处支持函、相关司局单位备案、机电商会和对外承包商会备案、项目招投议标许可、项目合作谅解备忘录、对外合同签署。其中，外交部支持是由于境外工程承包公司的业务范围经常在不发达的第三世界国家，其中有些国家有战争风险、有些国家没有和我国建立外交关系，需要征询外交部相关司局的意见，因为风险过大，外交部可能不会同意公司在当地承揽或开发业务，这样就会影响项目的进展。经参处的支持函、相关司局级单位的备案、机电商会和对外承包商会的备案是相辅相成的，因为只有这些机构或商会全部同意并出具同意函后，才能办理项目的投议标许可证或项目支持函。取得投议标许可证或项目支持函的时间节点可以在项目前期获得，也可以在项目开发的后期获得，可以是先拿到项目支持函再在国内部委机构备案，也可以先在国内部委机构备案之后再拿项目的支持函，主要视具体情况而定。这些工作的主要负责人是公司内部的项目开发团队，但利益相关方却是国家部委和其他相关机构。

2）技术部分主要包括对设计院的选择、对供货商的选择、对施工企业的选择，现场资料收集，技术方案评审，技术方案递交，技术方案业主确认等，核心工作是制订可行的技术方案。这就需要首先成立一个开发小组，该小组的主要工作内容是选择合适的分包单位，包括设计单位、供货单位和施工单位，之后通过公司内部的机构或人员编制项目的技术方案。该方案首先要得到公司的认可，即通过公司的评审，然后需要和业主进行沟通，最终得到业主的确认。这部分工作主要依靠公司内部的力量完成，利益相关方主要是公司内部机构。

3）融资部分主要包括银行的兴趣函或意向函获取、保险支持函获取、两国融资协议签署、贷款合同签订，这些都是项目合同生效的必要条件，一般可以与项目技术方案的制订同步推进，也可以稍微滞后于技术方案，项目的利益相关方为各种金融机构。

在这些工作中需要着重注意以下工作：商务阶段要有经参处的支持函，签署合作谅解备忘录，签订对外合同；技术阶段主要是要让技术方案得到业主的认可；对于大型融资类项目，融资阶段的所有工作都是关键的里程碑节点。

确定重要节点以后，最关键的内容是控制进度。尤其是对于大型融资类项目，一般会倒排工期，即将关键节点确定以后进行后推式计算，其中最关键的工作是签署对外合同。因此，在外部条件都具备的情况下，选择合适的合同签署时间是计划的重点。

第一个关键节点一般会选择在两国高访时。例如，选择高级别访问团访问的时间。目前，我国与世界各国的经贸往来十分频繁，举行的经贸活动也非常多，其中一项重要的内容就是通过工程承包项目促进两国往来，因此如果可以选择在这个时间点签署项目的商务合同，无论是外方，还是我方，都会对这个项目寄予厚望，也会对这个项目投入足够的关注，自上到下都会对这个项目的后续推进起到很好的促进作用。

第二个关键节点是两国财政年度结束之前，因为会在这个时间段制订第二年的财政预算，如果项目优先级别比较高，是国家级的重点项目，很有可能排入第二年的财政预算或外债预算。如果在编制国家预算之前签署商务合同，则该项目会进入第二年的财政预算，也会很快完成项目的资金准备，进而达到项目生效的目的。同理，我国的融资类项目也存在银行机构的财务年度问题，而前一个财务年度结束之前一般不会有新的财政预算来支持这个项目，但是可以将项目的财务需要排到下一个财政年度，并占据比较靠前的位置。

第三个关键节点是国外政府大选前或大选后。第一层原因是政府换届选举前，执政党都希望连任，一般会向选民承诺改善民生、扩大就业、提高基础设施水平等。其中一项重要的内容就是加大基础设施投资力度，尤其是电力、水务、交通等领域会有新签或多签基建工程项目的需求。第二层原因是大选之后新上任的国家领导也会加大基础设施的投资力度或建设力度，对于签署工程项目的迫切性也很高，也具备签署项目的前提条件。如果这时签署项目商务合同，会对项目的后续实施起到较强的推动作用。

三、项目开发组织结构计划

项目开发计划编制具有三要素：一是根据项目开发或具体工作的需要，将工作任务进行分解；二是确定各项工作具体的完成时间，或工作内容本身需要消耗的时间；三是进行项目开发组织结构计划，如图5-3所示。

项目开发组织结构最简单的划分方式就是按照区域进行分配，包括国外政府和其他外部资源、国外项目业主、公司内部、项目开发配合单位、国内政府五大层面。其中，最重要的是公司内部层面，业务部门如何组织项目开发、需要哪些部门配合和实施、职能部门如何起到相应的辅助和监督作用都会在这里得到体现。

在公司内部，按照正常的工作安排，首先需要设立项目开发经理，其作为项目前期工作的主要推动人，要向自己的主管部门领导汇报，得到他们的认可和支持；其次，这些主管部门领导需要向更高级别的领导汇报，争取得到更多的支持和配合，尤其是对于特大项目的开发或投标工作。同样的，高层领导有了一定的判断和决定后，会把这种决定逐级传达给公司的中层领导，由中层领导把这种决定传达给项目开发经理，以便分级落

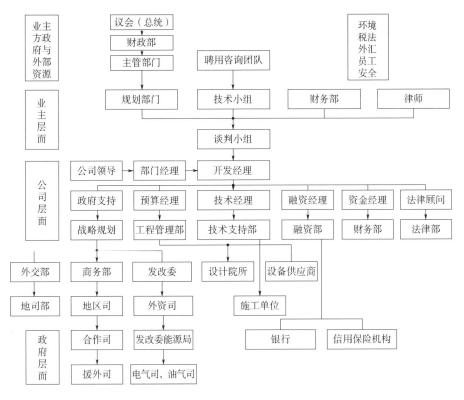

图 5-3 项目开发组织结构计划

实。上述内容的实际操作情况主要取决于公司的管理层架构和业务管理流程。项目的开发经理通常负责整合公司的内部资源和项目向下的各种资源，同时负责组织项目的开发方案，主要包括技术方案和商务方案。

整合公司的内部资源需要各个职能部门的配合，如下：

1）获得技术支持部或技术整合部门的配合支持，具体的工作内容是让项目的技术方案得到业主的批准和支持。

2）具体负责与技术部门接洽的一般是项目前期开发的技术经理，其负责项目技术方案资源的整合、编辑和整理，确保技术方案获得批准，并得到项目开发经理的支持。

3）由有项目经验的预算经理向项目开发经理汇报工作，主要汇报内容包括项目的报价方案、实施方案、施工组织设计，同时整合下游资源提供的信息并向项目开发经理汇报，之后与公司的专业负责部门沟通联系，如项目管理部或工程管理部,以得到对方的批准和认可。

对于融资类项目,需要对当地的融资情况以及我国政府对项目的融资条件进行充分的了解。需要有项目经验的融资经理向项目开发经理汇报工作,并结合上述条件整理恰当的融资方案,之后向融资部门汇报,以得到融资部门的批准。而对于投标类项目,则不涉及具体的融资问题。

需要指出的是,项目的资金工作在项目的开发过程中起着至关重要的作用,因此需要在项目前期开发阶段配备资金经理。资金经理主要负责准备和提供项目资金方案,向上级项目开发经理汇报以得到资金支持,汇报大致包括3项内容:如果项目是投标项目,需要说明投标保函、中标之后的履约保函和预付款保函的准备情况;说明项目的现金流安排,如前期资金准备、垫资情况等;如何规避项目未来执行过程中的风险,尤其是利率变化、当地物价水平调整、通货膨胀等。

项目的法律顾问和法律专员也需要完成其份内工作,主要包括:提供项目合同和审核意见,向公司的法律部门提供合同评审资料,最终得到法律部门的认可,确认法律合同文本。

完成上述内容以后,对于投标类项目或融资类项目来说,得到国内政府的支持也是尤为重要的,因此必须指定专人负责与国内政府相关部门的沟通和汇报工作。该项工作一般由项目开发经理负责,但在前期开发过程中需要得到公司内部公关部门(或关系协调部门)和其他相关部门的配合,最终由他们争取项目的各种支持函和文件。

在开发过程中,可以把项目开发向下的资源划分为设计院所、施工单位、设备供货商、项目运营维护团队。其中,项目技术经理负责上述单位技术方案的收集、整理、编辑和调整,以及项目运营方案的编辑和整理等;项目造价经理或预算经理负责技术方案产生以后的造价内容,包括项目预算的整理、精度确认、广度和范围确认以及价格调整等;其他没有列明的工作可以由项目开发经理直接负责和完成。上述工作完成后,还需要通过公司内部的职能部门评审。

与国内政府层面的沟通工作主要包括以下内容:由公司内部的公关部门或关系协调部门负责向外交部、商务部、国家发展和改革委员会汇报工作,最终获取这些部委的书面支持文件。凡是涉及资源类型、国内产能输出、国家核心资源和技术的项目，都需要获得国家发展和改革委员会的批准，如境外大型火电项目。对于融资类项目，还需要得到国家层面信贷机构的资金支持，以及国内其他金融机构的信息支持或支持函件。此外，还需要由融资经理负责与国内的金融机构沟通和交流，以得到他们的信息支持。由于我国开发的大部分项目位于第三世界国家，为了完成贷款条件，还需要完成信用保险等工作，需要加强与中国出口信用保险公司的联系和沟通，以完成相应的业务。

在研究项目开发组织结构时，最重要的是组织结构分解和工作内容分解，然后将两者进行二维图联系，多采用纵向为组织结构分解、横向为工作内容分解的形式，最后在中间的交叉图中确定具体工作内容。其中，项目开发工作内容可以简单划分为总体控制、项目协调、技术方案整理和编辑、合同文本提供、融资安排、国内审批、财务分析、税务筹划、信息披露、考察接待等，此为横向；纵向则包括部门经理、项目开发经理、项目技术总工、外聘技术顾问、设计单位、财税筹划机构、投融资部门、资产财务部门、法律合约部门、评审管理部门、技术支持部门、信息披露办公室（上市公司专有）。其中，部门经理负责总体控制、项目协调、合同文本、融资安排、国内审批、财务分析、考察接待；项目开发经理负责项目协调、技术方案、合同文本、融资安排、国内审批、财务分析、税务筹划、信息披露、考察接待；设计单位负责技术方案、财务分析和考察接待；信息披露办公室负责信息披露的工作。项目开发组织结构分解见表5-9。

表5-9 项目开发组织结构分解

工作内容 组织机构	总体控制	项目协调	技术方案整理和编辑	合同文本提供	融资安排	国内审批	财务分析	税务筹划	信息披露	考察接待
部门经理	√	√		√	√	√	√			√
开发经理		√	√	√	√	√	√	√	√	√
技术总工			√							
外聘技术顾问			√							
设计单位			√				√			√

(续)

工作内容\组织机构	总体控制	项目协调	技术方案整理和编辑	合同文本提供	融资安排	国内审批	财务分析	税务筹划	信息披露	考察接待
财税筹划机构							√	√		
企管战略部门						√				
投资融资部门					√					
资产财务部门								√		
法律合约部门				√						
评审管理部门			√							
技术支持部门			√							
董事长办公室									√	

将每项具体的工作落实到具体的部门或个人，对于管理者本身而言，可以对自己的行政管理进行追溯，也可以在具体业务操作层对自己的工作内容有一个非常直观的认识和了解，配合项目开展也有了规范和指引，能够为成功开发项目做好铺垫。

四、项目开发的费用计划管理

在项目工作执行阶段，会遇到很多困难和问题，但是和项目开发比较起来，项目开发工作遇到的风险往往更大，主要是因为项目开发没有具体的计划，且项目开发时间很难控制、目标很难确定，由此导致项目开发成本很难控制，大部分风险最终都会转化成经济指标在财务数据中体现。因此，完成项目的开发计划之后，另外一个重要的工作内容就是编制项目开发费用分解计划表，见表5-10。

表5-10 项目开发费用分解计划表

编号	内容	分解
1	国内开发业务的办公费用等	合作伙伴签字费用（战略合作协议） 合作伙伴外出考察费用（按人头、时间、工作量确认） 购买资料或数据费用（购买标准、规范、前期数据等） 赴设计院、施工单位、供货商等出差、开会费用（按实际发生成本计算）

(续)

编号	内容	分解
2	开发阶段聘请外部专家的费用	聘请技术专家费用（服务时间和内容）
		聘请法律专家费用（服务时间和内容）
		聘请财务专家费用（服务时间和内容）
3	国内外出差产生的差旅费用和人员成本费用	国外出差费用（次数＋人数，衣食住行＋工作）
		国内出差费用（次数＋人数，衣食住行＋工作）
4	准备必要的项目文件或设备产生的费用	打孔钻探、现场踏勘等（设备、人员、向导等）
		与当地咨询单位沟通交流（局部技术方案提供者）
		购买一些重要资料等（部分核心数据和资料等）
5	项目开发过程中的各种招待费用和业务宣传费用	国外开发费用（纪念品）
		国内开发费用（外方人员赴我国）（纪念品）
		不确定开发费用（签约时所需各种前端费用）
6	完成合同签约的准备费用	人员差旅费用（何种级别人员，时间长短）
		会场布置费用
		签约准备费用（是否请核心人员鉴签）

具体分析如下：

1）国内开发业务的办公费用等，主要包括资料收集费用、设计咨询费用、施工咨询费用、设备物资咨询费用、法律和财务顾问咨询费用等。在项目前期开发阶段，为了提高效率、节省项目开支，会从网络上免费获取项目所需的一般性资料；对于核心信息（如规划、技术参数、设备选型等）则需要花费一定的资金获取，即使有个人的信息获取渠道，也需要支付一定费用；对于已经获得的信息，如果没有足够的把握确定其准确性，也需要第三方确认，这些都会产生费用成本。以简单的EPC项目为例，通常在国内工程公司中只有个别的中央级别企业拥有自身的设计院、设备制造厂和施工单位，因此在前期开发过程中编制方案时就需要其他合作单位的配合，需要支付项目技术方案、项目概算、项目用工艺流程图样、效果图等内容的设计费用，以及设计单位的人员费用、探勘费用等。此外，以下情况也会产生一定的费用：有技术壁垒的项目或技术封闭的项目；对设备采购和询价、设备技术参数表、设备选型方案等内容的获取；施工单位需要前期配合的工作内容，如施工组织设计、现场探勘、人员招聘等；法律尽职调查和法律风险规避；项目的整体财务和税务筹划。上述工作内容所产生的成本是项目前期开发费用的主要组成部分。

2）开发阶段聘请外部专家的费用。项目前期需要投入一定的资源完成项目的方案设计，对于本公司的专长领域或擅长行业，可以通过公司内部资源完成项目方案评审；对于新行业、新领域，则需要聘请第三方对技术方案进行评审。具体的费用一般包括：相关人员费用、因项目产生的办公费用和一定的物质奖励费用。

3）国内外出差产生的差旅费用和人员成本费用。在项目开发的前期阶段，会涉及项目现场探勘、商务谈判、国内厂家或配合单位考察、技术方案交流、国外业主方来我国考察和沟通等，处理这些工作也会产生相应的费用。例如，出国考察会涉及人员的交通、住宿、餐饮、招待费用，人员的成本（基本工资、境外补助）费用，在当地的通信（通话和上网）费用，在当地的办公（打印、装订、化验、取样等）费用以及其他杂费。在国内出差的差旅费用，基本就是交通费、住宿费、餐饮费、人员补助费等。对于国外业主方来我国考察，除了上述相关费用，还要考虑业主的各种商务活动或采购可能产生的费用。此外，由于我国工程企业承揽的大部分项目在第三世界国家，前期差旅费用普遍较高，约占50%。因此，只有严格控制这部分费用，才能达到降本增效的效果。

4）准备必要的项目文件或设备产生的费用。在递交项目方案时，业主方一般会要求我方提供较多的效果图、项目视频、工艺动画等，而设计单位一般很少准备这些资料，因此会产生办公费用以外的相关项目文件费用。此外，在国外考察期间，为了提高考察效率，可能需要某些小型、便携的检测设备和勘探设备，或在当地打印文件、购买小型打印机或投影仪，有时还要购买一些电子技术资料。这些费用的占比一般不会很高。

5）项目开发过程中的各项招待费用和业务宣传费用。在项目前期开发过程中需要开展大量的商务工作，而商务工作的核心则是树立企业品牌和进行企业推广。这部分费用依照具体的情况决定，一般不做具体要求和安排。

6）完成合同签约的准备费用。项目开发的最终目标是签署项目的商务合同，在项目商务合同签署前需要完成项目的合作谅解备忘录。这些工作节点都是重要的组成部分，因此在预算上充分展示公司的形象和实力显得尤为重要。签署活动的费用可能包括签约仪式本身的费用，如会场准备费用、签字文件准备费用、宣传材料费用、邀请嘉宾费用、录像和摄像费用以及各种细节费用等。签约完成后，需要安排一定的招待酒会或庆典活动，包括宴请费用、纪念品费用、会场费用等，这些费用一定要准备充足，因为是为树立公司形象而举办的活动，同时也是为下一个项目开发做好铺垫工作。相对整个开发过程，这部分费用所占的比重并不大。

7）项目开发过程中的不确定费用，就是开发过程中的不确定因素所产生的项目开发费用。例如，在项目开发过程中最大的困难就是流程不确定、周期过长，导致费用过高，开始时可能是按照开发1年计算的开发费用，到最后却变成了2年的开发周期。另外，差旅费用都是以项目所在国和我国国内行情为基础计算的，但是在某些特殊情况下，谈判或商务交流会可能会在第三国举行，这样就会增加项目开发支出。因此，需要准备适量的不确定费用。

在项目开发过程中，由于开发时间不确定、开发内容不确定，加之很多客观因素（如国际经济环境、当地政治环境）影响，导致在开发过程中遇到的不确定因素非常多，需要制订一个详细而准确的费用计划。同时，为了实现公司的规划化管理，也需要制订相关的开发预算计划。以投资额1亿美元的电力EPC融资项目为例，在国内开展预计办公费用需要20万元人民币；外部专家费用5万元人民币；国内外差旅费用按照5人总计100天计算，以国外出差任务为主，需要50万元人民币；项目文件和设备费用2万元人民币；项目开发过程中的业务招待和宣传费用8万元人民币；完成合同签署等费用3万元人民币；不确定费用5万元人民币。综上，总计费用为93万元人民币，因此需要做一年100万元人民币的预算。

项目前期开发预算编制完成后，还需要通过公司财务部门进行统一支付，因此在具体实施过程中对公司财务部门的要求如下：按照项目开发预算计划进行支付，对于时间节点要严格控制；每次赴国外执行开发任务后，都需要按照公司的财务报销制度要求提供相关的报销票据；对于某些不确定的费用，可以根据公司财务规定做出相应处理，而非绝对按照预算的计划报销或支取。由此可见，公司内部的财务部门是项目开发过程中尤其是项目费用计划实施中最重要的配合部门。在适当的条件下，项目开发部门可以与财务部门共同编制费用计划，然后按照公司流程获得相关部门的批准和认可。

五、项目开发风险管理

项目开发过程中最大的风险是开发时间不确定、成本很难得到有效控制、成功率比较低。根据风险类型，可以将项目开发风险分为宏观风险和项目风险。

（一）宏观风险

1) 政策风险。一般包括政治风险、经济风险和自然环境风险，具体内容如下：①政治风险。项目所在地的政策变化，项目所在地和我国之间的外交关系变化、政治关系和交流方式的变化。中国出口信用保险公司每年会定期颁布《国家风险分析报告》和其他专业资料，对于企业判定某些国家的政治风险有很大帮助。②经济风险。经贸合作政策的变化，如两国之间是否会有专门的项目合作资金或该资金是否会被取消、该资金对于哪些领域的项目稍有倾斜。③自然环境风险。主要包括当地气候对项目的影响、环境保护政策对项目的影响、环境评价政策的调整等。针对以上风险，主要的应对措施是尽量加快项目开发进度，促使项目早日生效，同时密切关注国家外交、商贸政策的动向，争取在尽量短的时间内做出判断，同时进行跟踪和实施。

2) 项目审批风险。是指该项目在两国政府和银行等各相关部门的审批中，由于各种原因导致审批不能通过或延迟通过，从而阻碍或延缓项目实施的风险。具体原因如下：项目本身不符合国家的宏观发展战略或贴合得不够紧密；项目的技术方案遭到业主否定，或因造价过高遭到业主否定，或因项目对当地环境影响过大而被业主否定。这种原因的风险等级是比较高的，一般的应对措施如下：①在前期确定被开发的具体项目时必须满足项目相关方的想法，包括国内的和国外的，同时充分考虑国家宏观发展计划的要求以及项目的技术可行性、造价可行性，最后确定项目内容；②在开发过程中需充分重视项目前期沟通的重要性，加快项目技术和商务的推进进度，加强与政府、相关机构的联系，确保项目开发过程中的优先性；③严格按照审批流程准备相关文件，并和相关部门加强沟通，把问题都解决在审批之前，以便顺利通过每一个环节的审批。

3）项目融资风险。我国工程企业境外项目所在地以第三世界国家和地区居多，大部分与我国的经贸往来紧密，经贸合作贷款框架下项目众多，如果该项目不能尽快获得政府审批，项目所需要的资金将有可能被其他待申请的项目占用，导致最终无法获得融资或投资。这种风险发生的等级是很高的，需要采取的应对措施如下：在项目前期，尽量与当地政府和我国政府、金融机构充分交流，对项目的开发时间、融资时间做出一定的判断和计划，并得到他们的支持；加快推进项目技术和商务工作，加强与中国出口信用保险公司等金融机构的沟通，使项目早日进入贷款框架并签署最终融资贷款协议。

（二）项目风险

项目自身的风险可以通过科学的管理手段规避。

1）技术风险。技术风险是指由于与项目有关的技术因素发生变化或采用新技术、新工艺而给工程项目带来的风险和损失。这种风险的等级比较弱，一般的应对措施是在前期技术考察期尽量把工作做实，减少不确定因素，同时每一阶段的技术方案都要经业主确认并形成阶段性文件成果，以备后续查阅。

2）商务风险。由于存在技术风险，就必然会有商务风险。商务风险是指由于商务条款的不严谨或在进行合同价款核算时漏项，导致在执行项目时增加成本的风险。这种风险的等级较高，因为在某些情况下或受公司管理架构的影响，会导致项目开发团队和执行团队成为两个平行的单位，失去绝对的管理权，而开发完成后会有人继续项目的执行工作。前期开发人员有时为了早日完成自身工作，会出现对商务合同条款管理不严格、对业主过分妥协等现象，埋下巨大隐患。一般的应对措施如下：在商务条款谈判阶段，通过法律、税务专家的协助尽量避免有争议条款的存在；在进行合同价款核算时，避免漏项；加强对当地工程承包环境、税法、财务等的研究；签订合同时，通过公司的法律部门评审，获取专家的反馈意见，以便进一步完善合同信息。

3）工期风险。在项目开发中，工期风险十分常见。如果不能按照项目开发计划严格控制各项开发工作如期完成，将对项目开发的效果造成极大的影响。这种风险的等级较高，可以采取的应对措施如下：制订严密、科学的项目开发计划，能够充分落地同时不过于乐观地估计实际情况；通过严格的工期进度管理，使项目每一部分的工作都能按时完成。

4）管理风险。最终的项目开发和执行工作都会由一个具体的团队实施完成，而团队的人员构成则直接反映了项目的管理能力。例如，开发人员能力欠缺，对项目把握不准，对项目未来发展不清晰，导致最后项目开发失败，同时耗费了大量的资源，包括人力、时间、金钱等。这种风险的等级为中级，可以采取的应对措施如下：建立合理的项目开发管理体系和科学的开发人员选拔体系；建立科学的项目组织架构，提高项目开发人员个人素质，包括业务能力和道德素质；加强团队建设，强化企业内部沟通与协调；充分了解开发任务的困难性和艰巨性，提高警惕，认真对待项目中的每一项工作。

六、项目开发的沟通计划

项目开发的沟通计划主要包括：定期团队沟通机制、专人沟通机制、定期反馈机制。

1）定期团队沟通机制。是指在项目开发阶段，团队人员为了达到必要的工作效果，设定好相关的内部和外部交流、汇报和联系的制度，具体包括内部邮件往来、电话往来、会议等。首先，要制定具体的沟通交流时间和基本的沟通模式，并在此基础上制订项目开发的沟通计划。一般的项目沟通计划主要包括沟通方式、沟通频率和沟通负责人。在具体操作过程中，一般会要求相关工作人员每日进行工作汇报或工作总结，交流项目开发过程中遇到的问题、最新的进展、后续的工作思路等，汇报或备案新收集的信息。其次，要明确负责具体汇报的人员。每周需要递交周工作总结和下周工作计划；每3个月或更长时间周期内，组织项目开发总结会，梳理近期工作的实际进展、遇到的困难、后续的开发思路，确定后续的工作方法，以得到国内外各个部门以及各个机构的支持。因此，定期的团队沟通机制是储备和交流项目开发信息、进展、各种技术资料的重要途径，应在项目前期制订开发计划时制定相应的沟通机制。

2）专人沟通机制。是指在沟通过程中，必须由专人或专门团队负责项目相关信息的递交、整理、分送、传播以及最终的执行。首先，设立信息录入人员，即在项目前期开发过程中由专人将收集的信息或资料等通过电子邮件或其他方式进行递交。关于递交的对象有专门规定，即在固定的周期内由专人负责采集信息并将信息传播给固定的人员。其次，由专人负责信息整理、分析、讨论和研究，并最终决定是否采纳。如果确定采纳这些信息，必须要有相应的渠道通过公司内部要求的方式进行内部备案。再次，需由专人负责分析和研究这些信息，并进行最终决策。例如，在开发过程中强调的是高效的决策机制，因此拿到一定的信息资料后必须在规定的时间内完成任务或达到预期效果。最后，需由专人负责信息落实，即在一定层面上做出判断并制订行动纲要后，还要有人负责跟踪工作及落实情况。这也是沟通的终极目标，因为每件事情都需要落实以及不断的反馈和调整。

3）定期反馈机制。是指在规定的周期内，无论事态的发展如何，都要有响应机制，有专人负责反馈此事。否则，在形成一定决议以后，如果无专人负责定期反馈和汇报结果，可能无法落实，最终的沟通结果也势必是失败的。因此，必须严格按照时间周期要求相应人员给出反馈。例如，对于一般性事务，必须在24小时内给出反馈，当然反馈的结果可能是积极的，也可能是消极的；对于周期性事务，必须在更短的时间内或在周期内给出反馈；对于需要群策群议或进行内部沟通的，要建立72小时响应机制，要求相应人员必须在这个时间期限内给出反馈。

对于项目开发过程中的一般性工作或日常业务沟通，主要交流方式有会议、书面报告、电子邮件、电话等。

1）项目开发计划中的里程碑工作及其他重大工作，需要召开相关的协调会、备案会等，主要内容是项目开发团队人员向参会人员汇报已经完成的工作业绩、未来的目标及后续工作内容，同时听取参会人员的意见，最终就后续工作达成一致结论。这种沟通的效果是最好的，因为各相关方可以在一起讨论相关的问题，解决方案可以在第一时间得到一致性认可，各个方面也可以同时开展工作，形成公司内和公司外、业务部门和职能部门、国内和国外3个有机体协同开展的局面，避免从上到下、从内到外低效率交流导致的资源浪费。

2) 书面报告也是一种重要的沟通方式，重大问题的决策和讨论是基于一定的现实基础的，因此重大问题的书面报告应该包括阐述问题的基础、现实情况、问题描述和解决方法或后续工作思路等。在无法当面沟通的情况下，书面报告是最主要也是比较权威的交流方式，因为既可以在项目开发前期作为项目基本数据的积累，也可以作为公司内部信息库的资料。

3) 电子邮件。这种方式的优点是简单易行，就重要问题或复杂问题可以较迅速地做出判断，内容可长可短。缺点是这难以达到讨论的效果，只能是从片面的信息设想全部问题，导致做出的结果可能会有失偏颇；由于这种方式的速度是最快的，易导致信息存在片面性和不连续性；有些国家或地区的基础设施比较差，电信服务能力不足，上网费用偏高。

4) 电话交流。这是最普遍的方式，主要用于汇报突发事件和日常工作，既可以直接拨打，也可以通过网络进行通话。这一方式的优点是效率高、速度快。缺点是不能达到群策群议的效果，一般都是单线联系，适用于向上级汇报或平级交流；在境外工作时，通话费用较高，电信网络建设较差；有时差，交流不便。

5) 其他网上交流工具。随着网络技术的发展，网上交流工具日益增多，大大提升了交流的速度和效率。某些软件还具有组织小型会议的功能，成本低、速度快，但是会受硬件条件影响。

总之，项目开发沟通机制需要将具体的事务规定到具体的个人，并要求在规定的时间内给出相应的反馈，这是保证沟通效果良好且畅通的基本原则。

第四节　项目开发的实施工作

项目开发的实施工作即落实开发计划，通过过程管控、风险处理等实现项目目标。

一、项目开发计划的实施管理

在项目开发过程中，开发周期不好把握，很多工作内容还会产生额外的费用。因此，相对于开发工作中的其他内容，进度管理的意义是最重要的。进度管理是指在完成进度计划制订工作以后实施项目的进度计划、控制工作范围和成本、保证质量，在规定的时间内完成项目。如果进度计划实施过程中有不确定因素，应及时予以调整。

在具体操作过程中，总部或上级主管部门应按照相应的计划适当调整资源配置，对开发工作予以支持；具体业务实施人员则应该按照计划规定的内容实施项目开发计划，尤其应注意控制关键节点和成本；其他外围部门或人员应各司其职，协助业务人员完成计划内的目标。

上级主管部门应按照时间节点的要求监督和检查开发工作的进度，对时间节点滞后、成本超支的工作内容进行具体分析和研究判断，之后进行方案调整；而对于个别工作内容设立不合理的子项，可以灵活调整；对于个别不能胜任岗位工作的人员，应根据需要予以调整。

对于一般性业务工作，上级管理人员可以按照公司的管理要求或业务流程进行工作分解和管理。对于具体工作细节，无需太过苛刻地控制；对于关键里程碑节点的工作内容，则必须严格把控。在项目开发过程中，范围管理和成本管理很难有具体的操作要求，容易导致管理要么过于宽泛，要么过于精细。

项目开发阶段相较项目执行阶段不确定因素较多，多受制于外部条件的成熟度。但"工期"的制定却有相似之处，可以将某次高访或两国下一个财政年度或当地政府大选之前作为"完工日期"，进而把项目工作加以分解，控制单位工作的里程碑节点、资源配置和时间进度，使单位工作能在单位"工期"内完成，从而使整个项目在"工期"内顺利完成。关键时间节点的选择见前面所述。

通常，项目开发计划会选择倒排工期的方式设立，这样也是为了方便管理。关键节点已经确定完成，但开发周期难以控制，如果倒排工期或开发时长会给开发团组内部施加一定的压力，每一项工作都得以紧凑和细密地安排，最终在时间节点内完成。

在具体管理过程中，应突出管理的内容。第一种情况：目前的实际操作时间和计划安排的时间有出入，不但可以提前完成工作任务，还可以将成本控制在理想范围之内，这是可以接受的，也是最佳效果，证明计划制订、计划实施和相关的管理工作都是非常正确的。第二种情况：在规定的时间内完成了相关的工作内容，但是成本超支了，这种情况基本上是可以接受的，因为制订计划的首要目的就是对时间进行管控，其次才是其他因素。成本超支之后，需要分析原因，争取在后期工作中避免类似的问题，同时提早完成开发计划。第三种情况：实际工作与项目开发计划比较已经滞后，这种情况下成本多是超支的。这时有两种选择：一是继续开发、继续投入；二是当机立断、停止开发，避免更大的资源浪费。对于继续开发的情况，需要具体问题具体分析。

项目开发进度滞后的原因分析如下：

1）对当地和项目的情况不了解，制订的开发计划在方向上有问题。获取项目信息后，大多数开发人员或团队都会采取一种积极的态度来考虑这个问题，因此可能没有充分鉴别项目信息是否健全、项目提供的信息渠道是否成熟、项目开发具备的基本条件是否已经具备等。同时，在大多数情况下，由于经营工作的压力或自身实力的限制，经常会发生在项目开发工作已经进行了一大半时才意识到有方向性的问题。

2）工作范围发生调整。由于各种主客观因素的影响，很难界定项目的工作范围，尤其是基础设施项目。在大多数第三世界国家，开发某个独立项目实际上是需要提供整个配套设施的。例如，开发某国的水电站项目，可能需要提供与项目相配套的道路和输变电线路，因此项目本身的工作范围很容易确定，但是由于增加了其他内容，导致项目工作内容发生了很大的变化，大幅度增加了工作量，项目前期的开发时间和成本也必然会上升。再则，项目业主、当地政府或当地国有公司对项目本身的开发和执行没有基本的概念，导致在开发过程中尤其是技术谈判过程中忽略了项目成本带来的影响，后期随意增加工作内容，也增加了我方开发项目的难度。

3）其他主客观因素的影响。例如，项目所在地政府更迭或政变、项目所在国经济政策发生大范围调整、项目开发团队的核心人员离职等因素都会导致项目开发周期变长、开发成本上升。

针对开发进度问题，需要制定相应的处理办法，具体如下：

1）如果遇到严重滞后或超支的情况，应重点分析计划制订过程中是否存在重大漏项，如果问题严重建议放弃该项目，避免造成更大的损失。

2）如果遇到有一定滞后的情况，可以考虑重新制订项目开发计划，充分分析目前遇到的问题和阻力，同时在时间管理上留出足够的工作时间和备用时间，并储备一定的费用，使新计划更具可操作性。

3）如果遇到时间延误的情况，可以考虑减少部分工作内容或缩小工作范围。因为缩小工作范围，有助于降低项目成本、缩短工作周期。最直接的办法是尽量保证里程碑关键节点的工作内容，酌情删减其他内容。

4）如果无法在单位时间内完成工作任务，可以考虑增加资源投入。例如，可以考虑在项目初期增加在前方或国外的人员投入，因为前期收集资料和相关数据的工作量很大，单凭一两名业务员很难完成。要想在短时间内取得工作突破，增加人员是一种最直接的方法；也可以增加资源投入，包括提供相配套的设施等。这些措施都可以促进企业在较短的时间内完成开发计划中的内容。

对于项目开发计划的实施管理，一般没有具体要求，主要是以项目开发计划为纲要文件，在实施过程中灵活掌握。对于风险较大或未来开发结果不明确的项目，建议直接放弃开发。

二、项目开发计划实施的质量管理

在项目开发工作中，质量管理要点如下：①确保项目开发实施与开发计划的一致性；②控制项目开发实施的正确性；③在项目开发实施过程中，及时反馈并修订项目开发计划；④在项目开发实施过程中，把控前期资料收集的质量、技术方案的质量、商务活动的质量等。

在项目开发实施中，重点控制的是项目开发技术和具体实施过程中的一致性，如果开发计划受到不可控因素或其他因素影响，会出现项目开发时间超前或滞后、成本减少或超支的情况。而质量管理的主要目的就是通过已有的项目开发计划与实际工作所产生的时间和成本进行对比，如果发生了滞后等情况，及时通过公司体系文件或配套的制度或其他技术手段，使偏离方向的工作内容重新回到正轨。

在项目开发时可能会遇到很多问题，主要如下：开发实施过程中遇到不可抗因素，导致开发进度滞后、成本超支，因此很可能存在实施的正确性问题，如人员素质和能力不高、项目开发过程中目标不明确、进度控制力有限等。同时，由于在工程实施过程中，客观情况是瞬息万变的，进度和成本在某个时间节点会有一定的差别，但是只要能保证结果的正确性和一致性，这些差别还是可以接受的。

在开发过程中，如果遇到实际工作情况与开发目标不一致的情况，需要做出相应的调整。一般会调整项目开发计划中目标类的内容，使目标和实际工作相匹配。如果发现实际工作需要的资源过多，也可以修改资源投入数量，增加人员、资金的投入力度，确保项目开发计划的顺利实施。

项目开发计划实施的最终目标是使得项目开发成功，因此过程管理需要以开发质量管理作为保证。在项目执行过程中，都会有对应的业主要求。在开发过程中，企业可以建立项目开发管理工作体系或简单的项目开发工作流程，保障项目开发计划实施顺利，使项目开发工作符合公司的管理体系要求。在开发过程中，企业也需要进行监督和控制管理，即企业需要建立自身的项目开发质量管理体系，为项目开发工作保驾护航。这种开发质量管理体系需要根据自身的实力和客观的目标要求来制定，要求每一个既定目标的工作除了在规定的时间和成本范围之内完成，还要达到预先设定的质量目标。但是在实际操作过程中，每个企业、每个项目的条件都不一样，需要具体问题具体分析。由于项目开发管理工作体系的设立需要投入一定的资金，所以企业在刚进入这个领域时需要慎重考虑此问题可能带来的影响。此外，企业项目开发质量管理体系的建立要以整个项目开发流程的管理体系为依托，同时需要专业人员熟练使用这个系统，如果相对应的人员达不到系统要求的水平，这套体系文件的推广显然会遇到阻力，其结果也必然是失败。

在实际工作中，开展所有工作的目标都是确保项目开发成功，相应的质量管理也是为了实现目标而执行的工作，因此在操作过程中是可以灵活调整的。其一是调整工作内容，以满足目标需要；其二是调整目标，因为过高或过低的目标对项目开发本身都是一种负面影响。

三、项目开发计划实施的风险管理

项目开发过程中往往会出现多种无法控制的因素，最终导致项目开发失败，因此需要进行风险管理，根据项目开发计划中的风险识别和风险应对措施进行风险预见、风险应对和风险补救。其中，主要的风险有政策风险、技术风险、商务风险、工期风险、管理风险、项目审批风险、项目融资风险等。

以上这些风险从本质上讲是无法完全避免的，但是可以尽量减少对项目开发工作的负面影响。一是制定风险规避政策，用技术手段处理风险；二是通过流程管理或流程体系文件处理风险。

在具体操作过程中，即项目开发流程中可能遇到的风险有制度不健全、权限配置不合理、决策程序不规范等，这些都可能导致项目决策失误，通常的解决措施有制定项目立项管理制度、规范项目立项的业务流程、明确部门和岗位的职责权限、确保立项与决策不相容的职务相互分离和制约等。

进行项目开发时，如果项目投资与国家产业政策及公司发展战略脱节，可能会出现盲目扩张、效益低下的现象；如果项目经理及项目开发人员的配备不合理，可能会导致项目开发目标难以实现。通常的解决措施如下：各业务部总经理在全面了解项目所处行业和地区相关政策的条件下，对业务员及驻外代表收集项目资料的真实性、完整性进行审核；项目管理部或其他职能部门对项目资料的真实性、完整性进行审核，如果资料收集不真实、不完整将不予以立项；各业务部总经理结合项目所在地的实际建设条件和经济环境变化趋势，确定投资意向。

如果编制的项目开发计划不合理，将导致项目开发工作不能顺利实施；如果投标方案编制不科学、不合理，将导致技术方案不可行、投标报价不合理。采取的常规控制措施如下：项目组根据业主发布的招标文件、年度资金预算及相关管理规定编制项目开发计划，由项目经理进行审核；各工程部总经理结合项目的复杂程度、开发项目的紧迫性及资金预算管理等相关规定进行审核和审批；主管经理对项目开发计划进行审批；重大项目中主管经理组织相关部门进行会议讨论。

在项目开发过程中，如果未能及时完成备案工作，就可能无法得到中国机电产品进出口商会和对外工程承包商会的支持。应对这类问题的主要措施如下：由主要部门牵头，成套工程部、工程管理部、技术支持部配合做好备案的相关工作，并对备案资料的真实性、完整性、准确性及与项目立项审批表的一致性进行审核；主管经理、公司总经理对项目立项进行审批（项目金额在一定金额内的项目由主管经理审批），更高级的项目由总经理办公会审议批准，达到营业收入30%的项目立项需经母公司总经理办公会审议批准。

如果项目经理及项目开发人员的配备不合理，也可能导致项目开发目标难以实现。应对这类问题的主要措施如下：业务部根据项目实际规模大小、项目的重要程度和风险程度，制订项目经理及项目开发人员配备计划，由业务部总经理审核；人力资源部根据以往的从业经历、绩效评价考核情况评价其是否具备胜任能力，并提出意见，由人事主管经理对项目经理的任命进行审批；由开发主管经理对项目开发计划进行审批。

如果投标方案的编制不科学、不合理，可能导致技术方案不可行、投标报价不合理。此类问题的解决措施如下：项目组根据业主招标文件、公司管理规定及项目实际需要，组织人员编制投标方案。技术方案由成套工程部、工程管理部、技术支持部按照部门职责，对设计深度、标准规范是否满足业主和招标书要求进行评审，并提出审核意见，必要时可聘请专业机构参与评审；报价方案由成套工程部、工程管理部、财务部、融资部按照部门职责对投标估算结果及相关费用的合理性和完整性进行审核，提出审核意见，并对商务条款是否合适、条件是否苛刻、编制内容是否存在偏差等进行审核。由项目人员对开发阶段的工作情况进行全面总结，编制开发项目总结报告，并由项目经理对工作总结的全面性、合理性、准确性进行审核。项目组充分研究投标人须知，深入分析招标文件，利用答疑和澄清的方式获取更多信息，最后准备和完善投标文件。如果项目开发阶段的工作总结不全面，可能会影响项目经验的积累。主要解决措施如下：项目开发人员对开发阶段的工作情况进行全面总结，编制开发项目总结报告，再由项目经理对工作总结的全面性、合理性、准确性进行审核。

四、项目开发沟通计划的实施管理

项目开发管理有两个支点:一个是制订的开发计划;另一个是项目开发团队。而在公司内部,确保项目开发成功的主要因素是内部人员积极地交流与沟通,而公司也可以通过沟通管理来提升管理效率和能力。项目沟通管理主要包括内部沟通管理和外部沟通管理。其中,内部沟通管理是指确保内部信息畅通,提高内部主动沟通能力,制定相关的规定和管理办法以后强化执行,同时在执行过程中定期检查相关沟通结果,主要包括沟通和结果的反馈。而定期检查通常包括各种正式、非正式的工作内容,时效性问题和落实结果,具体检查方式并不局限于上述几种,更多地需要通过沟通效果进行检查;在境外项目开发工作中也包括与外方单位、机构和组织的沟通,而对外沟通的主要形式可以分为正式沟通和非正式沟通。正式沟通除了包括各种公函文件、兴趣函、合作谅解备忘录、框架协议、合同内容等,还包括正式的商业拜访和商务会议等,一般会有正式的会议记录将沟通结果和与会双方的主要交谈内容存档记录。非正式沟通包括的内容较多,如商务宴请、私人沟通交流等,目的在于促进项目的开发过程管理,完成项目开发目标的基本设定要求。

在项目开发过程中,部分企业强调开发工作的实际结果,因此会更重视项目开发过程中的计划管理和风险管理,强调在前期过程中制订合理、有效的开发计划的必要性和合理性,以通过项目开发计划的目标实现来进行检查。而风险管理主要强调的是开发过程中的成本超支问题和时间延期问题,这一问题的关注度之所以较高主要是由于在项目开发过程中国内大多数承包商因为传统思维模式的限制所致,在开发过程中更强调结果的重要性,而不是过程的合理性和必要性。另外,工程企业之间存在很大程度的同质竞争,制定的项目开发目标和工作计划往往具有很高的相似度,工作方式和思路也基本一致。据此可知,决定项目开发成功的主要因素是开发计划的落实程度,进一步分析就是在计划落实过程中的沟通管理,大多数项目能否成功开发往往取决于沟通工作的开展程度。

在实际工作中,大多数企业走出国门之后,受传统思维的影响更加强调项目质量、进度和经济指标,而对于沟通管理存有一定的偏见,认为沟通只是简单地说话和办事，没有必要进行具体的管理和规划，对这项工作的重视程度不够，因此也影响了项目开发的效果。

由于中外文化、思维方式、教育体系有很大差别，多数国内企业在国外无论是进行项目开发工作还是项目执行工作，都会经历较大的文化冲突和震荡。再则，多数工程项目涉及的专业、领域和各种相关因素较复杂，在设计、供货、施工、监理、顾问咨询等各个层面都存在较多的沟通内容，因此也存在发生文化冲突和震荡的可能性，而在开发过程中众人思路不一致，往往是导致项目开发失败的一个主要原因。因此，良好的沟通管理也是开发工作中避免文化冲突的有效的"润滑剂"。在实际工作中，部分企业的项目开发没有取得成功，既有自身实力的因素，也有内部沟通不畅或混乱的因素，需要工作人员在实际操作中充分重视这项工作，并且以科学的方法配合实施。

内部沟通管理的目标主要包括以下 3 个方面：

1）强调项目开发计划实施的准确性和目标性。内部沟通管理的主要服务对象为项目的整体开发计划，所以内部沟通管理的目标一定要与整体开发计划相匹配，尤其要与关键里程碑目标相一致。在计划目标的设定过程中，要充分考虑公司自身的特点和能力以及具体项目开发过程中可能遇到的种种问题，使设定的内部沟通管理目标相对科学并贴近实际情况。

2）内部沟通管理的畅通性、准确性和及时性。在内部沟通过程中，大多数内部沟通管理遇到的主要困难是没有渠道、没有反馈、没有时间观念等，因此在具体实施过程中需要有专门的方式、方法或专有渠道，这是保证内部沟通管理的关键手段，也是目标之一。在信息传递过程中，可能会发生一定的偏差，因此需要设定信息沟通机制和手段，以确保沟通管理过程中的准确性。在沟通管理过程中，要有相对严谨的计划，并通过实施效果进行反馈，而关于接受时间和反馈都要有具体要求，以保证沟通过程的及时性。

3）内部沟通管理的科学性，以标准化管理为目标。沟通过程中的信息传递和处理都需要进行严格的分类和精细化操作，需要借鉴科学的方法及新技术手段等，而标准化管理是成功实施的必要手段。此外，内部沟通管理的反馈机制也十分重要。建议在项目开发过程中，对重要项目开发团组群进行置顶处理；建立24小时沟通机制，在群组建立初期明确每个人的工作内容和任务，要求收到文件后确认，并在2小时内给出解决方案或建议；在群组中设立专门的资料汇总人员或信息收集人员，将所有文件文档进行归纳整理并归档，以协助后续开发工作。

在项目开发过程中，如果已经建立了沟通机制和体系办法，接下来需要严格而准确地监测沟通制度运行的情况。一般的监控操作方式包括结果性监测和过程性监测。时间比较紧急、需要取得的资料比较多时，需要前方人员在规定的时间之内或管理范围之内重点监控主要内容，监督工作人员在一定时间内提供的信息数量和信息包括的基本点。沟通中的监控可以是过程监控，如要求市场开发人员必须按照公司统一模板每天进行资料递交，由专门人员负责审核和监督；项目开发结束后，由公司统一汇总，奖优惩劣；对过程中沟通的数量、质量等工作内容进行定量分析，并与团队或个人绩效挂钩。

在项目开发过程中，对内沟通的重要性毋庸置疑，但对外沟通也不容忽视，因为多数项目信息或参与开发的基础信息和可能影响是否参与这个项目未来走向的信息都是从国外获取的。对外沟通的主要内容如下：项目开发前期与项目有关的各种信息；项目开发中期业主方的各种变化和具体操作模式；项目开发后期业主方的最新情况。

第五节　项目开发的监控工作

项目开发工作在实施过程中，无论是进行前期的启动、策划或中期的具体实施工作，还是后期的总结工作，都需要进行过程监控。过程监控既可以确保已经制订好的计划按照预期目标逐步实施，同时也可以在计划目标落地的过程中，对发生的风险进行及时纠偏和处理，因此这是开发工作最核心的管理步骤之一。

项目开发管理的整体监控工作主要包括3个部分：一是目标管理；二是项目开发输出结果的监管处理；三是项目开发过程的监控管理。其中，目标管理主要是在项目实施过程中，如果目标受到外部、内部因素影响大，结果或当期目标很难落地，则需要在监控过程中发现具体细节问题，并尽快进行调整，确保最终目标落地。项目开发的结果会直接影响项目实施的起步水平，如果某个项目在前期开发阶段以较低的价格获取，则项目实施启动阶段的管理压力会比较大，因此需要在项目开发即将结束和项目开发成果落地之前，组织公司内部评审，确保项目各项指标符合公司要求。

一、项目开发技术监控

对于多数企业，项目开发过程中的监控往往都集中技术监控和商务监控，如项目的整体技术方案、报价方案或实施方案，项目的商务关系成熟度、未来在当地市场可能遇到的困难以及开发连续性等。

开发结果监控工作通常以所开发项目的各项参数指标进行最终考核，企业会组织项目技术层面评审、项目拟签订合同评审、项目整体造价评审和项目整体实施方案评审，并由公司组织各种类型的专家通过集中开会或头脑风暴的形式进行讨论和分析，确定最终的方案是否可以通过评审，从而完成对项目开发的监控管理工作。

项目技术层面的评审，一般是指在项目开发完成结束和将开发的整体方案递交给业主方之前，由公司内部的技术管理部或项目管理部负责对递交的整体技术方案进行评估，重点审核该技术方案的可行性、可操作性、实时性、新颖性、项目的客观条件以及上下游的接口问题，并讨论该方案的技术路线、核心工艺路线、主流设备或核心工艺设备、总体安排布置等。此外，还要考虑技术方案的可落地性，即可能产生的费用、需要的动力支持、水源的基本情况等，以及其他因为技术层面所引起的相关问题，并提供相应的解决方案和最终建议。

项目拟签订合同评审主要是对即将签署的合同模板内容进行讨论，通常包括项目合同选用的基本文本是否属于FIDIC系列、专用条款和通用条款的核心风险以及项目实施中可能发生的各类风险，并提出对应的处理手段；对合同所衍生的相关风险进行分析和评判，对在项目开发过程中可能遇到的各类法律风险进行汇总，并进行统一处理。

项目整体造价的评审过程主要分为3步：第一步，确定基础价格信息的获取渠道，是通过自身实力在当地获取，还是通过当地合作伙伴获取，以及这些基础价格信息是否经得起推敲，是否有供应商或厂家的直接报价；第二步，通过内部沟通、交流和分析，确定项目的整体造价，以及如何完成项目造价数据，是通过类比法、直接成本法还是定额法进行计算，具体获取的方法是如何完成的；第三步，是否需要考虑实施过程中在当地的汇率风险、汇兑风险、当地的税务风险等，以及公司整体风控管理水平、整体造价水平，最终确定公司的管理费用和利润取值，以及可以获得的项目最终报价，并通过公司的评审。

在项目开发结尾时，开展该项目的整体实施方案评审。因为在项目价格、时间或工作范围等已经明确的情况下，如何实施就成了项目是否具备开发潜力的核心判断因素。在评审过程中需要充分考虑设计、施工、采购、融资等各方面工作的有效结合，当地的水文、地质、气候等各方面因素的影响，实施项目时可能遇到各种风险，如工期延误、成本上升等。因此，必须充分考虑人员组织安排、劳动签证的具体问题以及实施过程中的具体风险和细节，才有可能通过评审，为项目资料递交奠定基础。

二、项目开发的商务监控

项目开发的商务监控包括过程监控和结果监控两方面。例如，如果公司在当地成功开发项目，开发之后是否需要在当地成立办事处或分/子公司、是否会长期在当地进行经营开发、目前开发的项目是否可以进行二次开发，以及是否可以进行整个产业链的整体开发；如果本项目开发失败，是否可以考虑转入其他行业或领域。

在实际操作过程中，还要考虑是否还有类似的过程监控。例如，在项目开发失败的情况下，是否在当地发现了良好的人脉资源或当地的代理人员、分包单位、供货商等，因为未来的项目开发所依靠的当地资源主要就是上述人员和单位，因此建立一个优秀的当地人脉网，也是监控的重要内容和目标。此外，在项目开发失败的情况下，或在没有找到合适的当地合作伙伴的情况下，已经积累的当地技术信息、商务信息、资源信息、地质水文等信息也是需要监控的，这也是项目开发商务监控的核心工作内容。

项目开发商务监控的核心内容见表5-11。

表 5-11 项目开发商务监控的核心内容

编号	科目	内容	文档材料、单据
1	项目立项	项目信息	项目相关信息登记表
		项目立项评审	项目立项评审报告
2	项目备案	备案	公司项目前期备案表
			（商会需要的表等）
			（根据项目类型所需要的各种表）
		提交资料	（发文或重要信函）
		反馈意见	（政府、商会和银行出函）
3	开发项目策划	组建项目部	（项目部的相关任命文件）
		编制项目开发计划	项目开发计划
			项目开发计划评审文件
4	合同评审	合作伙伴评审	合作意向书
			（相关评审文件）
		技术方案过程控制	技术方案过程控制表
		报价评审	报价评审表
		合同协议评审	对外合同
			（合同评审相关文件）
		方案、报价、合同变更评审	（相关变更申请）
			变更审批单
		合同协议备案	合同正本送财务部
			副本（电子版）、评审表交职能管理部
5	标书或方案递交	投标保函	保函开具申请单
		标书/方案的制作和递交	（确认的回函等）
		已收到中标通知	中标通知书
6	总结和归档	开发项目总结	开发项目总结报告
		开发项目资料归档清单	

第六节　项目开发的收尾工作

完成启动、计划、实施等工作过程组后，即进入项目开发的收尾阶段，主要是对上一年度或前一个阶段的项目开发工作进行总结，或对某个具体项目进行开发总结，或对项目前一阶段的工作内容进行总结、分析并布置后续阶段工作。

项目开发总结的主要工作如下：首先是对项目开发结果进行分析，对过程进行梳理，对开发过程中的核心内容进行萃取和总结，并开展详细分析和推广；其次是考虑整个开发团队的人员培养，分析是否为公司提供了合适的开发团队，是否打造了一个开发能力较强的工作团队，如果工作完成比较顺利，则需要在完成后对开发人员予以奖励；最后是在开发完成后对所获取的项目核心资料和技术、商务信息等进行汇总，交付给项目执行团队，在有条件的情况下参与项目实施的前期策划，以便完成项目的最终生效工作。

在项目开发收尾阶段，首先要对项目的前期开发工作进行总结，重点分析项目开发结果以及项目开发过程中的细节内容。项目开发结果一般分为两种情况：一是项目开发成功，见表5-12；二是项目开发失败，见表5-13。

表5-12　项目开发成功填写表

序号	资料名称	有无（√）	备注
任务导向型合作伙伴相关资料			
1	业主信息登记表	□□	
2	招标（询价）文件	□□	
3	报价书	□□	
4	合同文件	□□	
5	协议（承诺）类文件	□□	
6	来往文件信函（与业主、政府、金融机构）	□□	
7	保函	□□	
资源导向型合作伙伴相关资料			
1	询价书	□□	
2	合作伙伴报价书	□□	
3	协议	□□	
4	备忘录	□□	
5	项目方案资料	□□	
6	报价核算书	□□	

(续)

序号	资料名称	有无（√）	备注
资源导向型合作伙伴相关资料			
7	重要函件	□□	
公司内部相关文件资料			
1	签报	□□	
2	评审资料（立项、备案、技术、报价、合同的相关评审资料）	□□	
3	项目开发阶段工作总结表	□□	

表 5-13 项目开发失败填写表

序号	内容	具体情况	备注
1	项目信息收集情况	信息的完整程度、正确程度，收集项目信息过程中的经验、教训	
2	开发项目详细调查	详细调查资料的完整性、详细调查报告内容的合理性	
3	项目备案后是否取得国内支持		
4	投标方案制作（技术、报价、商务）		
5	项目标书制作情况是否符合业主要求		
6	开标结果		
7	评标结果		
8	经验与教训	投入资源、结束原因、取得成果、指导或借鉴意义	

在项目开发收尾阶段，需要召开项目总结会或收尾会，主要内容是对项目开发团队进行绩效管理、人员培养考核、团队建设管理。由于国际工程项目开发周期长、压力大，开发成功概率比较低，开发一个项目往往需要 3~5 年的时间，开发人员承受了很大的心理压力，同时也对项目开发成功以后的奖励机制充满了期望。因此，项目完成后需要对项目开发人员进行物质或精神奖励，包括在项目开发过程中各个主要节点的奖励落地。国

际业务开发工作需要的人员比较多，大多开展团队作战，因此需要考虑进行团队奖励，颁发团队开发奖或组织奖等；国际项目开发过程中，团队的稳定性是影响开发结果的一个重要因素，团队人员的稀缺性也是不容忽视的主要影响因素，因此需要由开发负责人培养出一个优秀的开发团队或一些比较突出的开发人员，这样才能为公司的长久发展及当地业务拓展奠定良好的基础。

项目开发成功后，项目即将生效，此时面临项目建设团队人员选择和项目前期策划。此时的工作重点内容主要如下：将项目开发过程中的前期资料，包括商务资料、技术资料、人脉资料等，详细地介绍给项目执行团队和项目经理；将前期开发过程中遇到的和预期出现的各种风险及相应的处理方案介绍给项目执行团队成员或项目经理；开发人员在当地的市场开发工作会考虑整体发展和属地化经营，考虑是否需要建立长远发展目标、是否需要在当地建立分/子公司或其他形式的机构、对于项目的开发是否需要建立长远机制、是否对项目进行深度开发，并进行项目上下游开发情况的分析等。

第七节　项目开发合作伙伴的选择与考评

完成项目开发工作的启动、计划、实施、监控等任务之后，需要重点考虑项目开发的工作质量，而工作质量往往取决于项目开发人员的团队组成、专业能力和配合程度。因此，无论是对于一个大项目的工作内容实施，还是对于一个大项目的市场开发，都需要一个完整的团队，并且这个团队要有明确的目标、卓越的能力以及坚持的付出。

目前，大多数境外开发项目以工程总承包、施工总承包和项目投资为主，但大多数参与开发的企业由于历史原因都是由施工企业、设计企业或贸易公司转型而成的，在项目开发过程中需要结合自身的情况补充力量。在项目开发的前期阶段，大多数以施工为主的总承包公司需要补充设计资源，主要目的是在项目开发过程中完成技术方案的制作和递交、通过评审并对核心工艺进行论证，同时对主要的工艺设备进行选型和讨论确定、研究价格等，而项目实施的方案管理工作则由公司的技术部门和造价部门配合完成；以设计为主的企业在境外拓展项目的过程中，尤其是在前期制订方案的过程中，一般需要补充施工资源，以完成前期的各项搜资工作、制订项目实施方案、确定项目的最终可操作价格等；由贸易公司转型而来的国际工程公司或业务公司，也需要补充设计资源，以完成项目的前期技术方案，并通过与施工单位的配合完成项目的前期施工方案和报价等。通过以上分析可知，不同的国际项目，拥有不同业务模式和实力的公司将会选择不同的资源配合，通常包括设计资源、施工资源、制造商资源以及法律、税务、财务等资源。

在大多数国际工程项目开发过程中，设计资源的选择尤为重要，通过设计资源的专业实力，奠定项目开发的技术方案基础；选择合适的工艺路线，进而确定项目的基本工作范围，判断项目需要采购的核心设备；设计人员陪同项目开发团队赴项目现场进行技术考察和交流，了解当地基本的工艺水平、建设情况以及可能采纳的标准，同时与项目的业主方技术团队进行交流，以确定对方的技术偏好性，可能在当地就要完成技术方案的初步确定和谈判交流，并指导项目施工团队完成项目的实施组织策划，确定最基本的价格水平；完成方案制作、技术谈判和交流之后，由于多数项目技术的复杂程度高，需要对基本技术方案进行公司内部审批及基本的公司内部技术方案评审，也需要介绍项目开发团队中的设计资源并分析利弊；在向业主方递交方案的过程中可能会穿插多次沟通谈判和交流，相关的细节由设计人员进行解答和处理，由开发团队负责人配合。

在搭建项目开发团队的过程中，选择设计资源一般可以从以下3个方面考虑：

1）国内设计资源。一般为国内的各大设计院，具有丰富的设计经验、项目管理能力、顾问咨询能力等，但在对国内设计院进行选择的过程中需要考虑该设计院目前的工作任务是否已经饱和、是否存在于垄断的集团之内，因为很多情况下需要优先满足集团的投标或市场开发配合任务。

2）世界知名设计团队或顾问咨询团队。对于多数当地重点项目或政府认定的政治项目，很多前期设计工作或顾问咨询工作需要由世界知名的设计资源进行配合或进行项目的前期开发工作。选择这些设计团队或顾问咨询团队需要考虑前期可能需要支付高昂的合作咨询费用，才能让他们配合项目的后续开发，但也存在这些世界知名设计团队或顾问咨询团队在我方进行项目开发之前已经被业主指定的情况。

3）当地设计资源的选择。由于我国的基础设施建设能力较强，培养出了一大批优秀的设计院，但这些设计院往往只了解国内标准和规范，而涉外业务较少，导致项目属地化设计能力发展不足。基于这种情况，对于中小型项目，可以考虑选择当地设计院完成项目的技术方案；对于大型项目，可以由国内设计院完成基本的技术方案和路线后，由当地的设计院资源进行审核和分析，结合当地实际判断基本特点。

在项目前期开发过程中，对于很多设计院或贸易转型的单位可以考虑选择施工单位作为施工工作的配合单位。因为在一般的工程项目管理工作中，尤其是在项目建设阶段，具体施工工作所占的比重相对较高，需要重点选择合适的施工资源进入项目开发的前期团队。而我国是世界知名的建设强国，专业的施工配合单位较好寻找，配合参与项目开发的意愿也比较强，选择范围相对比较宽松。其主要作用如下：首先，负责项目技术方案落地的可行性分析，讨论在实施过程中的各种风险以及规避手段；其次，可以通过已经确定的工作范围和图样等技术资料，计算出较为合理的施工价格，选择合适的施工方式；再次，可以到当地建筑市场进行充分调研，选择合适的供货商和分包单位等，也可以赴项目计划用地进行实地踏勘，调研当地的地质、水文和气候等情况，为项目实施方案的制订奠定科学合理的基础；最后，可以在项目现场或周边进行充分调研，选择合适的施工方案和细节等。

选择施工单位时需要考虑以下4点：

1）该施工单位是否参建过或正在参建国外项目，即国外项目的建设经验是否丰富、是否参与过当地项目建设。如果有，则当地施工经验较为丰富，应该可以递交一份较合理的低价。

2）该施工单位是否属于综合型企业。多数综合型企业可以参与大多数工程项目建设，但是在实际操作过程中往往又将业务分包出去，导致建设效果较差。也有部分企业在某些专业领域的施工能力突出，如房建、桥梁、电站、铁路等，但这些领域之外的施工能力较弱。因此，需要结合项目的基本特点、整体目标、估算价格等选择合适的施工单位配合前期工作。

3）施工单位一般分为央企、地方国企和民营企业。相对来说，央企的实力和管理能力最强，但价格也会相对较高；地方国企、民营企业的实力相对较弱，但价格可能会有一定的优势。

4）选择施工单位时还需要对比欧美国家的施工企业，多数情况下大型的、复杂的基础设施项目可能需要欧美的施工企业进行项目管理；对于施工工艺简单、技术要求较低的中小型项目，可选择当地的施工单位参与，进行项目的施工属地化管理，因为他们可能对当地的标准、规范、工艺等更了解，成本上也有一定的优势。

除了上述4点，还需要考虑项目在开发过程中的竞争压力是否较大、核心竞争力是否为价格优势等。如果仅仅是价格优势，选择施工单位时可以要求对方明确可以提供的最低报价、在哪里最低、为什么最低以及如何有效控制方案中的施工成本。此外，选择合适的人员也尤为重要，一般在开发阶段选择好合适的施工单位之后，施工单位会将项目分解交由分/子公司或国际公司，由海外事业部后续配合开发工作。但在具体开发过程中，负责管理、方案递交、价格磋商的往往都是不同部门的人员，导致最后递交的施工分包价格并不明确。因此，若条件允许，应选择优秀的团队进行配合，这个团队包括施工技术负责人员和造价人员；如果施工工艺较简单，只需选择一名造价人员配合。

由于境外业务或项目所在地的基础工业体系不健全，需要的大型、特大型工业设备往往需要从其他国家进口，并且在大多数国际项目中设备、材料等所占比重较大，因此企业在进行项目前期开发的过程中应重视项目的供应商选择和团队建设。设备或材料供应商在项目开发初期往往可以配合设计团队进行项目方案优化、技术路线选择，同时可以参与标准的选择与谈判，通过内部商议后选择合适的技术方案和工艺路线，这样既能有效控制成本，又能减少后期风险。在选择的设备或材料品牌影响力较大的情况下，可以加速项目的整体开发进度，需要尽快完成项目设备材料供应商的选择。

选择设备或材料供应商主要有以下4个主要渠道：

1）从国外厂家直接选购，特点是价格将对较高、没有出口退税、谈判成本较大、生产周期较长，但项目业主方一般会首选此类厂家，而且很多厂家在供货阶段或前期报价开发阶段需要备案，即备案后才能参与项目开发。

2）从国内一线厂家或国外品牌在国内的生产厂家中选择设备和材料，质量较好，但价格较高。

3）从国内厂家中选择合适的供应商，流程相对简单，沟通效率较高，能够办理出口贸易和退税的相关手续。

4）在项目所在地选择供应商或代理商，可能是当地生产，也可能是从第三国进口。在某些项目中，由于属地化经营的需求，这也是控制项目财务成本的一种手段。

在开发过程中，多数企业都是在公司的供应商名单中选择，除此之外还可通过网络信息公开寻找或由其他合作单位介绍。无论选择何种方式，都需要充分考虑项目开发过程时间紧迫性和成本控制性因素。在开发过程中，尤其需要重点考虑项目可能使用的核心设备或材料的供应商，因为有可能已经由项目业主方确定了品牌，实际上已确定了参与项目总体实施单位的资格。

多数境外项目在实施过程中都会遇到设备和物资的运输风险，因为多数设备和物资的到场时间都会存在不同程度的延误，因此开发过程中需要重点考虑这项风险。在项目开发前期，选择合适的物流伙伴需要考虑以下3点：

1）所选择的物流公司是提供门对门服务还是海运服务、是否包括当地清关服务，以及可以选择的物流公司有哪些、海运公司的价格有多大差异。这些内容比较相似，相对较容易确定。

2）在海运过程中，一般需要购买保险，大多数保险公司均可承保，价格相对透明，服务内容也较明确。

3）在项目实施过程中，当地的物流清关工作以及项目物资材料内陆运输工作都存在各种风险，当地的货代、清关公司或内陆运输公司的选择也是项目开发前期的重要组成部分。因此，需要在确定开发团队成员时配备若干名合适的运输物流专家。

在项目开发过程中，技术资源及合作单位是项目开发成功的基础条件，而商务资源则是项目开发成功的盈利条件，其中重点包括法律、财务和税务等合作伙伴的选择。

1）法律合作伙伴。主要考虑项目所在地的法律体系特点、项目自身的法律体系情况、可能产生的法律风险问题、项目开发阶段公司的法律地位、是否需要在当地建立专业公司和分/子公司等。法律合作伙伴的选择渠道一般有：在国内与长期合作的法律顾问团队进行交流，确定境外项目的法律合作伙伴；知名度较高的国际律师事务所；项目所在地的法律事务所，他们虽然可能不太了解我国公司的特点，但十分熟悉当地法律体系。在很多情况下，即便选择国际律师事务所也经常需要与当地的律师事务所合作。不同等级的律师事务所收费是有区别的，因此选择合作伙伴需要根据项目特点和自身实力做出判断。

2）财务和税务合作伙伴。主要是解决项目在实际操作过中可能产生的财务问题、税务管理问题等。对于大多数国家而言，财务管理人员和税务管理人员是有区别的，即负责财务的人员可能不了解税务问题，同样税务人员对财务问题也不擅长，因此选择不同的合作伙伴作用和意义是不一样的。一般要求是在项目所在地选择一家公司作为主要的财务、税务工作负责单位，由其牵头负责解决公司在当地的财务、税务问题。主要类型有国内的四大会计师事务所和其他世界知名的会计师事务所，其主要特点是在全球几乎所有的国家和地区都有合作单位或加盟单位，可以在较短的时间内提供一份能够指导决策的财务和税务评价，可以通过国内的分支机构直接联系当地主管人员，但沟通周期较长、成本较高。另外，也可以通过在国内长期合作的事务所选择当地的合作伙伴，由其介绍联系、指导并协调完成前期开发工作中的财税相关内容。如果项目较小或工艺较简单，可以在当地直接选择事务所，相对成本较低、沟通跨度小、距离短、相对效率高。

部分项目在前期开发阶段就已经确定了开发模式，其中很大一部分属于投资类项目，因此在项目开发的前期阶段需要邀请融资方加入开发团队或项目团队。参与项目融资的一般有银行、投资人或其他私商等，其主要作用是在项目前期提供项目支持函、项目兴趣函，签署保密协议；在融资过程中与业主方进行沟通谈判，以确定基本的融资方案；解决项目的信用担保问题，或对项目融资过程中可能产生的融资风险进行处理。一般的融资机构主要包括以下3类：

1）世界银行、区域银行、地方发展银行、经济发展银行等，主要特点是通过基本的项目信息或可行性研究报告向借款银行申请贷款，贷款银行会根据国家经济的整体情况、项目的具体情况对项目进行评估，最终确定放贷与否。

2）国内银行，一般以进出口银行、国家发展银行和四大商业银行为主，主要是为支持我国企业"走出去"而提供的贷款形式，包括优惠贷款、出口信贷、进口信贷等多种方式，会根据项目的具体形式确定融资条件和操作细节。

3）国内外一般商业银行、投资类银行等，主要是通过当地政府的支持力度、担保力度、付费情况或项目本身的收入投资情况、未来投资回报率，以及项目消费者的付款能力、付款担保等确定项目的融资模式、利率、周期和担保等具体问题。由此可以看出，对于需要融资的项目，需要在项目开发前期阶段，确保在开发团队中有足够的投融资专业人员。

上述合作伙伴是在项目前期开发过程中尤为重要的资源提供者、信息分析者、操作与管理的配合者，有力的合作伙伴往往可以在项目开发前期协助公司与项目业主方达成共识，但是实力较弱的配合单位不仅不能协助完成任务，后期还可能导致出现各种风险或损失。

挑选合作伙伴时应重视以下4点：

1）是否是公司长期的战略合作伙伴或在公司的合作供应商名录中。

2）选择的合作伙伴是否具有垄断性。因为技术、资源或某些方面具有垄断优势的企业，很容易在合作过程中终止原有的合作关系，而直接和业主方进行业务交流。

3）考察合作伙伴是否在当地有项目在建设或运营或参与或管理，以确定合作伙伴对当地的基本情况是否了解，是否可以实现完全属地化经营操作，尤其是在当地已经经营多年的公司可能已经积累了非常明显的经验和资源优势。

4）充分考虑合作伙伴合作的动机或原动力，否则在项目操作过程中，合作单位可能会直接绕过项目早期的开发公司进行项目操作，进而终止与原公司之间的合作。

在合作初期，对于项目开发工作压力比较大、涉及的资源比较多、对合作伙伴要求比较高的项目，需要在前期准备足够的开发费用或项目合作协议书等确定合作关系，而对于之前没有合作经历的单位同样也需要提供这些内容；对于合作时间比较久、彼此较信任的单位，相对处理手段则较简单。

与合作伙伴的配合管理流程如下：

1）从公司的合作伙伴清单或其他人介绍的合作伙伴中通过上述方法进行挑选和判断，以确定合作单位。

2）确定基本的合作模式，主要有两种：第一种是前期没有任何费用或只需要很少的费用，双方共同努力，项目开发成功后再按照双方之前的协议进行谈判并分配工作；第二种是前期支付一定数量的开发费用，保持到项目开发成功之前，项目开发成功后需要重新梳理双方的合作关系，与表现良好的合作单位继续合作，对表现不合格的单位予以放弃，重新选择新的合作伙伴。

3）需要与合作单位确定合作关系，一般包括双方达成口头合作协议，配合单位派出部分人员、资源等力量，双方达成战略合作伙伴关系，支付一定量的费用，包括在项目开发阶段的大部分成本费用、人员费用等，一般不包括合作单位的利润。或者制定标准的商务合同，即在项目开发阶段确定双方的合作关系为纯商业关系，由合作单位提供正常报价，双方签署合同，按照合同约定支付相关费用，直至合作协议到期。

4）双方评审协议、签字盖章、支付费用，同时开展合作关系，共同进行项目的开发工作。

第六章　境外办事处的建立与管理

国际工程企业境外业务拓展战略的推行需要遵照切实可行的操作管理制度，而操作管理制度的落地和执行需要企业落实每一步工作。目前，我国对外工程承包企业的基本发展战略和方向大体一致：起步阶段，完成以现汇结算为基础的工程总承包或施工、设备供货以及设计分包项目；随着企业的技术实力、管理水平和资源整合能力的逐步提升，以及大力参与双边政府框架内项目，如"两优"项目、"一揽子"项目等；当企业进一步发展壮大，资金比较充裕、现金流良好、管理和协调能力非常突出时，逐步参与需要投资介入的 BOT 或 PPP 项目的竞争（这类项目主要集中在水电、房建和交通领域，目前有一些起步较早的企业已在这类项目中受益）。

为了进一步提高企业在当地的项目开发程度和属地化经营水平，通常会采用境外办事处的形式进行操作和实施。基于此，本章从建立境外办事处的必要性和目的、境外办事处的设置标准与组织架构、建立流程与管理操作细节 3 个方面探讨境外办事处的建立与管理。

第一节　建立境外办事处的必要性和目的

境外项目战略规划的落地、国际市场实务工作的开展都需要通过具体的人员来完成，因此企业需要建立境外办事处。下面重点介绍境外办事处的组织架构特点与选择。

一、境外办事处的作用

境外办事处是落实企业国际工程市场开发宏观战略的基础，承担了企业境外项目发展建立、梳理和实现目标的任务，也是各项制度、规划等具体落地的载体，更是企业形象、社会影响力的代表。

境外办事处能为项目开发工作提供直接的、有力的支持，原因有二：

1）各个境外办事处的建立，不仅有助于企业实地了解项目所在地的经济、政治、历史和文化等宏观环境，同时有利于企业浸入式地研习当地的基础设施发展规划、经济发展规划、能源发展规划、工程承包环境、财政政策、税收政策、金融政策等，对于市场的发展和项目开发大有裨益。同时，在项目的微观层面，企业通过在当地的境外办事处可以充分了解当地的人力、材料、机械设备的即时价格行情，便利地搜集到工程地质环境、气象资料、水文资料、劳动保护政策、运输和清关政策等各类具有时效性的资料和信息。总之，关于项目所在地工程承包的各种宏观、微观资料和信息，企业都可以通过设立在当地的境外办事处了解和落实。

2）公司的企业发展规划或境外市场发展纲要，可以通过境外办事处的构建得到最直接的体现。例如，某公司目前正在大力发展境外投资业务或项目融资业务，而每一个境外办事处都是公司业务方针最直接的贯彻者。每个境外办事处都会充分考虑公司战略发展的优先性，首先筛选掉一批规模小、盈利少、不符合公司发展战略的投标类或政府融资类项目，将有限的优势资源投入符合公司战略目标、有投融资需求的项目和相关的业务中去。如果某公司在某个发展规划阶段的发展重点从原来的能源领域逐步扩展到交通领域，其境外办事处的工作重心也将随之发生转移，这也是公司战略在境外落地的途径之一。另外，企业的每一个项目，无论是处于开发阶段还是执行阶段，都需要境外办事处在进程中展现企业文化和树立企业形象。境外办事处就是企业软实力的活名片，也是企业在当地长远和可持续性发展的奠基石，当地政府和人民只有通过观察每一个具体项目的开发和执行，才能深刻地了解进而认可企业的实力、文化以及企业形象。

二、企业建立境外办事处的必要性

企业是否需要建立境外办事处，需要考虑以下内容：

1）公司的境外体系已经基本建立，公司的境外业务已经发展多年且有一定的境外销售业绩，同时有大客户增长的需求，或目标客户要求直接进行业务往来，并且公司已经有足够的境外一线销售人员，而国内总部也已经拥有了二线配合人员，形成了国外获取信息、国内积极配合的工作模式，如此就可以考虑在当地建立长期办事处的方案。

2）有明确的境外发展战略和业务操作模式。公司在发展过程中不断调整战略目标，要求境外业务是公司整体发展不可或缺的部分，而且公司内部已经达成一致意见，建立公司的境外办事处。

3）受项目所在地规划或其他外部环境的影响。例如，当地政府积极地推荐介当地的"五年规划""十年规划"，筹划为当地的基础设施发展提供大量资金，或在当地发现多种矿藏或大量石油等；或受国内宏观政策影响，两国外交关系不断好转，需要在当地建立公司的境外办事处。

4）定位是在该国进行深入发展。在部分项目开发过程中，业务人员需要频繁地和业主沟通，可能会让业务拓展模式从原来的总承包调整成投标运营，这就需要业务人员在当地扎根，进行长期的业务处理，因此需要建立境外办事处。

除了从公司战略角度考虑建立境外办事处的必要性，也需要从公司运营维护的角度进行分析，包括：

1）办事处的人员管理问题。由于公司之前的业务是以境外销售或与其他企业合作为主，则工作人员适合在国外短期出差并进行业务拓展，但建立办事处以后对人员的要求是需要在当地市场扎根发展，进行深入的市场开拓工作，对人员的管理要求是不同的，那么就要考虑公司是否有相关人员的储备。

2）办事处的基本成本问题。在国际业务拓展过程中，境外营销人员的基本开发成本远高于国内开发成本，但建立境外办事处之后，无论当地是否有人员常驻，基本的费用也是偏高的。

三、企业建立境外办事处的主要目的

1）对公司境外战略的贯彻和反馈。公司在明确对境外战略进行深度开发的同时，也需要以各个境外办事处作为基本载体。在这种情况下，境外办事处需要与公司总部进行充分沟通交流，明确境外办事处的战略目标和指标要求，在每年的工作过程中坚持不懈地贯彻公司的战略使命，有效地完成公司下达的各项指标，具体包括新签合同额、收汇额和项目利润率等，同时需要完成公司的人力资源管理目标，完成现有人员培养和人才梯

队建设。而各个境外办事处也是公司业务的第一线和获取各种资料与信息的触角，在贯彻实施公司战略目标的同时要努力了解当地市场，对工程承包市场环境、当地发展趋势、整体发展环境等进行分析，获取这些信息后向公司总部进行反馈，反过来作用于公司的战略制定和目标调整，为公司未来发展转型奠定基础。

2）市场开发的先行者。首先，在建立境外办事处的条件下都会有目标客户或目标项目，因此建立境外办事处之后需要对之前已经开发的具体项目进行深化处理、与客户沟通交流，确定正在跟踪的项目可以早日签约并推进工作；其次，由于已经分摊了市场开发的大部分费用，只开发一个项目或传统领域的项目显然有些欠妥，在这种情况下可以考虑是否有上下游的项目可以同时开发或进行阶梯形开发；最后，某些境外办事处所在国如果经济发展良好、政治较稳定，可以考虑在当地开展公司战略转型的试点区域，如公司从原来的房建领域转化成市政领域承包商，公司从原来的总承包模式转换成投资商模式。这些具体的转化目标都可以通过当地的境外办事处实践，通过开发不同行业、不同承包模式的项目实施。

3）项目实施的配合者。由于公司要在当地进行属地化项目开发，可能会有正在开发的项目落地，因此办事处的角色就从市场开发角色向项目执行角色转化。其主要工作任务包括：①由于项目所需要的材料、物资、设备、工具等大部分是从国内进口，而海关总部、物流公司总部、清关公司总部等一般都在项目所在国首都，因此需要境外办事处进行基本的进口、清关、运输物流等工作，主要负责配合公司的项目采购工作实施落地。部分物资材料可能在当地采购，而首都往往是这些物资材料的集散地，因此需要由办事处代为采购。②由于项目业主总部或顾问咨询团队的办公室大多数情况下都在项目所在国首都办公，因此在项目实施过程中会有大量的与业主、顾问咨询单位、付款单位之间的沟通交流、磋商、谈判等，而由项目部派人参加显然不具备条件，而此时办事处就可以充分发挥作用。③在项目实施过程中，既可能存在中方员工签证的问题，也可能存在工程机械维修售后服务甚至在首都购买一些医用器材和药品的情况，以及其他项目在实施过程中的需求，这些都可以通过办事处配合协调解决。

4）周边发展的推进者。由于公司在某国设立了境外办事处，可能存在以下可能：①当地经济发展延缓或政治不稳定，而周边国家经济情况较好；②周边国家与办事处所在国家文化、宗教、语言、习惯、民俗民风等极为相同，可能双方人员往来密切，在这种情况下，在该国开发项目的同时也可以对周边国家进行开发和推进；③从办事处赴周边邻国的成本比国内赴邻国的成本低很多，从经济成本分析非常适合办事处所在国赴邻国进行项目开发等工作。

5）商务活动的举办者。由于公司在当地建立了办事处，可以深入进行市场开发活动。如果所在国会经常举办相关的商务活动、各种会展、各种相关外事活动等，此时的办事处就成了接待服务中心，会接触到来自周边各国的参会人员，这也是进行市场深度开发的一种手段。企业的境外办事处往往肩负着当地对外宣传沟通交流、文化传播、政府机关接待的各项任务。再则，由于公司多属于集团公司，需要定期宣贯集团公司的各种战略目标，同时需要定期检查办事处、项目管理的各项工作，所以会经常接待来自国内公司的各级领导和兄弟企业代表，此时的办事处则要担负起商务接待中心的主要职责。

第二节 境外办事处的设置标准与组织架构

一、境外办事处的设置标准

开展境外开发和执行工作，最简单、有效的方法就是设立境外办事处，但问题也随之出现了：每个办事处都独立运行，对应的成本会比较高。尤其是对于那些刚开始投身境外事业的企业而言，如果某个国家市场没有在手的项目，而先行设立办事处，对于未来开发会有一定的不确定性和风险性，办事处设立的成本有可能是沉没成本或较高昂的机会成本。同时，如果境外办事处过多，也会分散管理者的精力和企业的资源，增加管理成本。每一个国家都具有特有的环境条件，工程承包的环境也千差万别，总部的职能部门也要对不同国家的境外办事处投入相当的精力。如果企业本身尚未具备一定规模，又未建立起一整套的操作流程体系，整体管理压力就会成几何级数地放大，因此选择一种适合本企业发展阶段和特点的境外办事处设置模式就显得尤其重要。

境外办事处的设置标准取决于企业的实力和发展规划。第一种情况，如果是特大型的或发展前景较明朗的企业，需要设立境外市场二级管理制度，并配备二级管理机构，设置专业的区域市场管理部门，如南亚市场分公司、东非市场分公司、西非市场分公司等。在具体的管理层面，设置市场代表处，如埃塞俄比亚代表处、肯尼亚代表处等，各国代表处是最基础的境外管理机构，所在国的每项具体工作一般都由代表处完成。这样做的目的是加强级别管理职能，逐步释放上级管理权限，激发基层单位工作活力，同时释放公司总部的部分管理压力。但这种管理架构必须以强有力的配套制度和流程操作体系为支撑，而不是凭借具体的某个经理或总裁执行管理职能。第二种情况，如果是刚开始开展境外业务，或市场较集中、人员较少、管理压力较小的企业，可以直接设立驻外办事处，由公司总部进行统一管理。这种设置模式简单，易于开展业务，同时便于公司把控基层管理，能快速形成一个或几个支柱市场。但问题是如果市场竞争激烈，受距离和时差的影响，总部的判断和决策传达会花费较长时间，准确性也会产生一定的偏差。因而，在实际工作中，企业需要根据其自身实力和发展规划对境外办事处的设置方式做出具体的判断。

按不同维度，境外办事处的设置标准有3种划分方式：

1）按照专业划分。例如，对于某些大型央企和地方企业，由于其成立时间久、发展历史长、综合实力强，到现阶段已基本完成专业板块划分，如市政工程板块、交通工程板块、能源板块、农业板块、建材板块等，可以依照总部业务板块进行划分，即通过专业划分进行境外项目的开发和执行。这种方式最大的优势是可以把握好专业技术条件和商务条件，无论是项目前期的开发还是后期的执行都有较明显的专业优势；不足之处在于对市场纵深度的把握不够，毕竟每进入一个市场都需要投入较多的精力和资金，如果在该市场中有本部门不擅长专业和领域的项目，则可能出现境外办事处对此类项目后续开发投入的精力受限或缺乏兴趣的问题。

2）根据承包业务模式划分。这种模式也局限于达到一定规模的企业，可以划分为基础承包业务部门、EPC总承包业务部门、BOT业务部门、

PPP业务部门等,如果有可能还可以继续细分设立BOT矿产资源部门、BOT轨道交通部门等。因为在国际工程承包项目的发展进程中,已经慢慢从原来的设计-建造转化为设计-采购-施工总承包模式;随着工程承包市场竞争日趋激烈,更升级成项目融资模式,常见的有建造-移交、建造-运营-移交模式。因此,境外办事处的设置也应该顺应这种趋势,按照承包业务模式进行划分。这种方式最大的优点是可以集中企业全链条的资源进行市场开发和执行,如EPC总承包业务部门可能包括技术设计组、采购运输组和施工执行组,其中每个部门都相当于可以独当一面的分/子公司,公司对外的竞争实力大大增强;不足之处也非常明显,由于很可能每个部门都没有自己独特的专业技术优势,在某些情况下会造成资源配置的浪费,甚至形成内部协调成本和不良竞争的风险。例如,可能传统的设计-建造承包部门中有农业小组,但建造-运营-交付承包部门中也可能存在类似的农业小组。同样的情况,极有可能在某个具体的国别市场中,既有传统承包部门的同事,也有PPP承包部门的同事。这对于整个公司而言是资源的浪费,而对于不同部门同质化的业务交叠部分,要么需要公司进行统筹协调增加成本,要么在公司内部形成不良竞争。

3)按照地理位置或具体国家划分。如果同一区域内各个国家办事处较多,则可以设立二级管理机构,即区域办事处或分/子公司等,如非洲南部办事处、非洲北部办事处、南美洲办事处等,各国别办事处由当地区域办事处直接负责管理和协调。这种方式最大的优点是入门门槛比较低,无论是哪种类型的工程承包企业都可以执行,操作难度低;不足是落后于国际工程发展的大趋势,内部资源没有得到高效、合理的分配,类似传统的"大锅饭"体制,因此增长潜力有限。

二、境外营销团队二级体系的建立

企业组织架构一般分为项目执行团队和开发团队。当然,企业也可以按照矩阵功能划分,但如果能充分意识到经营工作的重要性和紧迫性,就有必要建立独立的营销体系。这种体系最大的作用是将公司最优质的资源加以整合,同时对各个国别市场或专业领域市场进行深度开发,力求将公司的能效发挥到最大。

如果设立两级境外营销体系，从发展阶段看有两层形式：第一层是建立境外办事处或分/子公司自身营销体系的形式，具体的组织架构的建立同上述内容是一致的，如果境外办事处或分/子公司的项目足够多或工作内容足够丰富，可以在内部按照承包模式、领域等进行进一步划分。当前，我国大部分"走出去"的企业仅仅是建立了境外办事处，其职能仍停留在接受总部统一指挥、办事处具体执行的层面上，在此情况下办事处建立二级结构的可能性微乎其微。第二层是建立办事处直接完成工作的形式，由境外办事处或分/子公司直接负责市场的营销和生产工作。一般境外办事处的架构或职能主要分为两个业务单元和一个行政单元，其中一个业务单元主要负责市场工作、营销、新项目开发、客户关系维护、商务沟通或谈判、与业主协调等工作内容，另一个业务单元则负责执行过程中项目的施工管理、设计管理、采购管理、物流和清关工作等，即主要与正在执行的项目配合，全力为早日结束履行项目、顺利收尾而努力。其他日常工作内容则并入行政单元，主要承担办事处的后勤、人力资源调配、财务会计、与国内的沟通协调、收发函、统计报送和完成各国内下达的各项行政性事务。

为了项目的顺利开发和执行，同时也为了更好地贯彻执行公司的各种战略和制度，可以在有需要时配备其他职能型或功能型小组。这些小组可以是临时性组织，为了某项具体项目而成立；也可以是为了某项公司的职能型任务而产生，如某境外办事处为完成某项具体工作而在某些大型项目前期开发阶段成立投标报价小组、评审小组、机动服务小组等，或在每年年底时，为了完成企业的某项职能型工作而设立管理巡视组、审计督察组，并且抽调总部和办事处的部分人员共同组建，前往各个项目所在地的境外办事处完成审计督查、战略落实、管理能力提升分析等工作。

在激烈的境外市场竞争环境下，企业的核心资产是人力资源。如果境外办事处按照二级机构设置，那么第一级机构承担的工作大致可以分为三类：第一类是各个境外二级机构的日常管理与控制；第二类是公司各项管理工作；第三类是对所分管区域的管理、协调，以及各个不同专业领域之间的协调，还包括本机构的内部财务管理和人力资源协调等。而二级机构则主要负责当地境外办事处的开办、建设、发展工作，其中开办事宜包括境外办事处注册，机构设置、认证，在当地开立银行账户等工作；人力资源的储备和建设则包括招聘、培训、劳动制度的制定等；日常业务包括新项目的开发，信息收集、整理、分析、筛选，开发团队组建，技术和商务方案的准备，合同谈判，签约等相关营销工作；后勤事务则主要包括购买办事处所需各类办公设备、物资，人员往返飞机票，支付驻地的房租、水、电、气等费用，当地员工工资的发放和管理，当地车辆购置或租用，每年的费用预算、使用，日常账簿的建立，在当地的审计和缴税等工作。如果所在国有项目落地，虽然在通常情况下正在执行的项目会由专门的执行团队负责，但是由于境外办事处往往位于所在国首都或具有经济中心地位的大城市或港口城市，地理位置优越，和分管的政府部门以及业主高层沟通的机会更多，通常也会肩负起项目管理团队的部分商务职能，负责向政府主管部门和业主部门沟通汇报，并且与其他项目相关方的高层进行沟通。有时，甚至可能不局限于项目的商务沟通，还会承担部分技术沟通工作。由于所在国国家海关总局位于首都或较大的城市，境外办事处有时也会负责整个项目的清关工作。在不少发展中国家，首都的经济状况相对较好，物资供应相对充裕、品种相对齐全，办事处也会协助工地执行团队进行各种物资的采购和运输。

  国外项目不论是开发还是执行，相对而言人手都不太充裕，每个人要承担的工作内容多、劳动强度大，因此选派合适的员工去完成这些工作尤为重要。如果按照设立两级营销机构考虑，一级营销机构人员根据工作内容主要包括公司总经理、协调工作副总经理、专业技术总工、营销副总经理、生产副总经理、财务副总经理、人力资源副总经理、审计副总经理、后勤副总经理等，同时对应这些业务和职能副总经理的下属都需要设立对应的部门或处室来完成工作。这些副总经理不仅要履行自身的管理职能，将企业的各项管理机制向下延伸，还需要指导和负责各个境外办事处的具体业务工作。在人员的选择上，需要重点考查人员的工作能力、敬业精神，尤其是对境外工作的抗压能力、心理承受能力等。在条件允许的情况下，优先选择综合能力比较强、各种业务素质均比较突出、能吃苦、心理素质较好的人员，人员选择要注意少而精，而不是大而全。二级机构的员工可能负责某个境外市场的具体工作，工作环境相对陌生，工作内容较复杂，需要有高度的责任心和适应能力，主要岗位包括：办事处主任、商务开发经理、业务或协调负责人、后勤和人力资源负责人、财务负责人等。如果有正在执行的项目，可能还需要配置清关经理、物流经理、采购经理等，为该项目的执行提供服务。境外办事处需要考虑属地化经营问题，招聘一定比例的当地员工，如果当地劳动力素质较高，还可以聘请当地人在办事处经营中担任一定的专业角色，对于一般事务性工作，也可以考虑由当地员工完成。对于办事处日常维护保养或后勤的饮食工作，则必须考虑聘用当地员工，一是因为受当地劳动法保护；二是出于对成本的考虑。总体而言，相较我方员工，当地员工更具有成本优势和地域文化优势。事实上，某些特大型境外工程企业已经形成了区域化经营的模式，可以选择在更大的区域范围内挑选外籍员工进入境外办事处所在国家工作。如果在某国经营的办事处时间较长，已经培养了一批优秀的当地员工，那么在周边国家新设立办事处或项目点时，也可以考虑引进这些优秀员工。这样既降低了成本，又提高了效率；既提升了公司的属地化经营能力和员工管理能力，也提升了办事处所在国及周边区域国家的本土就业率。在境外营销机构的设置和管理中，务必根据公司实力和发展规划，立足于计划所在国家的现实情况，实事求是地设立，切勿盲目跟风。

第三节　境外办事处的建立流程与管理操作细节

一、境外办事处的主要类型

根据母公司的要求、当地市场的特点和所在国的部分情况，境外办事处一般分为代表处、分/子公司、当地独立公司或联合公司，特点各不相同。

1）代表处为企业境外办事处最常见的形式，一般情况下入门门槛最低，对企业的资质、固定资产、业绩等方面的要求较低，在所在国的注册手续相对较简单，容易操作，前期投入的注册成本也相对较低，周期较短。但这种形式的缺点是法律效力低，一般仅仅局限于在当地设立办事处的象征意义，在很多国家不能独立承揽业务，对于一定级别的工程项目无法参与招投标。因此，适合刚进入市场或在当地工程承包市场对企业资质要求低的情况。

2）境外分/子公司，一般由国内母公司在当地设立并负有一定的连带责任。其入门门槛、法律效力和成本方面都比代表处高一个层级，相应的注册周期一般也偏长。在大多数国家，可以参与当地招投标项目。此外，分/子公司需要母公司为其提供一份担保证明，主要证明母公司对其所进行的经营或生产行为负有连带经济和法律责任。

3）办事处的最高级别是成立当地独立公司或联合公司。当地独立公司一般具有独立的法人，入门门槛和法律效力最高，在所在国的管理级别为最高形式，相对其他形式来说前期投入注册成本和周期也是最高和最长的。在多数第三世界国家均可以独立承揽注册领域内的各种项目，无论项目大小。但依据当地法律规定，可能需要在公司中留有一定的当地人股份，成为联合公司或股份公司等。

具体选择何种形式的境外办事处，首先取决于某公司就所在国的形势做出的战略判断，如果仅局限于短期行为或开发中小型项目，则应该选择代表处的类型；如果所在国发展前景较好，则可以按照长远发展来考虑。其次是考虑当地的法律要求，尤其是对于承包商在当地承揽项目的资质须满足的最低要求。如果仅有一个项目或仅仅开展前期工作，一般都会从代表处开始，后期再进行逐步升级。

二、境外办事处的建立流程

在具体的操作过程中，由于项目和所在国不同，境外办事处的建立流程就有一定的差异，但基本顺序是一致的。

1）公司通过一定的信息获取渠道或派专人赴当地考察，对当地的税务、法律、财务和商法进行调查，以便完成对该国宏观经济形势、政治形势和未来发展的研判，尤其是对于工程承包市场未来5年情况的分析和判断，并形成正式的书面报告。

2）在公司内部形成统一的决议，经过公司董事会以及中高层会议讨论通过关于在所在国建立办事处的决议，输出结果一般是董事会决议文书或董事长决议文书。

3）在公司达成统一战略决议的情况下，提供公司决议书，开始准备注册所需的文件。一般情况下，至少需要公司的营业执照、业绩类别、近3~5年的财务报表、规章制度（包括董事会的规章）和企业法人给公司境外办事处代表的授权、承诺函、连带责任担保函，以及被授权个人的简历等。所有文件的语言都需要翻译成所在国的官方语言。

4）到当地的公证处进行公证，可能也需要在国内贸促会或商会等事业型官方背景机构进行认证，具体情况因各国法律要求不同而不同。

5）获得认证或公证后的法律文书，需要到所在国的使领馆认证，一般情况只能由外交部的外交渠道递交，私人不可自行完成。

6）获得所有需要的认证文件之后，即可在当地开始具体的注册工作。有时还需要在当地外交部或其他认证机构进行当地认证。如果条件具备可以聘请当地的律师事务所或专业代办机构处理此事，但需注意在某些国家，类似的注册申请必须由律师完成。

7）获得所有注册所需文件之后，即完成当地的注册手续，会获得当地公司执照，类似国内的营业执照，同时也会获得与该执照配套的一些当地特有证书，类似国内的工程承包或一般性贸易的专业资格证书，但全套注册工作并没有全部完成。

8）获得当地营业执照或经营资质许可后，重要的一步是完成财务的相关工作，包括获得当地税务机关颁发的税务许可证和增值税的纳税号码。在某些国家拿到类似税务证书之后，首先要做的并不是开展经营和生产工作，而是需要纳税，同时需要将该纳税记录发回国内财务。此外，公司需要在当地设立账户，通过公司总部财务的批准和国内部门政府机构的报批，注意该账户可能有最低存款要求。

9）完成注册和纳税工作以后，需要立刻向国内汇报，在公司内部备案，并按照国内母公司的统一指挥和安排进行后续工作。

10）公司内部备案完成以后，由公司总部人员主导，办事处人员配合完成在国内政府机关或机构和各种协会的备案，得到官方层面的确认和书面同意。在完成此项工作的同时，也需要在办事处所在国的经参处、大使馆和当地中资企业商会统一备案，以获得官方支持。

完成上述步骤后，办事处应按照公司总部的统一要求完成各项经营和生产任务，尤其是部分开发项目的前期工作、投标阶段保函工作等。在当地的经营生产工作完成以后或阶段任务完成以后，需要每年在当地完成缴税工作，同时按照当地法律要求完成财务报表的审计工作。完成在当地的纳税和财务年审之后，需要将所有的相关材料整理汇报回国内，由国内财务统一处理，完成最终的公司财务年审，这样也能避免我国和所在国的双重征税问题。

在实际操作中，还需要注意银行开户问题和最低保证金问题，当地政府可能需要办事处在当地开立一个受监管的账户，并存入一定量的资金，注意此账户在一定期限内不能进行操作。关于税务问题，不同国家的规定不同，可能在成立代表处之后，即使没有开展任何项目，也需要缴税，如果逾期不交可能会被处以罚款或吊销执照等。还应注意母公司承担的是有限连带责任还是无限连带责任，如果母公司在邻国也有注册的公司或代表处，这是存在一定风险的。

三、境外办事处的日常工作安排

境外办事处在完成前期注册工作以后会陆续筹备办事处的办公场所和配套设施，之后将进入正式的办事处日常工作状态。其中主要工作内容包括对公司战略的贯彻，职责、组织机构的设立，具体的市场经营和项目生产工作，资金管理工作，劳动人事、薪酬待遇和绩效考核等工作，以及审计监察和党建工作等。

境外办事处的首要任务是贯彻公司的各种战略，达到预期的目标，完成各种生产和经营任务。而母公司的战略也必须从实际出发，充分考虑所在国的种种特点，制定切实可行的宏观战略和发展步骤。同时，办事处本身要有一定的管理权限，需要进行独立运作和独立核算，在一定程度上自负盈亏。另外，完成所有的工作都需要和国内的业务及职能部门相互配合，所以需要和国内部门建立一定的沟通机制。同时应注意，境外市场瞬息万变，尤其是在一些安全形势较差的国家，必须要有全套的风险防范体系。

境外办事处的第二项主要工作是建立和健全职责范围、工作要求和组织机构等。组织机构尽量遵循"少而精"的原则，同时考虑属地化经营的特点，招聘一定数量的当地员工，这样既加强了沟通能力，也在一定程度上降低了成本。此外，还要考虑建立财务管理体系，同时配备专门的财务人员，但是财务人员必须受到办事处和母公司财务部门的双重管理。

  境外办事处最重要的工作是在当地开展市场经营和生产工作，要充分把控、了解当地宏观经济环境、国家政治形势和工程承包市场特点，在一定的周期内向母公司进行汇报，并作为母公司在当地的授权机构解决母公司到当地人员的接送问题；对于融资类的大型项目，需要完成资格预审及后审工作、投标议标工作等，合同谈判的准备和实施、商务谈判及文件签署等工作，充分发挥母公司在当地的桥头堡角色，重点完成项目的信息收集工作；如果遇到大型或特大型项目，或项目所涉及的并非公司的专长领域，或涉及周边国家，需要多专业进行多元化配合，并在国内的母公司备案；但是如果该项目顺利开发直至签约，境外办事处应该具有对施工单位的选择权，首先选择在当地有过工程经验的分包商或曾经合作顺利的合作方，但是国内母公司有最终的决定权；如果选择咨询设计机构，境外办事处具有决定权；如果项目涉及多个单位协同及联合经营生产或与同领域的类似单位或潜在的竞争对手进行合作，一定要首先通过国内母公司的批准；如果参与大型投标项目，需要与国内的母公司或其他职能部门的外部专家首先组建工作小组，然后成立风险评估小组，切实做到对项目的所有风险进行全面评估分析。

  境外办事处在完成经营工作的同时，也必须承担公司的生产任务。生产任务主要包括：境外办事处自身管理团队的建设和人员任命，该内容在一般情况下国内母公司有权进行调换；长期维持同合作伙伴的友好关系，防止出现在合作期间发生更换合作伙伴的情况；始终保持公司在当地的供应商名单中或物资采购平台上；按照一体化市场进行建设，尤其注意要求统一标识、标准和采购等工作；对于分包或合作单位也应该不断确认并监督实施；对于大型项目，配合单位或分包单位必须提供实施方案，该方案应该以境外办事处的意见为主；对于在当地项目滚动开发的过程中不断积累的固定资产或已有资源，分包单位必须进行有偿使用；境外办事处一般会安排在所在国的首都，因此对于合作单位的员工劳动证或工作许可等文件，应该由境外办事处处理，同时这方面所产生的问题、劳动纠纷也应该由境外办事处全权处理；如果遇到紧急或较小的分包合同，境外办事处有权在当地直接签署，但设计工作必须要国内批准再签署；在合同履约结束或项目主要工作已经完成的情况下，境外办事处应该主动配合施工单位完成竣工验收，并且完成索要保函、保函释放等工作。

境外办事处在完成经营和生产任务的同时，必须按照当地的法律和具体规章制度开展工作，其中最重要的是遵守我国、项目所在地以及公司的相关法律、法规和规章制度的要求，尤其是对财务和税法的相关内容；在实际操作过程中，要严格按照公司规定的财务管理、会计核算和资金管理进行财务工作；严格控制现金支出，无特殊情况严禁出现大额现金支出；公司办事处的当地账户及日常操作应该由境外办事处独立完成，但是管理和监督工作必须由国内公司的财务或审计部门完成；境外办事处可以自行拟定当地的财务报销制度和现金管理制度；如果遇到授信、融资、抵押、理财或担保等业务，即办理金融衍生交易等高风险业务时必须得到国内母公司的批准；境外办事处应该有一定的授信额度，以处理当地的保函事务；固定资产管理需要由专人负责和制表，同时也必须遵循国内母公司制定的资金拨付流程；除日常的财务工作，办事处每月、每季度的财务报表、简报、季报，以及财务预算执行表也需要报送国内审批；每年的财务年审应该由境外办事处按照当地的法律要求完成，接受当地会计师事务所审计；税收工作，应该由国内的部门负责统一规划和安排，境外办事处进行配合和协调工作。

境外办事处的人事管理工作相对较简单，主要包括：人事关系一般由国内统一负责和协调；中级岗位或一般性管理人员，聘期至少3年，满3年以后，人员的派遣或调回由国内统一负责并处理，如调整、任命和轮岗等，假期按照每年一次考虑，主要负责人的休假调整等必须由国内母公司审批；由境外办事处负责当地员工劳动合同管理，由国内劳务公司负责处理办事处编外员工劳务合同等内容；员工薪酬一般由国内工资、境外津贴和绩效奖3个部分组成；驻外人员的伙食补助、驻外津贴等待遇按照办事处规章制度进行处理。

除以上主要工作，境外办事处的职责还包括：按照国内母公司的具体要求进行内审工作；建立一定的监督制约机制，包括领导人员廉洁性制度等。

四、对境外办事处的考核

无论是境外办事处设立的基本原则还是分类模式，都需要通过前方员工实现最终落实，而员工的工作积极性在很大程度上取决于公司的管理制度、企业文化和绩效考核模式。因此，考核制度对于营销机构的管理也起到了很大的作用。如果企业对境外市场采取二级营销制度，那么绩效考核体系在设置上首先需要对一级营销机构进行考核，重点考核的内容包括市场占有率、各种经营性指标、各类生产性指标、企业文化建设、人力资源建设等。同时，除国家代表和办事处主任层级，关键考核指标最多的应是针对某个具体的办事处或境外分/子公司，而不是针对具体某个员工。针对二级营销机构的考核，重点是二级营销机构所负责国家的市场占有率、行业占有率、新签合同额、盈利水平等更加具体、可量化的指标，这个级别对员工的考核更加细化，落实到每名员工身上都需要对应具体的考核指标。两者主要的区别在于：一级营销机构主要承担部分企业管理职能和部分营销、生产工作，二级机构则承担了公司的大部分营销、生产工作。

在实际业务开展过程中，境外办事处还承担了项目实施配合工作，即在项目执行阶段，负责与项目管理部沟通交流，协调项目管理，与业主沟通税务、物流和进出口等具体工作，并肩负公司人才培养的重任，选拔优秀人员进入公司的人才梯队，同时不断完善公司的资源库，选择最适合的合作单位。由于境外办事处的特殊作用，在某些大型企业，它也肩负了部分接待和商务沟通交流工作。

国际业务的拓展形式和种类、行业较多样，具体模式包括工程、贸易、运营维护等多种类型，而业务领域可能包括整个基础设施体系或国家工业体系等，业务形态主要包括投资、工程总承包、分包、贸易供货等方面。但无论如何，公司的发展都应以销售工作为重点，因为获取大量的客户订单才是企业进一步发展的基础。在日趋激烈的市场竞争环境中，如何体现公司的销售优势或市场开发的核心竞争力呢？对于规模较小的公司，若从未涉及境外业务，或目前境外业务的产值在销售总额中占比较低，同时没有自己专门的境外营销队伍，建议采用"借船出海"的模式，即通过与大公司或境外业务比较成熟的公司联合，或充当国内的分包单位、协作单位等，在大公司获得境外订单以后获取部分订单，优点是开发成本相对比较低、周期比较短，但缺点是竞争过于激烈、境外业务很难有突破性进展。对于中等规模的公司，即有较小的境外销售团队、有部分员工负责境外销售业务，但没有形成整体销售团队，同时境外业务在公司整体销售收入中占比一般，在公司层面对境外业务有一定的重视程度，但总体还是偏向于国内市场销售。在这种情况下，境外业务销售建议重点跟踪几个国家、几个大项目或具体某个行业领域，采取稳扎稳打的销售策略，成本相对可控。一些规模较大的公司，已经形成完整的销售团队，售前、售中、售后岗位的设置也比较明确，可以独立负责较大型项目的市场开发工作，已经形成了多个专业或几个国家的支柱市场，或在多领域已经有多个项目正在实施，同时境外业务已经是公司整体业务发展过程中不可或缺的部分，这种大规模的公司能够制定更高级别的战略和发展模式开拓境外市场。对于上述 3 种业务拓展模式，核心都是需要从客户角度出发，为客户制订较为切实可行的方案，同时加大销售力度、加强感情培养，增强与客户的黏性。

第七章　目标国市场深度开发与操作

业务人员需要对我国政府的对外经贸政策走向有所了解，尤其是要提前了解潜在市场所在国的政治形势、经济活动和与我国的外交关系，同时密切关注我国国家政策的变化。大部分商务政策是由商务部出台的，要密切关注商务部发布的各类商务信息，尤其是针对广大发展中国家的商务信息，这是业务开发的重要一步。而外交部最新的外交动向事关我国对外关系的政策变化，也绝不能忽视。而且在国家领导高访时，也会有各类项目信息及其进展阶段的相应公示。因此，市场工作就是要睁大眼睛，盯住国际形势、国家政策和市场趋势，同时竖起耳朵，全方位收集和了解相关信息。

无论是非洲、亚洲、拉丁美洲还是欧洲，各区域市场都有各自的特点，因此应采取的市场开发策略也不一致，对应到具体项目上，所选择的战术更需要做个性化的调整和设计，这些都是判断是否对目标国市场进行深度开发的标准。因此，本章重点介绍深度开发前的市场调研和市场深度开发的组织架构与管理。

第一节　深度开发前的市场调研

确定境外开发工作的战略方针和基本战术后，往往是项目开发的理论工作，需要深入判断是否对项目实际的开发工作继续进行大规模投入，对是否需要在当地设立境外办事处或其他形式的常驻机构进行深入调研和分析。在调研的基础上进行判断，然后需要在合适的情况下向公司总部提交建立境外办事处的市场深度调查报告。深度开发前的市场调研一般包括以下内容。

一、市场总体环境

既包括对国家概况、专业市场、法律、税务、保险和金融等政策与规定的调查，也包括对竞争者调查、项目调查、分包、代理人、材料价格、劳动力等各类信息的搜集。国家概况包括项目所在地政治、经济和风险等，政治形态主要关注其对获得项目的影响；经济发展关注现状和规划、社会整体发展水平、国家评级、国家风险分析和相关处理措施、政府履约和支付信用、政府终止合同、政府的肆意性或不作为行为等，以及当地政府的办事效率、运作方式、治安状况、常见疾病等。

二、当地基础设施现状和趋势

主要包括：潜在项目所在地政府发展规划和行业前景、近 10 年市场发展规划和目标、政府未来 5 年的基础设施发展计划和投资规模、与公司业主业务发展方向相对应的项目规划、建设资金来源和额度、国际金融组织对项目所在地的贷款额度和限制措施、项目获批程序和准入门槛，以及我国企业在当地的数量、竞争程度和经营状况。

三、当地司法体系和流程

需要重点了解的是以下 4 个方向的法律法规：

1）当地的商法体系，如公司法、注册法、税务法、财务法、会计法、外商投资法等。

2）和工程相关的法律法规，如工程法、采购法、招投标法、当地材料检验标准法、质量法、承包法等。

3）和劳动力相关的法律法规，包括劳动力保护法、工资法和劳动法等。

4）和环境保护相关的法律法规，如当地环境保护法、野生动物保护法、水资源法、电力法、文物保护法等。

四、项目所在地银行、金融和保险等相关机构与政策规定

需要重点了解的内容包括：

1）当地银行金融业的业态和组成成分。例如，当地银行多是国营银行还是私营银行、是否有外资银行、是否有外资知名银行，其中是否有中资银行、银行的资金实力如何、运作项目的能力如何、有无配套的金融产品等。

2）当地的外汇管理政策。包括外汇储备是否充足、是否有外汇管制、项目经营利润汇出国外是否需要缴纳税费、税基和税率是多少、汇率制度是浮动汇率还是固定汇率、政府为稳定汇率有哪些基本的举措等。

3）当地的保险市场及保险公司。在项目开展中，有哪些常规保险服务可以提供，相关的收费费率如何，当地的保险公司实力怎样，是否具备一定的偿付能力，如果出险是否可以做到及时赔付等。

4）当地的会计师事务所。是否有知名的会计师事务所在当地承揽业务，当地会计师是注册制还是认证制等。

企业在当地的公司业务形成一定的规模时，需要进一步了解公司财务的年审如何处理。如果在当地的业务涉及投资和运营服务，需要对未来项目的运营、固定资产的处理、存货的管理等进行提前策划和慎重考虑。

五、当地竞争对手

所谓竞争对手，主要包括 4 种类型：我国企业、欧美或其他发达国家企业、印度和巴基斯坦企业、当地企业。在不同的国别市场，对于不同类型的企业需要采取差异化的竞争措施。竞争对手调查应从以下方面展开：竞争企业在当地的数量、各自的规模和竞争力水平、基本的竞争策略、在当地的经营状况和问题、在承包过程中遇到的困难等。同时，需要充分关注在不同国家的属地化经营问题：一种情况属于当地政府的强制性措施，必须使用联合体或合资进行投标、建设等工作，某些工作内容必须交由当地分包商承担，或者必须雇用一定比例的当地员工；另一种情况则是企业出于自身经营的考虑，需要与当地合作伙伴联合，因此也需要充分调研与当地伙伴合作的可能性。

六、项目的具体情况

主要内容包括：项目地理位置、气候、水文、地质等自然条件；项目规模、工程量、技术难点、当地技术标准和通行规范、材料检查检验标准等工程条件；业主实力、业主过往支付履约情况、业主顾问咨询团队、业主代表或监理工程师情况、业主对于本项目的资金来源和还款保障等商务条件；通过现场考察和投标项目的标前答疑等途径搜集到的项目基本信息。

七、分包市场

重点关注潜在分包商的数量、能力、专业化分工程度、设备和材料供应状况以及价格因素。了解分包商类似工程业绩、能力、实力、财务状况、机械设备装备水平、人员配备和操作经验等；当地分包商的价格水平，当地分包商的效率和功能；当地的社会风俗习惯、节假口、宗教信仰、劳动习惯和劳动习俗，当地人员的工资水平；承包商和分包商之间的常规工作安排以及相关税务事宜等。

八、代理人的能力、信誉和价格等关键信息

主要内容包括：在当地开发市场是否允许代理人制度，并且代理人制度是否属于强制实施；尽量搜集齐全当地有实力代理人的名单，根据不同的项目，筛选适合且强有力的专业代理渠道，了解并分析代理人的实力，落实其实力以及是否有相关工程项目的成功经验和业绩支撑；调研代理收费标准和收费习惯，是否有提前收取相关费用的习惯，如何通过对代理费支付节点的设计提高总包商对项目的把控。

九、当地市场环境和施工外部环境

钢材、水泥、石料、沙子、沥青和油料等建筑材料的来源、价格和供货能力；生活和生产用水、供电、通信、道路交通等条件、供应能力及价格；设备或材料的进口手续、税收规定、运输条件、运输成本以及当地设备和配件的供应状况；当地政府对进口原材料、设备的限制和配套的优惠政策，以及区域性的特殊政策或国际制裁等因素的影响。施工外部环境包括气候、地形、水文地质条件、当地居民生活习俗、社会治安情况等。

十、当地劳动力特点

劳动力的数量、劳动力的技能水平和价格水平。具体包括：当地人员的工资标准、支付方式、技术水平、工作效率、法定工作时间、加班规定及报酬计算方式；社会保险法规、雇主和雇员对保险的承担比例、税收和保险的缴纳方式与费率；办理工作签证和工作许可的难易程度、基本流程和相关费用；对外国员工的比例限制，个人所得税、其他税种和费用的缴纳方式和标准；当地工会团体的影响力，如罢工是否经常发生，出现罢工后的影响力度、解决方式等。

十一、当地的财税状况

重点包括税种、税率和缴纳方式，尤其要了解项目所在地的税种制度概况、税率和纳税方式等，还有当地税务机关对税务账目的要求，以及对税务审计的相关规定等。

十二、本企业在当地所设立公司的具体特点

主要包括经营特点、属地化特征、企业在当地设立的组织机构与项目的匹配度以及当地文化、宗教对项目产生的具体影响等。

第二节 市场深度开发的组织架构与管理

企业在进行国际业务拓展的过程中，主要依托于公司的基本实力，包括市场开发人员的基本业务能力、市场开发部门的组织体系，但核心要素则是公司境外业务的基本战略或境外业务拓展的基本战略等。多数企业在进行境外业务拓展的目标下，或与其他企业合作，或通过自身业务员进行拓展，但在具有一定规模的情况下将会采用直接销售的模式，如建立境外办事处。如前所述，境外办事处对市场业务的拓展工作有极大的促进作用，不仅能够提升与客户沟通交流的频率和质量，而且由于获取了一手的资料信息，可以更准确地调整项目开发方向，还能为公司在当地的市场深

度开发奠定基础；负面作用是前期开发成本比较高。那么是否有一种方案既可以发挥境外办事处的优点，也能规避相应的缺点？其实就是对境外市场进行深度和广度的开发工作。

是否进行境外市场的深度和广度开发工作，要看一个企业是否具备进行市场深层次开发的条件，应该从以下4个方面进行分析：

1）公司的基本实力。首先分析公司是否属于特大型企业，是民营企业还是国有企业，市场开发是否是企业的核心竞争力，境外业务是否已经成为公司业务发展或经营收入的一个重要组成部分，公司是否有决心在某个国别市场、某个特定领域或某个具体项目进行深层次开发，以及是否提供相配套的管理制度和人员配置等。

2）公司的境外业务能力。前面已经介绍了如何判断在公司层面是否具备一定的境外长期发展的战略能力，而此处重点分析公司是否具备一定的境外战术能力和基本的境外业务操作能力，以及是否建立了配套的境外业务管控流程，重点问题是在市场深层次开发过程中，配套的决策流程、资源衔接体系等是否齐全。例如，公司在确定境外项目开发过程中，是否明确哪些项目不能开发、哪些项目能开发，公司对于某个招投标项目是否参与的决策需要经过多长时间、核心决策人是谁等，这些因素都需要重点关注。而在当地进行深层次开发的过程中，需要配合的资源非常复杂，应深入分析公司是否有实力调动前方所需要的各种资源。

3）公司管理。主要取决于是否具备相配套的公司发展战略和工作团队，境外业务的深层次开发需要长时间、多角度地开展工作，以及开发团队对公司的信心、耐心。公司的具体业务操作团队，对于当地市场的深度开发工作是否具备信息分析能力、信息筛选能力、前期调研能力、资源整合能力等，这些都是至关重要的影响因素。因此，在公司具有很强的意愿进行市场深层次开发时，更需要具备一个优秀的团队实施。

4）公司的决心和每年投入资源的情况。由于境外业务开发困难，如成本问题、信心问题等，需要企业下很大的决心。一个较小规模的境外办事处，一年的运营费用至少要100万元人民币，而2~3个境外办事处，其开发费用可能远远超过国内项目的前期开发成本。同时，国内开发项目的周期相对较短，而国外项目的开发周期则较长，一般为1~3年，某些项目可能会达到 5~8 年。在此条件下，项目开发需要投入大量的人力、物力、财力等，这对于一个大型的国际工程企业是不小的考验。而对于一个小型的国际业务公司，有可能需要倾其所有支持一个境外办事处，最后却颗粒无收，因此是否还可以长时间投入需要每个企业认真思考和分析。

境外市场进行深层次开发主要是指公司在战略的高度，配备相适应的境外操作战术，制订相关的境外市场深层次开发计划，逐步推进在当地的项目开发工作，不仅开发自己公司的主营业务，也会开发公司的其他业务，同时可以作为公司战略转型的试验田。具体特点如下：

1）从原有的项目开发模式向国家开发模式或整体开发模式转变。原来的市场开发模式主要以某个具体项目的开发为主，相对耗用资源过多，开发周期较长，不确定因素或风险较大。一个项目开发成功可能就会进入某个市场，而一个项目开发失败则可能彻底失去进入该市场的机会。要避免开发过程中的不确定因素，提升开发的成功率，重点是通过多项目开发的模式，而多个项目同时开发，可能是公司主业，也可能是公司未来主业，可能涉及某一个国家，也可能涉及多个国家，这也就完成了公司的开发模式从单个项目开发至多个项目开发的转变，或从某个单一国家开发到多个国家同时开发的个性化转变。

2）具体的开发模式已经从游击式向阻击式转换。原有的开发模式只是针对某个具体项目，如果是招投标的形式，可能在短期内的工作强度很大，但是标书递交完成以后，是否中标的结果则很难确定。同理，开发一个融资性的项目，如果业主方效率比较高，则推进速度比较快；而如果对方的需求不强烈，则开发的不确定性非常大。如果进行深层次开发，应经常与业主方沟通交流，即使原有项目开发方向有问题，也可以迅速调整目标，如此就完成了开发模式的转换。

3）从原来的具体实施型向资源型转换。原来的开发模式可能考虑某个项目属于公司的主营业务，整个产业链都属于公司的优势范围，因此项目的前期、中期、后期等都可以由公司独自完成。而参与业务的深层次开发后，项目数量增多，开发领域扩大，需要的资源数量也会上升。在这种情况下，公司不可能独自开发项目和执行项目，可能会逐步向公司的非核心领域发展，在此过程中不断整合各种资源、数量、质量等，未来也不再以参与项目实施为主,而是以项目开发作为公司的核心竞争力。具体实施方案如下:①建立境外办事处。通过建立境外办事处可以提升公司的深度市场开发能力,同时增加与客户的黏度,增大项目开发的成功概率;②建立强大的企业境外销售团队。并未在某个国家建立境外办事处,而是有某个开发团队在固定的周期频繁地对某个具体国家、某个具体项目进行轮番的开发操作。这样可能会使建立办事处的费用有所下降,但往返的交通费用则有可能上升。

在项目深度开发的具体操作过程中,需要对项目进行纵向开发,即开发项目的深度,主要有以下两种形式:

1) 开发属性的调整。在当前的发展形势下,需要企业从事多元领域,并采取多行业、多角度的操作模式。在这种情况下,大多数从事境外业务的企业往往会开发某一具体类型的业务模式以及衍生类型比较多的项目。例如,某企业在开发某项目的过程中,在开始阶段设定的目标是工程项目总承包,但在具体操作过程中,由于开发客观条件发生变化,可以考虑进行角色调整,如成为该项目的投资商或财务投资人或投资股东等;也可以将该项目的开发目标调整成贸易模式,即一般供货的操作模式;还可以转化成项目的运行维护提供商。在某个火电站开发项目的开发过程中,企业最早的定位是进行关键部件、燃气轮机的供货,即一般贸易模式,但在实际操作过程中,业主不断变化需求,希望该供货商能够提供完整的安装实施以及基本的设计服务。在这种情况下,该企业的开发目标可以调整成总承包模式,同时由于该火电站装机容量是所在国最大的,之前从未有类似的项目实施,所以业主方希望企业在建设完成之后继续提供基本的运营维护服务,对应的企业开发模式会调整成项目的总承包和外加运营维护模式。在项目进一步开发的过程中,项目所在地遇到了严重的经济危机,希望该承包企业能协助业主完成融资。在这种情况下,企业不仅需要完成项目的实施工作,同时也需要进行股本金入股操作,成为项目的投资人之一,未来可以获取项目的运营收入。至此,项目的开发目标就从最早的贸易供货,到工程总承包,到运维服务,再到投资服务,经过多个阶段的发展和调整才完成最终目标,使项目开发成功。这就是典型的项目深度开发操作案例。

2）项目开发类型的调整。例如，某企业在开发某水泥厂项目过程中，其最早的开发目标是在当地进行直接投资，建立当地最大的水泥生产厂，同时承揽水泥厂建设、水泥厂原材料供应、厂区员工培养、项目融资等项目全产业链的业务。但在实际过程中，当地政府考虑其利润条件突出，就将项目的投资形式调整为由当地政府进行独资，之后又将项目的运行维护工作、原材料的供应工作、备品备件的购买工作都转由当地公司实施，把原有的开发模式不断进行分解，则该企业的开发模式也随之不断地调整。在这种情况下，企业获取的工作内容不断减少，只承揽了其中的施工部分，而该企业是以运营维护为主要业务的生产型企业，正是由于项目的不断深入开发，转变为该项目的施工分包业务承揽商，这是进行项目纵向或深度开发的一种典型情况。在这种条件下，也会有企业通过跨行业、跨领域开发达到项目深度开发的目的。例如，某企业是以水电站建设为主的一家设计企业，了解到某国水电资源丰富但开发程度非常有限，导致当地缺电现象严重，因此计划在当地进行水电项目开发，制定了水电站项目总承包的初步开发目标。但在实际开发过程中，了解到项目所在地基础设施条件极差，如果建设水电站项目，大型的水轮机组等肯定无法运输，因此在当地政府的建议和完成实地考察的条件下决定暂缓开发水电站项目，调整为在当地建设一条标准级公路作为主要目标，这是项目深度开发的一种体现。在逐步落实道路开发目标的过程中，又发现当地的电网建设存在很大风险，几乎没有完整的国家级电网。在这种情况下，该企业又考虑开发当地的输变电项目，因此同时增加了输变电项目作为另外一个开发目标，计划先将当地的输变电项目进行基本的构建，完成以后再进行水电站项目的开发。因此，该企业就完成了从原始的单一目标开发转变成先开发公路项目、再开发输变电项目而后开发水电站项目的阶梯状开发目标，该企业也完成了从原本单一的开发目标转换成在当地对某个具体项目的深度开发转换工作，这是项目深度开发的另外一种情况。

在深度开发市场的同时也需要考虑广度开发或横向开发，即在开发过程中进行跨行业、跨领域、跨区域的全面市场开发，从而最大限度地发挥市场开发团队、国家办事处、属地化经营的优势。

第一种情况是项目层级广度开发。例如，某企业属于小型生产制造商企业，在进行原有产品销售的同时，客户提出需要对原产品的一些物理性质或化学性质进行调整，在这个过程中需要对原有的工艺进行分析和测算，制订新的工艺方案，而这时需要服务的内容就变成了顾问咨询，而顾问咨询的方案完成后又形成了新的工艺设计方案，同时需要进行新技术改造才能落实上述技术方案，因此需要对上述项目采取技术改造的总承包方式。同时，该业主单位也会增加投入，该项目就由原来的单一项目开发转变为项目层面的广度开发。例如，A 公司生产公路用的倒装、路障等基本材料，主要用于对外销售，实施模式为一般贸易。但在实际操作过程中，业主对 A 公司提供的材料质量稳定性有意见。A 公司在进行了实地走访和调研以后发现，当地道路施工方式存在一定的漏洞，就提出相应的技术方案，对当地的部分主干道提出了技术整改方案。业主在获取该方案后非常满意，计划按照该方案进行相关道路的整改工作，由具有专业技术的施工单位实施。于是，在 A 公司的建议下，该项目最终采用工程总承包的模式实施。而 A 公司在开发传统销售渠道的同时，不断拓宽开发思路，进而引入了设计服务、顾问咨询服务等，之后又引入了施工项目的开发模式。这属于项目层级广度开发的典型案例。

第二种情况是对项目产业链上下游的广度开发。例如，某企业在项目所在国建立办事处以后，主动开发当地的电力类项目。该国首都周边的河流经常是雨季暴涨、洪水肆虐，易引发各种自然灾害和相关问题。该企业分析当地的基本地质情况、地理情况、气候情况等之后发现，当地河流暴涨的主要原因是河道年久失修，没有进行定期清淤，当地迫切需要解决的并不是电力问题，而是河道清淤问题，因此就从早期的电力项目开发目标逐渐向清淤项目靠拢。由于当地的河道清淤问题较简单，只需要提供多条清淤船只就可以解决，因此项目的开发模式从最早的工程总承包向国际贸易转换。在解决河道清淤问题的过程中又发现当地的大部分河道都存在淤泥和河道年久失修的情况，因此该企业制定后续开发目标为当地河道疏浚和重新规划等内容，之后此类项目也很快开发成功并落地。水资源丰富是当地发展经济的一大优势，在这种情况下，开发团队逐步分解成为两个小组：一个小组重点开发当地的水电项目及配套设施；另外一个小组则重点开发当地的土地平整、农田整治类项目。因为当地有肥沃的土地、丰富的水资源和得天独厚的气候条件，这样在很短的时间内当地的农业整体开发项目也得以顺利完成。此外，当地经济条件一般，主要是没有进行科学化大规模的农业种植，于是该企业又增加了为当地农民提供种子、化肥、农膜等基本农用物资的开发目标，并向业主推荐建立现代化工业仓储设施和加工厂的建议，业主采纳并实施了该建议。从以上案例可以看出，在对某一类项目进行开发的过程中一定要突破原有开发思路，进行更大范围的市场开发。此类项目的开发需要高水平的开发人员，因此对于一般性企业或经验较欠缺的开发人员建议采用从正在开发项目的上游和下游同时入手进行延伸，这样可以以较低的成本进行项目的广度开发。

第三种情况是进行大范围、跨行业、跨领域的广度开发。例如，某企业在推进某国的公务员住宅小区项目时，由于该项目开发涉及的相关方较多，需要在国内解决资金问题。因此，完成项目的基本技术方案和商务方案以后，业主很快就签署了商务合同，但为了落实合同生效条件，还要与项目所在地的财政部门进行沟通。而当时面临的情况是该国经济实力较弱，国家提供的主权担保已经入不敷出，在短时间内不可能进行新的贷款申请。但市场开发人员为了使项目早日落地和生效，寄希望于能够调整的当地重大项目开发清单，因此与项目所在国的财政部进行了大量沟通，并多次与当地的中央银行接触。在项目没有办法在短时间内突破的沟通过程中，市场开发人员意外发现当地的中央银行操作网络系统、银行间结算系统、银行之间的外汇管理系统等非常落后，只能通过人工记录或单机操作进行，效率低、成本高。因此，开发团队向当地中央银行推荐了较为先进的网上系统，在主要项目开发停滞不前的情况下，主动开发完成了银行的网络操作系统。这是一个非常典型的跨行业、跨领域的市场开发案例。

综上所述，企业在进行市场开发的过程中，只有制定广度开发和深度开发相结合的模式，才能有效地配置已有资源，对目标客户、目标市场、项目所在国进行精准对接，才能在日常的开发业务中不断寻找到新的增长点，挖掘新的项目、业务模式、业务领域等。

有了境外市场深度开发和广度开发的基本思路后，还需要制订严谨的工作计划，在日常的工作中参照实施，进而取得事半功倍的效果。在开发项目落地过程中需要完成以下工作：

1）一般业务人员要有非常坚实的业务基础，这个业务基础可以分为以下3个层级：第一个层级是需要对本公司、本行业、本领域的基本技术情况有深度的了解，能够在与客户的沟通过程中充分发掘对方的思考重心，进而挖掘出核心问题；第二个层级是需要对项目的上下游基本知识有一定的储备，如施工企业派出的境外市场开拓人员要对施工专业本身比较了解，与此同时也需要对设计专业、核心设备的制造工艺、采购专业等相关内容比较了解；第三个层级是业务人员不仅需要具备工程知识，对于物流知识、税务知识、财务知识、融资知识等也要有充分的了解，只有这样才能对项目的整体开发实施工作有充分的认识。

2）具体业务负责人员要有丰富的跨专业知识背景，对于基础设施建设知识、投融资的基本知识也要有所了解，与此同时还需要有电力行业、水务领域、信息自动化领域、建材领域、农业领域等多方面的知识储备，才能具备进行市场或项目深度开发和操作的基础能力。

3）公司需要提供从上到下的员工操作手册，如基本的技术手册、沟通手册、话术手册等，并指导一般性员工学习和理解这些手册，提升其工作能力。在公司层面，建立完整的汇报流程、决策流程和资源整合平台，充分储备和利用竞争资源。

4）市场开发模式的转变。由原来的单一项目开发、制订唯一的项目方案、面对唯一的业主进行沟通，进而转变成多个项目同时开发、多个项目方案同时提供、积极参与多个项目的同时投标。可能在白天已有客户，无法安排其他会面的情况下，迅速调整方案，拜访最有价值的业主，在大部分有效时间内能够与不同客户进行充分的沟通交流，完成市场的深度和广度开发。

5）定期与公司总部沟通，确定公司最新的发展思路、基本战略以及目标计划。不断循环往复，不断强化与多元化开发、市场深度开发和广度开发相结合的目标，以实现有效落地的目标。

第八章 国际工程市场开发人员的
基本要求、培养和考核

国际业务拓展是比较系统且复杂的工作,需要耗费大量的资源,投入大量的人力、物力和时间等。只有科学建立战略目标、丰富具体操作手段,并由优秀的市场开发人员不懈努力推进,才能完成公司的业务目标。

在国际业务公司的日常工作中,相对于战略而言,组织架构、流程制度等相对容易处理,但核心的人才问题却是困扰每家公司的顽疾,主要表现在以下4个方面:①国际市场营销人员缺乏。目前了解国际市场营销方式的人很少,大部分人是从翻译、教师等行业跨专业发展而来。②国际业务人员出国动力较小。横向比较,国外收入比国内收入仅仅略高一点,但国外的生活环境却比国内艰苦许多。③国际业务人员的流动性较大。由于国际业务人员相对稀缺,富有经验的人员往往会寻求更大的发展机会,导致国际业务人员的流动性很大。④国际业务人员培养周期过长。在实际工作中,一位刚从事境外业务的毕业生可能需要2~3年提升基本业务能力,之后需要2~3年时间进行专门的实践锻炼。

境外业务人员具有很多特殊性,属于相对稀缺的资源,获取的渠道也比较单一。主要获取渠道有:①自身培养;②社会招聘;③其他渠道。

本章重点介绍国际工程市场开发人员的选择和培养、国际工程市场开发人员的沟通能力培养、国际工程市场开发人员的业务能力培养、国际工程市场开发人员的考核目标确定与实施。

第一节 国际工程市场开发人员的选择和培养

多数企业在制定境外战略的过程中,也会制定相应的人才发展战略。一个注重长远发展的企业,会有明确的公司发展战略或公司的战术打法,同时会制定配套的人才发展战略。只有通过良好的人才体系培养方式，才能从系统上、根本上解决企业的人才需求和发展瓶颈问题。企业的人才发展战略主要包括以下内容。

一、选拔标准

不同行业、不同岗位对人才的需求和选择的标准是不同的。

对于国际工程市场开发人员的选择，首先要考虑身体条件。在大多数境外业务拓展过程中，由于文化环境、生活环境的不同，国内外饮食习惯有很大的区别，长期的境外工作意味着要长期食用当地餐饮，这对于身体是很大的考验。同时，大多数国家都与我国有时差，而境外工作人员可能需要频繁地在两国间往返飞行，对身体的影响也是比较明显的。

其次要考虑性格特征。在境外业务拓展过程中，由于文化和管理等方面的差异，各国人民的性格特性也各不相同，有的爽朗豪放，有的保守腼腆，因此在选择国际工程市场开发人员时要对应目标国人民的性格特性进行选取。境外业务的推进速度比较慢、效率相对较低，工作人员心理承受的压力很大，需要对各种心理问题进行自我修复和调解。因此，乐观、坚强的性格不仅有助于境外业务的开拓，也有助于保持国际工程市场开发人员自身的心理健康。

最后要考虑工作人员的学习能力及相关特点。境外业务体系复杂、文化差异很大，而多数业务知识属于实践性较强的部分，需要工作人员不断学习深化，不断提升自身业务能力，只有具有强大意志力和对学习有兴趣的人才能满足这个要求。

二、选择渠道

国际工程市场开发人员的选择渠道一般有3种：

1）自身培养。主要通过大学应届生招聘的形式进行选拔，之后加以培养，使之成为公司的骨干力量。同时，可拓宽应届毕业生招聘渠道，如进行定向招聘、国内高校和国外高校同步招聘。

2）社会招聘。以公司业务发展吸引社会中相关行业的专业人员应聘，或由业内人员介绍，或通过公司官方网站推介等，都可以从往届生、专业人员、有经验的工作人员中进行优中选优的人才招聘工作，而良好的公司品牌本身就是人才招聘最好的渠道。

3) 其他渠道。通过与其他公司合作，成立联合体参与市场开发和项目执行，选择合适的市场开发人员，同时也可以通过在当地进行属地化经营、招聘当地人员解决当地市场的人才短缺问题。

在实际操作过程中，无论哪种渠道都有优劣势，需要企业在搭建人才渠道的过程中，结合自身品牌的价值、对人才需求的迫切程度以及对人才发展的依赖性等，建立相应的选择渠道。与此同时，还需要考虑每种渠道能够解决的人才类型，是有经验类型还是无经验类型，同时注意每种渠道每年可能获得的人才总量是否能满足企业需求。

三、培养方式

在把人才引入公司以后，需要2~3年的精心打磨，才有可能把他们培养成业务助理，其中最主要的方法是在职培训。在国际工程市场开发业务的管理过程中，需要制订有针对性的培训计划。

1) 日常业务培训。主要介绍国际工程市场开发业务的基本内容和特点、一般业务的管理操作流程、具体业务的操作风险等，需要定期、定量、定目标地实施。

2) 专业能力培训。对于不同业务类型或承包模式，或不同行业专业知识，如电力、水务、环保等不同行业的专业知识培训，需要类似于基本的赋能操作才能有助于企业人才能力提升。

3) 企业文化培训。介绍企业的核心理念、战略、文化、品牌等，不断加强此类内容的培训，有助于增强员工的自豪感、增加凝聚力，同时降低员工的离职率。这类培训一般在企业举行各种年会时进行。

4) 领导能力提升培训。对于境外业务拓展工作，需要不断与客户沟通，这就需要开发人员具有较强的沟通能力和技巧。因此，在日常培训过程中需要逐渐加强基本沟通技巧、团队建设、领导力分析等相关培训，不断提高国际工程市场开发人员的基本业务能力和素质。

四、人才定位

国际工程市场开发人员的流动性比较强，其中一个重要原因是未来定位不明确，部分人员没有在当地长期发展的目标，在国内的职位又相对有限，导致部分人员回国以后只能选择离职。因此，在进行国际工程市场开发人员培养的过程中要提供专门针对他们的发展空间和定位，一般包括：业务管理人员岗位、职能管理人员岗位、国内具体职务岗位、国外具体职务岗位等。无论现在从事何种境外业务岗位，都需要提供明确的未来定位和规划，以解决国际工程市场开发人员的后顾之忧。

五、人员待遇

待遇和发展空间是吸引人才的重要手段，国际工程市场开发人员的基本待遇包括：国内基本薪酬和福利、国外常驻人员补贴和福利、业务奖金或其他激励等。对于不同类型的企业或不同的项目，需要考虑不同的组合或组合过程中各种待遇的比例构成。对于以业务拓展作为主要目标的企业，建议加大奖金待遇的比例，减少基本薪酬和福利，这样更能激发境外业务人员工作的主动性。

解决国际工程市场开发人员的招聘、培养与发展等问题之后，最重要的是为他们提供未来的发展空间和平台，而未来发展渠道的主要特点如下：

1）是否长期在国外发展，或只在一定时间内在国外发展。大多数国际工程市场开发人员在国外发展一定时间后，对于国外的相关管理工作和业务模式会比较熟悉，而对于国内的环境可能比较陌生，如果调回国内不一定适应在国内发展，因此有部分人员会选择长期在国外发展。对于大多数长期从事境外业务的人员是否在一定时间之后选择在国外继续发展，这将是一个分水岭。

2）从事原有行业或拓展新的行业。由于国内外的业务管理体系和模式有相当大的差别，因此在实际操作过程中，部分境外业务人员在考虑回国发展的前提下会首先考虑是否进行职业调整或行业转换，是继续从事原行业还是发展新的领域。这些特点都是企业制定境外人员晋升通道政策应该考虑的主要方面。

国际工程市场开发人员的晋升通道主要有以下几种类型：

1）专业型干部发展渠道。在境外业务的长期发展过程中，一直从事某种具体的工作的人员，如市场开发人员、项目经理等，在境外积累了丰富的工作经验之后，可以成为某个专业市场的经营开发负责人，或成为某个行业的技术专家，未来的职业渠道可以考虑担任公司总部境外业务负责人或境外业务部门领导等。

2）管理型干部发展渠道。对于长期从事境外业务管理工作的干部，在积累了一定的境外业务工作经验后，可以考虑担任公司境外项目执行部分的负责人或境外项目商务管理部门负责人等。

3）职能型干部发展渠道。某些从事业务管理工作的境外业务人员，未来可以转型为公司的职能型干部或部门负责人。例如，长期从事境外业务的财务人员、会计或税务筹划人员等，可以在条件允许的情况下成为国内公司总部的财务部负责人、税务管理负责人等。

4）本行业，即上下游业务拓展渠道。由于境外业务的特殊性，大多数国际工程市场开发人员都身兼数职，对于工作的上下游业务比国内同事要更了解一些。大型企业配套的行业或领域相对较多，国际工程市场开发人员回国之后可以担任公司第三产业、公司内部设计院、公司内部施工企业、公司内部装备制造企业的负责人或部门主管等。

5）相关行业的个人发展渠道。例如，某些国际工程市场开发人员在国外从事的是电力领域业务，回国之后可以考虑从事煤炭相关业务，或提供配件类的业务，亦或提供售后服务的相关工作。既可以从国外回国之后考虑进入新的行业或领域，也可以从在国外所负责业务的上下游考虑，积极拓宽未来晋升渠道。

6）其他类型渠道。由于国内外的发展渠道相对比较独立，但信息交流比较频繁，可以考虑在进入一定阶段以后为个人铺设未来的晋升通道，提早布局和准备，进行大跨度的职业转变，如从贸易领域转到服务领域、从工程领域转到信息领域，都可以拓宽职业晋升通道。

六、能力要求

1）业务人员基本能力。主要包括业务操作人员的基本业务能力和素质。首先是中文和外文能力：中文能力主要是指汉语的表达，即听、说、读、写能力，能够熟练撰写各种汇报材料、正式文件、工作总结；外语能力是指具有较高水平的听、说、读、写能力，能够较为自然随和地与外方人员沟通，同时可以进行专业的外语商务谈判，能够起草外文合同、会议纪要、总结报告和相关文件资料等。在有条件的情况下，要求国际工程市场开发人员至少懂两门外语。计算机应用能力一般指能够处理简单的计算机软硬件问题，能够处理打印机、U盘、翻页笔等基本辅助性设备的硬件或软件故障，能够操作基本的办公软件，满足日常工作所需。

2）公司要求的具体能力。主要包括熟悉公司的各项管理操作流程、业务规定、网上操作体系、业务层面的各类流程制度、个人业务的流程制度、福利奖级制度、休假审批制度等，要求能够理解公司制度的核心要点，可以起草项目层级或二级公司的类似规章制度。

3）国际贸易知识。主要包括国际贸易基础知识、设备监造、包装、报关、核销、退税、清关、融资基础知识。核心内容是项目融资的基础知识、项目的信用证等支付方式的基本操作流程，以及一般贸易合同或采购合同签订后的设备监造、相关计划、工作细节、产品外包装的专业知识、储运运输发货的相关流程、在国内海关的流程和操作细节，以及相关的财务核销、退税等的操作要点和风险点、海上运输和项目所在地的当地报关、清关等。

4）项目的前期工作知识。主要包括项目搜资、尽职调查、解读可行性研究报告、解读环境评价报告、了解项目的基本设计工作流程或项目技术资料的完成流程。首先，确定项目搜资清单的内容，同时安排相关的工作计划；其次，确定尽职调查的相关工作内容以及信息采集渠道、内容和特点；再次，有效协助专业技术人员完成项目可研、项目环境评估报告，或独立完成上述报告，或能够指出对方递交报告中的各种错误和问题。

5）项目专业领域知识。本部分内容较为具体和偏重实操，主要是指根据公司的基本经营范围、核心领域所覆盖的主要专业知识，一般要求了解核心的工艺、国际主流的工艺路线、核心的工艺设备和辅助设施、基本的实施操作流程和大致的造价范围等，对于一般境外业务需要掌握水务领域基础知识、电力领域基础知识、建材领域基础知识、工业领域基础知识、交通领域基础知识。

6）项目技术管理的前期知识。主要包括项目进行前期勘测的相关知识、如何进行地勘处理、需要的工具和一般的操作流程与验收标准等。例如，测量基础知识和工程勘察基础知识，也包括矿产资源类项目开发过程中的矿产勘查基础知识和水电、供水项目类的水源勘察基础知识。

7）项目技术中期管理知识。主要是指确定项目的基本工作内容以后，完成项目的前期勘探工作，之后陆续完成项目的基本可行性研究报告。需要了解技术工作的下步内容，主要包括项目的前期设计和详细设计、施工图设计，设计的基本过程、操作要点、风险控制点以及基本的可交付物检测验收标准。

8）项目的法律及合同管理知识。主要是与境外业务相关的各种法律知识和一般合同管理内容。法律知识主要包括当地的基本法律体系特点和执法程度，公司在当地承揽项目是否有限制性门槛要求，不同的法律主体要求内容，以及办理不同形式境外办事处要求的细节和操作流程。而合同管理知识包括：合作备忘录、代理协议、佣金协议、政府框架协议、贷款协议、FIDIC合同基础知识、国际货物买卖合同基础知识、勘察分包合同、设计分包合同、设备采购合同、土建施工分包合同、安装分包合同、监理分包合同。基本要求如下：可以起草外文合同，也可以起草中文合同；能够发现合同中的较大风险点或漏洞，并针对合同中的漏洞提供和说明风险预案；能够对自身起草的合同组织评审，对于其他专家提出的问题能够给出满意的解决方式等；能够与外方进行合同谈判和处理，挖掘出对方的各种漏洞和问题；对于合同内容，可以向公司的商务团队和技术团队进行专业的合同交底，介绍基本内容和风险处理措施等。

9）项目造价等相关知识。主要包括工程造价知识、项目成本效益测算、解读清单计价规范。具体要求包括：项目报价方案的制作过程，要求能看懂图样、分析工程量清单，明白计量方式；能够获取有效的报价信息来源，如基本的砖瓦沙石价格等；能够分析项目的成本制作过程，找出分析过程中的风险点，如不可预见费用、涨价预备费用等；了解公司的基本取费标准、间接费所包含的内容，能够进行合理的管理费和利润预测；能够组织项目的报价评审，包括项目的基本成本分析、现金流分析、汇率损失分析等，能够有效安排工作流程。

10）项目的施工管理知识。具体包括：解读施工组织设计、各级进度计划编制、解读质量控制计划、施工技术准备、施工现场准备、地基处理、施工中的试验和检验、工程质量检验评定、解读竣工资料。要求如下：能够挖掘出好的施工单位，并对施工单位能力进行评判和分析；能够对施工单位进行基本的技术交底，介绍项目的基本技术情况、造价情况、施工环境及风险点；能够指导施工单位按照公司要求编制内容贴近实际的施工组织方案，能够对其中的进度计划、质量计划、成本计划等进行分析评判；能够编制项目的竣工资料和决算处理，发现过程中的问题并加以解决。

11）项目的基本财务和税务知识等。主要包括：基本财务知识、基本税务知识、保函和保险知识。要求业务人员了解项目的基本财务和税务处理的渠道、流程、风险点和操作细节；了解当地的财务标准、记账方式、摊销折旧、外汇管制特点、汇率波动情况；了解项目所在地的税务特点、基本税务征收方式、核心税种和税率、常用的避税方式；了解实施过程中需要开立的各种保函知识、如何开立保函、过程中有哪些风险、开立银行、基本费用、保函格式；了解项目的基本保险知识、保险公司、保费费率、费用、索赔流程和保险免赔条款等。

12）项目的投资管理知识。主要包括BOT类、BT类投资项目基础知识。重点包括投资的基本流程、投资项目的评价标准、项目的财务模型建立和评判以及投资项目的风险判定；外汇管理的相关流程和风险，当地合资公司、独资公司或项目公司的建立模式与基本要求，以及当地和国内对于投资类项目的审批流程。

13）商务招待工作，主要包括团组接待和外事宴请等工作。具体要求如下：对于团组接待的计划编制、接待过程中的操作细节、各种风险点的处理以及过程中的工作内容安排和交流等，需要制订科学合理的接待计划、宴请标准、前期准备、递交申请，做好过程中的细节安排和处理。

14）业务人员通用管理知识。一般包括时间管理和会议管理，如业务人员如何制订有效的工作计划、过程中是否有风险点、是否需要设立缓冲时间，如何组织国内合作伙伴的会议、如何组织政府人员参与的相关会议、如何组织业主方参与的会议、如何组织项目相关方在当地召开的各种会议、如何召开公司内部各种会议、如何召开项目内部协调会议。

第二节　国际工程市场开发人员的沟通能力培养

国际工程市场开发人员在日常的国际业务拓展工作中首先需要具备良好的个人素质，其次需要有突出的专业能力，这样才能顺利完成公司交代的各项工作任务。但在实际操作过程中会遇到各种困难，首先，部分人员虽然专业能力较突出，但在执行具体业务的过程中不愿意或较少与业主方沟通和交流，很难胜任自己的本职工作；其次，部分人员的专业实力相对较弱，缺乏专业知识储备和积累，在与项目业主沟通的过程中没有实质性内容，也很难完成工作任务。

工程项目的营销工作与一般消费品的营销工作有很大的区别，因为一般消费品的物理特性、质量、生产成本等相对比较稳定，而工程项目的质量、价格等由于范围的不同和客观环境的不同，变化幅度是很大的。因此，一般消费品营销强调的是产品营销，主要从价格、产品、渠道等方面进行管理操作并完成销售工作，但工程项目和基础设施的营销主要是通过与客户建立信任度完成销售，重点注意在营销过程中如何与项目业主进行大量的、亲密度比较高的、层次比较深的互动。互动的过程也是双方交流的过程，更是完成销售的过程，因为只有在这个过程中才能提升业主对公司的信任和肯定。

一、沟通工作的必要性

在境外业务拓展过程中，由于我国和其他国家的政治体系、经济发展模式、基础设施特点、公司组织架构、操作模式等方面有很大的差异，而国际工程项目的市场营销工作需要介绍国家之间的差异性、项目管理与开发的差异性、人文的差异性，而这些内容需要国际工程市场开发人员不断与业主沟通交流才能完成。

1）沟通工作是国际市场营销的基本工作之一。由于两国之间的政治、经济、文化等方面相差很大，当地政府或业主的少部分人员可能到访过我国，对我国国内的形势有所了解，但大部分人员不了解我国建设项目的基本流程和操作细节。一般地方政府都会以一定比例的投资，尤其是基础设施的部分，来解决当地经济发展和民生问题，而国外政府对基础设施等内容的投资比例则较小，与国内相比差异明显。国内在推进项目的过程中一般会由一个主管部门负责推进各个具体项目，这种由单一发起方进行推进的模式效率较高、速度较快，而国外大多数项目在项目前期花费的时间较长，需要完成详细的项目可行性研究报告和环境评价报告等，之后交由具体的部门发起，再由当地的议会等机构进行评估，时间相对较长。因此，在不同的国家环境、政治体系和人文文化下，项目的拓展过程和细节是完全不同的。

2）不同国家的项目开发环境区别很大。我国在项目前期开发过程中，更重视项目的建成时间或建造过程，项目的前期策划和管理工作相对比较弱；而国外项目的建设时间相对固定，但对前期策划要求比较高，往往希望在前期尽量完整地规避和处理所有的后期风险和矛盾，导致双方在确定前期开发思路过程中会产生大量的摩擦和碰撞，而双方的沟通就是为了解决此类问题。

3）每个国家都有自己的历史和文化，在具体行为准则方面有很大差异。例如，有些国家的工作人员时间观念不强，在具体业务推进过程中，即使双方已经确定好时间也很难准时赴约，影响工作效率。在这种情况下，如果一味要求对方必须准时赴约，显然无法达成最终开发目的。业务拓展和项目开发过程十分漫长，充满了不确定性，需要业务人员花费大量的时间进行反复沟通，以达成一致目标，增强互信。

二、沟通的内容

在不同的业务阶段，沟通内容显然是有很大区别的，因此对沟通内容无法制订标准有效的内容清单，只能从项目的前期沟通着手介绍相关内容。无论是采用面对面的交流形式，还是采用书面沟通的交流形式，都应该包括以下要点：

1）重点突出项目或具体工作的特点。在沟通过程中，主要介绍项目背景，即为何选择这个项目，这个项目的主要特点，实施该项目以后会给国家、人民、经济、政治、环境带来哪些具体利益，有哪些不利方面。主要是从项目的角度与业主达成一致，确定基本的范围，然后推进后续工作，同时介绍项目的优势和特点，如项目成本较低、项目质量突出、项目完工时间较短等。无论从哪个方面介绍，都要突出项目实施的必要性和唯一性，重点强调该国目前所处的阶段以及对该项目的迫切需求。

2）重点突出公司特点。强调公司是完成该项目的最佳选择，从公司的实力、资金水平、人力资源、组织架构以及以往业绩、社会关系、整合资源等层面突出公司具备得天独厚的优势条件，使项目业主充分了解公司的核心竞争力。

3）重点突出开发工作特点。完成一般沟通介绍工作以后，对方是否有信心或兴趣进行后续合作或推进已经比较明了，此时应该重点介绍项目的基本开发流程和特点。通过介绍部分核心里程碑节点，突出我方基本规划和想法，建议项目业主按照此节点内容进行后续工作和计划安排。在这种条件下，明确具体开发工作节点或相关负责人。之后，可以与对方确定下次沟通的时间和地点等。需注意的是，在介绍过程中，无论是投标项目、融资项目，还是投资项目，都需要国内政府审批，介绍过程中也需要突出国内管理的特点，这对项目业主也是开发知识的普及。

4）重点突出业主特点。该内容主要包括两部分：一部分是介绍业主的合理优势，如业主的组织架构非常具有先进性，同时业主的战略也非常具有超前性，而这种超前性正好可以通过正在推进的项目得以实施；另一部分是无论从国家层面还是从公司层面，能够参与的项目都非常多，但其他项目目前开发可能不具有特殊的优势，所以建议首先落实目前正在开发的项目。

5）重点突出国家文化的特点。强调正是这些优秀的业主管理方，具备很多国家、公司、团队、人员所不具备的优势，如做事比较果断、效率比较高、决策比较清晰等。在这种情况下，建议落实后续的开发内容、推进细节或具体工作计划，这样才可能推进项目的早日生效与完成。

三、沟通计划的制订

确定基本沟通内容和形式以后，需要制订较为科学、严谨、合理的沟通流程或沟通计划。对于大多数的沟通而言，如果属于私下沟通会比较轻松，可以简单确定沟通安排细节，但是对于较复杂的、正式的沟通工作安排，则需要制订较合理的沟通计划。对于正式沟通的流程安排，部分国际工程市场开发人员认为只要能够见面，只要按照个人的目的进行表述，沟通工作就是圆满的，这种观点存在两个误区：其一，大部分国家的项目业主都具有较高的学历和文化层次，可能身居要职，个人时间安排比较紧凑，因此预先制订一个较为详细的沟通计划是非常有必要的，这样既能节省对方的时间，又能突出我方重点，也会给对方留下我方做事严谨认真的印象；其二，市场开发工作相对烦琐、目标不确定，在沟通过程中很难了解对方的核心需求或真实目的，导致在沟通过程中一直摸索对方的要求范围，在这种情况下，一份相对严谨的沟通计划可以起到明显的作用。

1. 面对面的沟通计划

针对面对面的沟通流程制订工作计划时，一般要求如下：

1）确定沟通的主题和目标。具体内容包括：本次沟通的核心目标是什么，之前为这个目标做了哪些工作，工作过程中遇到了哪些问题、是如何处理的，是否落实了某些书面文件，是否确定了下一步工作计划等。在进行正式沟通交流之前，至少确认心中是有目标和主题的。

2）确定参与沟通的人员、时间和地点等。有了目标和主题，可以初步确定参与沟通的人员数量和基本组成，同时需要与参加沟通的外方紧密联系，确定具体时间和地点等。如果有必要，需要考虑具体细节问题，如着装、交通、餐饮等。

3）明确沟通的主要成果。沟通完成后，是否有具体的会议纪要、往来信函，确定下次沟通的时间和地点，是否需要签字确认等。

4）确定所采用的沟通形式。在沟通过程中，明确沟通目标后需要确定基本战术。例如，在沟通前期是采用循序渐进的方式还是开门见山的方式，不同的方式效果是有明显区别的，核心内容是需要考虑对方的基本需求和所处的背景环境，然后制定相关的操作策略。

5）预先分析沟通过程中的不确定因素或风险，如对方可能提出哪些问题和反对意见，是态度层面，还是方案层面，或细节层面；对方提出不同意见之后，我方如何反应，有哪些具体的应对措施等。

6）沟通完成后的后续工作落实与跟进。沟通工作完成以后，至少需要达成以下目标：①双方基本确定合作意向，同时确定下次沟通的时间和相关细节；②双方签署会议纪要类的相关书面文件，能够将本次沟通的核心要点以及双方观点一致的内容进行书面确认，确定未来工作的重点；③双方约定后续操作计划，或直接进行第二次沟通和相关的后续工作。

2. 书面沟通计划

对于书面沟通的流程，要求内容如下：

1）查阅相关资料或双方之前的信函往来。确定双方之前是否有信函往来，信函的主要内容是什么，是否达到了预期目的等。

2）分析对方的基本诉求和目的。是否通过电话沟通、书面沟通、见面沟通等方式都可以达到目的，沟通的主要手段有哪些，对方更希望使用哪种沟通手段，对方的主要诉求和目的是什么，通过信函的手段是否可以满足对方的要求等。

3）起草相关信函的草稿。由相关人员起草具体的信函，对于较简单的沟通目的和要求内容，一般三段即可：第一段介绍背景、参考文件等相关信息；第二段介绍事情经过、细节或相关内容；第三段介绍主要目的和想法、建议等。如果有其他内容，也可另做补充。

4）内部分析或推演。完成信函草稿以后，由内部人员进行分析，揣测对方的心理，换位思考，确定对方的目的。

5）发送文件。文件讨论完成后，进行修改和内容的最终确定，然后通过邮寄、传真、电子邮件等方式发送，并确认项目业主方收到。

6）完成信函发送后的跟踪工作。对于信函中的相关内容和细节等，如果有明确的时间和要求等，需要进行后续跟踪，可以通过电话、当面沟通、邮件等形式获取落实情况。

四、沟通能力的提升

在境外业务拓展过程中，对基本业务人员的要求比较高，但多数业务人员在与客户沟通交流时不知道如何表达，或在沟通中往往不能抓住重点和细节。那么，一个经验欠缺的境外业务工作者需要从哪些方面提高，或在沟通过程中应该提前准备哪些内容，可以从以下3个方面进行分析：

1）确定可以寻找到客户的场所。沟通场所主要包括饮食服务场所、办公场所和休闲娱乐场所。办公场所主要是指个人专用的办公室、接待办公室或一般性接待处。部分高级政府官员的办公室往往会分为内外两间，内间为专用办公室，外间则为接待室或办公室主任办公区域，在无法和高级官员沟通的前提下和办公室主任沟通也是非常不错的选择。同时，在官员集中接待时间，很多公司代表、代理和其他有关人员都会集中在办公室的外间等待，这也是挖掘代理的优质场所。前面已提到，在当地的高档酒店大堂、高档西餐厅、特色餐馆等，十分有可能遇到经常参加当地重大会议的高级领导和重点客户。此外，体育俱乐部、体育活动场馆等休闲娱乐场所也是发掘客户的重要场所。确定挖掘客户的渠道以后，还需要酝酿与客户的第一次沟通和交流，而在沟通交流之前需要做一定的准备工作。

2）进行业务拓展的必备"软件"。"软件"主要是业务人员的基本技能和素质要求，如在项目开发过程中，业务人员需要做到腿勤、嘴勤、眼勤和脑勤。腿勤是指在有时间、有条件的情况下，经常去对方的办公室，尽量与业主多沟通、多交流；嘴勤是指与业主沟通时，多问对方的需求、感受、想法、观点，增加互动频度；眼勤是指在与业主的沟通交流中，要多观察对方的核心诉求，洞察现存的问题；脑勤是指充分思考，认真分析问题的前因后果，及时制订相关的解决方案。

3）储备业务拓展过程中的基本"硬件"。"硬件"主要包括公司的宣传样本或画册、纪念品、工作人员的名片等。由于在国外业务拓展过程中经常需要同步进行深度和广度开发，因此会遇到不同类型的客户，而每次与客户的见面机会都是无法复制的机遇，无论在何时何地见到客户都需要递交个人名片，这既是礼仪的要求，也是业务的要求，之后递交公司的宣传样本或画册或者软件版的相关资料。完成上述工作之后，可以赠送公司的纪念品，如印有公司标志的 U 盘，里面既包含公司宣传资料，也包括个人联系方式等。

确定具体合作关系之后，需要进行较为正式的沟通交流。在赴约之前，首先要熟知公司的基本业绩情况、核心业绩、核心业务的领域或范围，计划推进的项目核心技术、核心要点、核心工艺；其次要了解客户的痛点或核心诉求等，并在较短的时间内发掘客户的核心需求。做好充分的沟通准备之后，需要进行正式的沟通交流和汇报，除正式汇报交流的材料，还要注意沟通技巧和方法，面对的沟通对象不同，相应的要求也是不同的。例如，在与政府客户沟通时，需要做到有礼有节、不卑不亢、落落大方，介绍公司的基本情况时要少而准，少意味着公司的宣传内容不能千篇一律，不需要多多益善，只需要做到精准即可；介绍公司的服务内容时，范围应尽量广泛，如不仅可以提供基本的工程服务，还可以提供相关融资服务等。如果沟通场景比较尴尬，可以首先称赞对方的工作能力强、业务水平比较高等；如果双方沟通氛围比较好，则很容易确定下次沟通的时间、地点等具体安排。如果是针对个人客户，沟通初期的要求是有重点、有目标。由于是一对一的沟通，可能会在一些兴趣点的影响下跑题。如果遇到比较尴尬的场景，需要通过主动交流化解这种尴尬，如问对方是否去过中国、对中国的印象如何、是否愿意交流学习等。

在进行专业沟通交流的过程中，往往以公司宣传、项目前期资料或方案为主要沟通内容。在介绍项目方案的过程中，首先，进行系统介绍，如该方案的内容比较全面、贴合当地实际需求，项目的上游、中游、下游等内容均已涉及；其次，要强调方案中的重点内容，如是否考虑了当地的高标准环保要求和操作细节等；最后，必须包括业主方核心的诉求点。在条件具备的情况下可准备多种版本的方案，如实施时间最短的和较长的方案、成本较高和较低的方案版本等。无论提供哪种类型的方案，都要对客户的痛点进行重点分析，然后制订针对性的方案。通过多种方案的对比介绍，让业主方选择一种最合适的类型。在具体沟通汇报中，必须重视口头汇报时间，一般专业技术汇报的时长大约是 1 小时，而如果有高级领导参加，他们的注意力可能仅仅在最初的 15 分钟，所以必须在 15 分钟之内释放出核心内容。一般汇报形式以幻灯片为主，如果有配套的书面材料等，则需要考虑其全面性，既需要能够包括项目的全部工作范围，也需要考虑项目的基本开发逻辑性、连贯性等。

沟通是境外业务拓展工作必不可少的组成部分，也是国际工程市场开发人员需要掌握的基本能力。业务人员只有在工作实践中不断锤炼、思考和提升，才能提升业务能力，有效推进项目。

第三节　国际工程市场开发人员的业务能力培养

在具体业务操作过程中，大部分市场开发人员要通过企业招聘、选拔、层层培养、不断深化后才能成为合格的国际工程市场开发人员。而无论是从应届生中进行选拔，还是从现有市场上进行招聘，都需要经过考核和培养才能顺利成长。培养是提升现有市场开发人员能力的主要手段和有效途径，只有在企业的人员培养体系建立完成以后，才能不断输出人才，为公司发展提供源源不断的动力。

一、人才培养途径

企业的人才培养需要建立严格和科学的体系，主要目的是从性格、能力和学习层面进行培养和教导，通过一定时间内的强化教育最终完成人才培养目标。培养方式有多种，途径不同效果也不同，具体选择哪种培养途径需要结合企业实际情况考虑。

1）企业自行培养。主要是指企业通过自己的培养体系，对新入门业务人员的专业能力、个人性格特点和气质等方面进行细化培养，进而完成培养中级业务人员的目标，再通过岗位实践、理论学习和其他途径来提高，最终达到企业的高级人才标准。具体培养过程是通过一定时期内的理论学习和结合工作岗位实践进行锻炼，一般要求是在业务一线进行岗位实践，而实践完成以后进行个人考核，如果个人考核能够顺利完成进入下一阶段的人才培养。这种培养方式周期比较长，投入比较大，而且在培养过程中容易流失人才。

2）通过专业机构培养。是指通过高等院校、社会培训机构等，对企业的专业人员或核心人才进行系统的专业培养，可以是脱产或半脱产的形式。这些专业机构都有提升国际业务人员能力的知识体系，通过不同的教学方式将具体理论知识和操作细节等介绍给学员，之后个别条件成熟的培训机构还会安排一定数量的在岗培训，通过岗位实践锻炼增强学员对理论知识的理解。这种培养方式的成本比较高，耗费时间也比较长，因此只有大量引入新人才时才会进行类似的操作。

3）通过兄弟企业定向培养。部分企业的境外业务占比相对较小，相应的人才储备也比较少，可以由经验丰富的企业代为培养。采用这种方式，对于培养人才的企业既可以获取免费的员工服务，又无需支付额外的人工费用；而对于需要培养人才的企业，既节省了培训费用，又能通过实践的方式培养人才。

4）通过网络或其他渠道培养。由于境外业务的特殊性，进行集中培训的成本相对较高，因此有些企业会选择线上培训的方式，这样既可以节省成本，同时又不受时空、地域的限制，可以完成多人多次循环反复的学习。通常是由企业通过与培训机构的合作建立企业大学的人才培养体系，提供定制化的培训课程，之后进行专业内容制作并投放到网络。或由企业内部人员进行经验分享，按照企业实际情况，对现实需求进行梳理之后确定，之后由内部人员完成内容制作并进行内部分享。这种方式最大的优点是可以降低成本、最大化利用资源，同时可以根据现实情况实时更新，能够有效解决现实问题。

二、定向培养流程

在各种培训方式中，最简单、有效的方式是定向培养。操作流程如下：

1）选择合适的导师。合适的导师一般是企业的中高层业务人员，他们精通业务管理，能够独立开发某类项目，制订相关工作计划，处理开发过程中的各类风险和矛盾，充分了解企业的基本业务管理制度和流程操作要求，同时能深刻地认识和尊重企业文化，能够分析和总结项目开发经验，也能带领团队小组进行项目开发与分析，并根据个人能力等进行项目开发任务的分配。

2）确定培养内容。导师首先要根据企业的基本要求和项目操作模式，确定基本开发类型模式或业务形态模式，教导其培养对象根据项目的不同要求分析资料或文件的优劣性，之后制订客观准确的项目开发计划，同时能够在外部环境不断变化的情况下调整项目的开发方向或范围，最终在完成项目的开发工作的同时完成相应的培训计划；其次要对项目开发工作充满正能量的认识，教会学员如何在复杂的环境中与客户保持高密度、大强度的沟通细节，重点是沟通细节、方式、方法、渠道；再次是对学员进行性格方面的影响与疏导，比如如何树立正确的价值观、人生观，如何塑造优秀的性格品质，如何培养广泛的兴趣爱好等。

3）建立导师的培养工作机制。导师在人才培养过程中的劳动付出既是对公司文化的认同，也是个人价值的充分体现，因此需要从企业层面建立相配套的导师工作机制，统筹考虑导师进行人员培养之后的薪酬待遇、福利制度、上升空间。

4）制定培训目标。要做好人才培养工作，必须制定培训目标。例如，1年目标是基本了解市场开发的操作流程，了解和客观认识国际工程市场开发人员的基本能力要求；3年目标是掌握开发过程中的各种方法、细节和技巧等，能够较为轻松地与客户进行沟通，能够在团队的配合下完成项目开发目标；5年目标是可以与他人分享自己的项目开发经验，能够带领较小团队进行目标项目开发，能够将开发工作任务进行准确分配和实施监督等。

5）定期考核与分析。导师制能否顺利落地取决于企业是否有配套的导师激励制度，而导师激励制度的成功与否则与早期制定的结果目标和过程目标息息相关，早期是否递交了培养工作计划和目标，该目标是否可以通过人力资源部门的考核，需要定期对导师的工作内容和目标完成情况进行考核奖励。

三、岗位实践培养

由于国际工程市场开发人员属于实操类型的人才，不能局限于基本的理论学习，更应注重真正意义上的实践能力和操作控制。因此，在国际工程市场开发人员的培养途径上也可以从岗位实践的角度出发进行具体操作培养，即进行岗位制或轮岗制。由企业选派出需要进行业务能力提升的人员直接输送到各个国家办事处、业务一线、具体岗位进行独立的操作实践，而企业层面对实践过程进行监控，提供引导和目标方向指引。这种培养方式最大的优势是可以直接对人员进行岗位操作级别的实践培养，并没有进行理论学习的过渡阶段，相对省时省力，同时在岗位中所学习的内容和信息往往都非常贴近现实，能力提升速度会比较快。但这种方式主要应用于岗位相对比较具体、人才缺口比较大的中小型企业。

通过岗位实践进行人才培养时，需要充分考虑如下内容：

1）实践中岗位设置比较具体，工作内容比较单一。例如，市场开发的工作岗位就是比较具体单一的，只需要进行项目信息采集、项目信息筛选、项目具体开发计划制订、项目开发工作实施、项目开发工作收尾等；同时承包模式也比较单一，只包括工程总承包、融资类型项目、投标项目等，所涉及的行业也比较单一，既没有进行综合项目开发，也没有进行当地市场的深度和广度开发，没有对多个项目进行同时开发。这样可以使得岗位实践人员通过自身岗位实践独立分析开发过程中的各种风险，研究处理手段，同时依据自身条件和现实情况制订第二步工作计划。

2）没有过多的管理条件或其他限制要求，完全由个人做出判断和选择。在具体业务操作过程中，既需要扎实的专业实力，也需要在日常工作中积累丰富的经验，之后根据自身经验做出准确的初步判断。缺点在于在较为严格和详细的操作流程中很难有发挥空间，项目的开发多是按照上级领导的经验或公司操作流程体系推进，对于个人能力的培养和提升是非常有限的。因此，企业只有在一定范围内赋予岗位人员一定的授权，才容易培养出专业的国际工程市场开发人员。

3）对受训人员的能动性、自控能力要求比较高。在企业监管力度非常有限的情况下，需要进行岗位实践的操作人员必须要有非常好的主观能动性或极强的自控能力，能够充分利用和发挥岗位的优势，开展有针对性的开发工作。但在具体业务操作过程中大多数企业并未要求这一点，导致在业务拓展过程中大多数市场开发人员时间观念不强、工作效率较低，业务能力迟迟不能提升，岗位实践的培训方式并没有发挥应有优势。

4）企业管理文化和考核体系相对比较宽松。大多数企业在境外的业务拓展过程中更强调投入和产出比，因此在具体操作过程中几乎都以结果和过程中的细节作为考核目标。这种方式的优势是在一定的时间和成本费用范围之内能够快速提升企业的整体管理效率，但境外业务拓展则需要更长的时间跨度，如果仅仅通过季度目标、年度目标考核很难落地岗位实践的培训目标。因此，需要建立更广范围的人才考核机制，至少不能设置短期内的考核目标和过于量化的考核目标。岗位实践培养方式最大的优点是能够激励员工积极主动地提升能力，并且耗时最短，但过程中的试错成本较高。

四、开放式培养

对于境外业务人员的培养，如果客观条件比较薄弱，无法进行岗位实践培养和教练式培养，则可以选择开放式培养。开放式培养，一般是由企业提供一个特定的平台进行操作，同时提出一定的目标要求，然后由业务实际操作人员进行自我能力提升，包括个人理论学习、能力提升、性格培养等。在此过程中，企业不关注和监控细节，而是以最终结果为导向。开放式培养具有以下特点：

1）选择基础条件较优秀的人才进行培养。这种培养方式多采用正向激励、管理宽松的形式，因此在具体操作过程中人员的基本素质能力、提升的愿望、主观能动性就成了主要制约因素。在选择受训人员的过程中，首先考虑其个人的基本能力和素质，即具有一定的可塑性，有基本的业务操作能力，有一定的逻辑思维能力、分析能力，有极强的学习欲望，能主动提出个人学习计划，有科学的学习方法，在具体的工作环境中能通过沟通交流、网络学习、参加培训等多种方式进行专业学习。

2）培养过程以结果为导向，过程干预较少。在具体培训过程中，人力资源部门、公司业务主管部门无须过多干预，只要在前期设定具体的培训结果目标，过程中仅为例行沟通，不对培训过程中的任何节点进行考核和管控，只对最终结果负责。其主要目的是充分发挥受训人员的主观能动性，尽量由其个人制定管理目标、学习目标等，完成以后给予个人一定奖励，能够以最低的成本解决培训的难题。

3）由业务人员尽早制订受训人员能力提升计划并进行报备处理。主要是根据个人情况、实际工作能力和最终需求，重点考虑完成目标的可能性以及完成过程中的不确定因素，制订相关的培训目标或年度计划，交由公司总部进行备案存档，过程中不提供任何指导建议或考核目标。设定目标周期完成后，进行统一处理。

4）培训过程中由受训人员做出能力提升汇总。由于培训过程中缺少相关考核机制，所以需要受训人员定期向总部汇报培训情况，由总部进行备案存档处理。

五、传统全过程式人才培养

最为传统的人才培养方式，即按照企业操作流程进行过程监控，对培养工作的前期、中期、后期进行全过程管理。这种方式是多数企业采取的培养方式，有很多优点，如可以通过对人才的系统培养发掘出优秀人员，所有操作过程有规律、有条件，同时可以及时筛选出不合适的人员，在完成本职工作的同时也完成了人才培养目标；缺点是大多数企业都进行类似操作，没有任何新意，而且周期过长、成本过高，导致人员流动性增强。

这种培养方式的具体操作特点如下：企业有明确的人才培养计划和体系；企业有足够的人员晋升通道和发展空间；企业有足够的资源或资金实力支撑该体系；在操作过程中，严格按照人才培养前期、中期、后期的时间顺序进行精细化处理。

无论采用哪种培训方式，都需要从受训人员自身抓起，要求具有必备的基本素质和能力条件。但在具体工作过程中，受客观条件限制，很难完成预期的人才培养计划。那么一个长期在境外业务一线的操作人员，要想快速、有效地提升个人素质和能力，可以从4个方面入手：充分认识国内外工作的差异性；制订适合国外日常工作的学习计划，充分提升时间利用率；培养良好的工作习惯以及合理利用时间的意识；树立远大目标，强身健体。

第四节　国际工程市场开发人员的考核目标确定与实施

国际工程市场开发人员的考核一般包括两部分：第一部分是对目标或结果进行考核，主要以最终结果或目标达成作为最终的检测或评判标准；第二部分是对过程或细节管理进行考核。其中，第一部分的目标考核主要包括三大类内容：一是总体目标考核；二是细节类目标或二级目标考核；三是对团队或个人进行考核。第二部分主要考核操作流程等细节或监控以及阶段目标等。

在国际工程市场开发工作中，可以进行测评或监督的考核量如下：项目开发的成熟度，项目开发团队完成的工作量，项目开发人员完成的工作量，项目开发工作的劳动效率，项目开发工作完成工作量的单位成本，项目开发团队和人员的阶段性考核、评价和激励等。其中，项目开发的成熟度是指开展项目开发工作的进度，即在确定一定年限的开发最终目标之后，每年或每个月的完成进度如何。对于大型项目，一般是以合同签署或项目生效作为开发的最终目标，但是过程中也会考虑以项目合作谅解备忘录是否已经完成作为市场开发工作的成熟度标准。项目开发团队的年度工作量可以按照某个国家一年内完成开发具体业务的数量和项目数量为评判标准。项目开发工作的劳动效率则是指在大致相同的开发工作过程中，某些团队花费的时间较长、效率比较低，而某些团队则花费的时间较短、效率比较高，通过这些内容的对比和数据分析，就可以非常清楚地判断该团队的工作效率和表现。工作量单位成本是指在开发过程中，为了满足某一目标或完成某一个具体开发结果前期所花的费用、经济成本等，包括基本的交通费用、住宿费用、个人补助津贴、市场招待费用以及在公司财务上有记录的所有为本目标达成所花费的费用，通过这个数据分析可以计算出哪些团队成本意识强、工作能力强、能够在尽可能低的成本范围之内满足公司目标要求。项目团队或开发人员的阶段性考核或评价、激励等，一般是指在开发过程中每个季度、每年或每两年进行一次测评考核，或按照里程碑节点进行测评。

例如，对于融资类项目，即 EPC + F 的国际项目开发，可以设定的里程碑节点如下：

1）获取项目信息。重点考核内容是公司或项目开发团队提供了多少条有质量的项目信息，是否对获取的项目信息进行了筛选、分析和判断，是否能够提供项目前期信息的优势、劣势和后续工作计划等。在一定的工作时间内，提供的数量越多就被认为工作能力越强。

2）确定技术合作伙伴，签署合作谅解备忘录。确定项目的基本工作内容和技术特点之后，需要根据公司的实际情况和数据库选择技术合作伙伴，确定完成后需要进行基本的技术交底和工作内容要求，与此同时双方签订合作谅解备忘录或商务合同。

3）由总包单位或总负责单位组织技术人员、商务人员等赴现场进行技术交流，制订具体的考察方案和细节，开展现场考察和测量等工作，同时进行具体技术谈判分析。该阶段的里程碑节点是技术会谈纪要的签字和确认。

4）本公司批准项目预立项。主要是通过前期获取的资料和赴现场考察的情况，以及对当地国、项目本身、业主情况的了解，综合地分析本公司开发此项目的优势和劣势。该阶段的里程碑节点内容是预立项报告。

5）由本公司向业主递交项目技术建议书，包括基本的项目技术特点、工艺路线、整体平面布置报告等，也包括核心工艺设备和基本的工作范围。该阶段的里程碑节点是项目技术建议的完成和递交。

6）本公司与业主进行技术交流确认项目技术方案。主要是完成技术文件递交后与项目业主充分进行基本的沟通和交流，最终对项目技术方案的核心要点进行确认和梳理。该阶段的里程碑节点是该方案以会谈纪要的形式签字确认。

7）在获取项目信息后，本单位递交项目的兴趣函。主要内容是根据项目的基本信息介绍公司的特点、业绩，以及对这个项目的基本兴趣，同时介绍公司与众不同的核心竞争力。该阶段的里程碑节点是兴趣函的完成和递交。

8）项目兴趣函递交完成后，获取项目业主方的兴趣函。对于开发时间较长的项目，可以逐步了解项目业主的真实想法和目的。在这份信函中，业主会介绍他们的基本兴趣点、计划操作内容和合作意向等。该阶段的里程碑节点是对方提供兴趣函，并且有明确的合作意向。

9）在与项目业主的沟通过程中，确定项目开发的基本流程或双方见面时间。在双方基本确定合作意向之后，可能双方还有一定的信函往来，其主要目的是解决现存问题，同时商议如何加快项目开发进度。该阶段的里程碑节点是双方通过往来函件的形式确定具体会面时间。

10）本单位与项目业主方签署合作谅解备忘录。在已提供兴趣函、基本技术方案的情况下，双方的合作关系很快可以确认，需要签署一定范围内的排他性、有一定约束性的合作谅解备忘录。这一阶段的里程碑节点是合作谅解备忘录的签署。

11）获得大使馆和经参处的支持函等相关函件。对于不同的项目，要求也不同，一般融资类的项目需要由总开发单位提供当地使领馆和经参处的各类支持函，通过当地使领馆、经参处、中资商会等渠道进行开立。该阶段的里程碑节点是获取相关的支持函件。

12）获取政府支持函后，需要与国内的信用保险公司沟通，确定这个项目所在国的基本融资环境和融资条件，获取对该项目的基本融资兴趣函或批复等。该阶段的里程碑节点是递交项目基本情况介绍和融资申请，同时获得批准。

13）获取相关金融机构的支持函和其他函件。在完成项目的基本融资操作以后，递交项目的基本情况介绍和政府支持函、信用保险公司支持函，最终获取金融机构的支持函件（通常由政策性银行提供）。本阶段的里程碑节点为递交项目基本资料并获取对项目的支持函件。

14）获取本单位的项目开发批准报告。从项目前期投入一定的精力和资源对项目进行开发操作，同时获取项目的基本支持信函（来自公司总部、政府、金融机构、当地业主等），递交项目基本的开发报告和操作计划等。本阶段的里程碑节点是递交给公司的立项报告获得公司批准。

15）项目业主方向国内递交项目融资申请。一般由当地政府或业主部门或财政部代表完成项目融资报告递交工作。本阶段的里程碑节点是递交申请函并获得国内相关政府部门批准。

16）金融机构向业主方提交项目融资建议书。由我国的金融机构或政策性银行或信用型保险公司向当地业主递交项目的融资方案，包括具体的贷款条件、担保条件、还款时限等核心内容。本阶段的里程碑节点是完成和递交融资建议书。

17）本单位与主要合作伙伴签署合作框架协议。项目开发过程中至少需要设计单位、施工单位、设备制造单位中的一个或几个进行配合，在这个阶段与其中的主要合作伙伴落实基本的合作协议。本阶段的里程碑节点是起草和签署合作协议。

18）本单位与项目业主方进行项目合同谈判，主要包括技术内容和商务内容。这个阶段的主要工作内容是与项目业主进行商务合同内容和技术合同内容的最终确定，为正式签署合同奠定基础。本阶段的里程碑节点是过程中的会议纪要签字确认。

19）本单位向项目业主方提供项目的报价方案。完成项目的基本工作范围、商务条件、技术条件后需要向业主提供最终的报价文件，包括总价、各个主体单元价格以及基本的单价组成等。本阶段的里程碑节点是递交项目的报价书。

20）确定本单位相关的商务合同谈判方案。在项目基本的技术资料、商务资料全部完成以后，需要递交相关的报价方案。接下来可能是漫长的商务谈判磋商，因此需要预先完成商务谈判的准备和策划。本阶段的里程碑节点是确定商务谈判方案。

21）本单位与业主方的商务合同条款谈判结束。由本公司与项目业主进行商务谈判，处理项目合同管理中的细节问题。本阶段应结束商务谈判，里程碑节点是商务谈判纪要签字确认。

22）银行与业主方签署项目融资框架协议。需要项目业主与代表贷款方的当地财政部门或相关机构与国内银行进行磋商，商议贷款细节等内容。双方谈判完成之后签署贷款协议。该阶段的里程碑节点是签署融资框架协议。

23）本单位与项目业主签署项目合同。本单位和项目业主谈判确定商务细节、技术细节、造价细节等所有内容，由当地财政部门和国内金融机构确认并签署项目贷款协议，最终签署项目合同。该阶段的里程碑节点是签署项目的对外合同。

24）本单位与项目的主要合作单位签署项目分包合同。在项目的对外合同签署后，预计很快进入项目的执行阶段，因此需要本单位与国内的各家分包单位进行合同谈判，确定范围、价格和责任，并最终签署分包合同等。本阶段的里程碑节点是项目分包合同签署。

25）金融机构完成对本项目的贷款协议评审。在本单位的对外合同、对内合同签署完成，以及项目贷款协议落实完成以后，需要金融机构按照国内相关管理流程进行内部评审流程工作，确定最终贷款协议，并获得政府部门签字确认。本阶段的里程碑节点为项目评审报告完成。

26）由信用保险公司完成信用保险评审。由信用保险公司落实双方的贷款协议，落头信用保险的具体工作内容，满足贷款协议的生效条件。本阶段里程碑节点为项目评审报告完成。

27）本单位针对项目开具对外履约保函。在项目具备所有贷款条件后，即国内已经审批完成项目贷款流程，则由本单位按照合同要求开具对外履约保函等。本阶段的里程碑节点是保函开立完毕。

28）项目业主方向银行开具贷款保函或完成银行相关手续。按照双方贷款协议，由项目业主提供满足我国银行要求的相关保函文件，在银行收到业主保函后项目基本确定生效。本阶段的里程碑节点是银行收到业主方提供的保函。

29）由我国政府批准项目贷款和信用保险方案。按照外部国家借款、贷款相关协议，由中央银行、外汇管理局等单位进行会审确认后批准该项目贷款和保险协议。本阶段的里程碑节点是获取项目的批准文件。

30）业主方与银行签署项目具体贷款协议。获得我国政府部门的批准后，银行可以与项目的业主签署贷款协议，这是项目合同生效最为关键的条款。本阶段的里程碑节点是项目贷款协议的签署。

31）项目业主向总承包商支付项目预付款。满足生效条件后，由承包商向业主发起请款要求，力争早日获取项目的预付款。本阶段的里程碑节点是获取项目付款凭证等。

32）该项目获取两国政府的最终批准。项目所有文件准备完成后，交由双方所在国政府进行递交和备案工作，预示项目最终文件全部通过。本阶段的里程碑节点是获取双边政府对项目的批准件。

33）项目业主和本单位同时签发文件确定项目满足合同生效条件，项目正式生效。为了方便未来计算正式工期，须由双方一致确认项目生效时间。本阶段的里程碑节点是双方各自签署生效函件。

34）项目合同生效执行。项目开发彻底完成，项目进入执行阶段，按照公司要求进行项目的总结和后续安排等工作。

在具体项目开发过程中，每个操作点都可以被细化和分解，成为开发计划的里程碑节点，同时也是进行项目开发监控的审核点或人员、团队绩效的考核点。在项目开发过程中进行分解操作和细化管理，就是为了项目开发工作能够有更清楚的、更精准的监控和考核体系。与此同时，公司在建立了境外办事处等机构后，工作任务及方向会有所调整，因此不能完全通过对项目的基本开发考核，确定团队或个人的绩效情况，而需要对整个境外分支机构或某个开发团队进行整体监控与考核。

对于境外办事机构，无论是办事处还是分/子公司，总公司对日常工作的监控和考核内容都是一致的，主要包括：确定目标市场的主营产品，组建专业的市场开发团队，联合各种资源的合作伙伴，确定目标国机构基本组织和管理模式，在当地对总公司进行品牌宣传和市场推广，在当地选择适合的代理，与当地政府部门建立良好的沟通渠道，与当地业主方建立良好的关系，与我国驻外政府机构保持沟通顺畅，与当地主要金融机构建立良好的关系，在当地市场开发中向国内及时反馈并确定合适的市场开发战略，以及配合正在实施的公司合同等。

1）确定目标市场的主要经营产品或业务模式。由于各国情况不同，各公司的经营管理模式也不相同，需要企业在当地选择适合自身发展的、灵活的市场开发道路。

2）组建专业的市场开发团队。其主要考核内容由两部分组成：第一部分，由于国外工作条件比较特殊，人才流动性比较强，所以需要在机构管理过程中进行团队建设，建立老中青三代市场开发团队，不断培养年轻市场开发人员。第二部分，由于国家和市场环境不同，公司的主营产品或销售方式也不同。在这种情况下，项目开发显然需要由一个团队完成，至少应包括技术人员、商务人员、造价人员等。

3）联合优势互补的合作资源。在多数项目的开发过程中，需要通过设计院资源、供应商资源、施工资源等配合实施。在项目开发过程中，需要不断寻找合适的资源，同时更新公司的合作伙伴数据库。

4）确定境外管理和组织机构的基本组织形式和管理模式。国家不同、公司背景和管理特点不同，对应的具体开发项目的要求也就不同，需要在目标国设定具体的管理和组织机构，如办事处、分/子公司、合资公司等。不同的管理和组织机构代表的法律身份不同，起到的作用不同，可能涉及的财务和税务问题也不同，因此就需要根据当地情况进行选择和判定。

5）在当地对进行公司品牌宣传和市场推广。公司在境外设立常驻机构的主要目的之一，就是通过该机构进行公司的品牌宣传和市场推广，如积极参加当地展会和大型社会、商业、政治活动，积极参与企业间的交流和促进会并发掘深层次的合作关系，积极参与各类项目的竞标工作等，都会以较小的开发成本达到宣传公司和市场推广的目的。

6）在当地选择合适的代理。由于代理可以近距离观察市场，也可以增加与客户的黏度，对于项目开发等工作都有极大的促进作用。而由于公司不断地参与当地市场深度竞争，同时公司的知名度也在不断提升，当地常驻机构会有越来越多的机会接触当地上层人物。选择合适的项目代理，与其谈判沟通交流，也就成了常驻机构的主要工作内容。

7）与当地政府部门建立良好的沟通渠道。由于在当地设有常驻机构，沟通机会逐渐增多，非常适合进行市场的深度开发和交流，同时打通与政府部门的沟通渠道，为多元化拓展业务和开发市场奠定了基础。

8）与当地业主建立良好的关系。在项目开发工作中，需要不断增强与项目业主的黏度，通过频繁的走访、交流、会议、协调、磋商、谈判、私下会务等有效促进与业主的关系，为未来整体市场的经营工作做好铺垫。

9）与我国驻外政府机构保持顺畅沟通。由于国际项目开发周期比较长，同时存在部分项目需要国内组织融资等现实情况，需要与我国驻当地使领馆、经参处保持紧密沟通，以便在最早的时间获取国内政策、政府支持等相关信息和数据。

10）与主要金融机构建立良好的关系。大多数项目在开发过程中需要进行融资，因此在拓展业务的过程中需要与当地金融机构、国际金融机构、我国驻当地金融机构等保持密切联系与沟通，以便获取最新的金融政策和相关信息等。

11）向国内公司总部及时反馈建立合适的市场开发战略。企业的境外办事机构既是公司对于境外业务落地的主要触手，也是了解当地市场情况、国家情况、发展特点的主要来源，在这种情况下就要分析公司制定的针对当地市场销售的战略和方针是否正确、是否可以延续。获取第一手资料之后，要及时向公司总部进行反馈，协助公司对未来的战略和方针进行调整，这也是公司整体发展未来计划的主要推手。

12）配合公司正在实施的项目。积极配合在当地开发成功后正在实施的项目，可以通过提供技术支持、物流运输、海关服务、政府官员沟通、税务服务、财务服务协助项目团队实施。

在市场开发监控和细节测评阶段，无论是对单个项目的开发考核，还是对整个办事处的开发考核，都要经过以下流程：首先是进行细化分析，确定核心里程碑节点或考核细节；其次是对所有的考核细节和要点进行量化处理，即对具体的内容进行权重设置。在考核过程中，既可以进行定性分析，也可以进行定量打分。权重设置的要求如下：①总权重为100%，具体二级子项可以通过公司层面进行确定；②根据公司的具体情况确定哪一类子项权重较大，一般越难完成的项目权重越大，也有企业会针对初创团队设置成某些越容易完成的子项权重越大，目的是充分调动团队的积极性；③如果确实无法做到公平，可以将所有子项按照平均数处理；④项目开发监控、人员和团队的测评工作非常复杂，需要在实际应用过程中根据具体内容进行划分或二次拆分或减少部分子项。

项目的深度开发、广度开发，选择合适的经营模式在当地谋取长远发展，对项目团队、人员进行监控和考核等，都是非常实务的工作，需要业务人员在一线不断摸索、思考、灵活处理。

对于境外业务拓展工作，需要的是科学的、超前的战略和切实可行的战术打法，同时配备具有相应能力的优秀市场业务人员。而业务人员的发展也不是一蹴而就的，只有在长期的工作中充分利用一切可利用的时间努力提升自身业务能力、专业管理能力，不断完善个人性格和素养，才有机会在未来的市场竞争中崭露头角并取得优秀的成绩。

第九章　国际业务发展现实困难及展望

时至今日，越来越多的企业"走出去"发展国际业务，不仅要面对来自国际市场的竞争挑战，如国际政治、国际经济环境风险，还要处理国内的各种风险和矛盾。与此同时，若企业过分强调经济指标考核，则易导致在国际业务拓展过程中没有明确的发展思路、战略导向和具体的管理方式，也缺少能够解决问题的专业人才。

企业只有努力练好内功，从公司发展目标、战略导向、业务疏导、流程建设等多方面与国际业务优秀接轨或对标，建立科学的操作流程和人才培养体系，重视风险管理，提升企业属地化经营水平，担当必要的社会责任，才能走得更远，发展得更好。

本章重点分析国际工程承包市场困难、国际工程承包市场的未来发展形势，提出国际工程市场开发建议。

第一节　国际工程承包市场困难分析

随着国际工程承包市场的不断发展，我国企业实现了从无到有、逐步发展壮大的转变，对外承包企业的实力也在不断增强。在这种新形势下，产生了新的问题：一是国际工程项目开发周期过长，资源投入量过大。据国内相关行业资料统计，国际工程项目前期开发周期短则1年，长则5~8年，项目的执行期也往往是国内项目的好几倍，一般性项目的完整工期至少为国内同类项目工期的2倍，在控制不力的情况下甚至会延长至3~4倍。与此同时，无论是在项目前期开发还是在执行期间，都会消耗大量资源。如果目标不明确或工作范围发生改变，在实际工作中还会出现大量不可控因素和潜在风险。二是国际工程项目涉及的专业知识范围广、集成工作量大、专业人才稀缺，贯穿工程项目前期开发和后期执行的相关管理需要对各类相关知识进行集成。在这种条件下，能满足企业需求、一专多能的综合性人才就显得非常稀少，因此无论是对人才的招聘还是培养，都需要企业投入大量的时间成本和资金成本。三是基于以上原因，国际工程承包项目具有风险大、管理难的普遍性特点。目前，由我国企业对外承包的特大境外项目，发生过几起严重亏损的事件，几乎项目管理所能涉及的风险和困难在这些项目上都得到了最全面的体现和负面诠释，由此也在一定程度上挫伤了国内企业"走出去"的信心和速度。

一、外部环境错综复杂

1) 全球金融危机和欧债危机的影响并没有完全消失，未来国际经济形势走向并不十分明朗。2008年的美国次贷危机，导致全球经济都受到了前所未有的挑战。①我国传统工程承包领域的优势在于我国劳动力成本低、工业体系健全、产品丰富、有价格优势，但是受经济危机的持续影响，以上优势受到严重削弱，出口创汇额度不断降低，同时政府加强宏观调控，不断收缩银根，对外的信贷资金力度也受到了很大的影响。②欧洲作为全球最大的工程承包市场之一，受到的冲击较大。建筑业投资规模持续下降，当地工程承包企业竞争日趋激烈，更多的企业离开欧洲转而去第三世界国家寻找机会，却导致了这些地区的竞争进一步加剧。③第三世界国家的经济结构多以出口创汇为主要方向，而传统的产品输出目的国均在欧洲和美国，但由于当地购买力的持续下降，出口额骤减，财务结构问题增多，外汇储备不断流失，因此对于基础设施的投入也随之降低，而对于已有项目的门槛限制却越来越高。

2) 在项目开发过程中，各种风险和负面影响大幅度增加。一是地缘政治风险。在政治冲突和矛盾多发的国家和地区开发项目存在非常高的风险系数，不仅新项目很难落地，老项目也难以顺利进行，但项目中的各项风险费用却一直攀升。在这些国家和地区开发项目投入大、周期长、不可控因素多。二是在某些国家，恐怖袭击的频率和破坏度日益提升。在这样的国家进行项目开发和实施，就会遇到开发周期变长、项目执行成本过高、团队管理压力增大等困难。三是治安危机和群体性斗殴事件增多。有些国家会时常发生由政治、民族或阶级问题所导致的群体斗殴事件，虽然对于只是参与一般性基础设施或当地经济发展的普通项目而言没有战争那样的破坏力，但遇到的阻力也是巨大的，也会导致项目开发周期和成本大幅度上升。

3）部分国家和地区的市场保护和准入机制调整力度大。由于国际工程承包项目涉及因素复杂，部分企业倾向于承揽金额较大的项目，其中以能源类和交通类项目居多。能源类项目一般只存在于资源较为丰富的国家，如果这些国家调整相关的产业政策或开发模式，将会对中资企业的发展产生较大影响。例如，大量火电站项目集中于印度，印度的劳动力成本较低、技术工艺水平较强、加工制造能力较强，但随着我国电力企业的进一步涌入，印度官方不断提升门槛，通过提高原产于本国的产品在整个项目中的比重，加强对电力企业数量的宏观调控，导致这类项目在中资企业中的竞争越来越激烈、单位造价也越来越低。出现类似情况的国家还有土耳其，之前由于我国产品和服务在当地市场具有一定的竞争力，中资企业在当地占有一定量的市场份额，但在项目逐渐推进和发展的进程中，本土企业的设计能力、施工能力和设备制造能力也在不断提升。为了增强本国企业的竞争砝码，当地政府出台了保护政策，如强制要求外资企业必须和当地企业组成联合体进行投标等。另外，有些国家在当地电力行业发展的前期阶段，需要我国信贷资金的大力支持，所以认可在项目所采用的标准体系上使用我国标准，但是随着当地相关产业的迅速发展，同时西方国家也通过提供较优惠的金融政策参与当地基建市场，当地政府开始颁布实施新的体系或行业标准，主要参考欧洲发达国家体系标准，与我国现有标准有较大差异，对于中资企业进一步深入当地开发和执行项目带来很大阻力。在一些较为富庶的国家和地区，人民生活水平较高，对于外来产品更多的是考虑其质量，而对价格相对不太敏感。在这些国家和地区承揽项目，业主通常会提供相应的产品采购清单，即人们经常讨论的甲供清单。例如：在沙特阿拉伯，一般性工程项目业主都会提供指定采购清单；在欧盟某些国家，由于有统一的劳动保护政策和劳动力就业指标规定，导致中资企业在东欧国家承揽的项目多数会遇到劳动力保护的问题，从我国输出劳动力会受到严格的数量、比例等限制，难以充分利用和发挥我国劳动力传统的优势，如效率较高、成本较低等；在非洲大部分国家，中资企业承揽的项目金额偏大、数量偏多，对于当地社会的影响力较大，因此也成为当地税务执法部门重点针对的对象，几乎在每年的固定时间都会重点针对中资企业在当地的分/子公司、办事处、项目部等进行税务审查，审查内容严格、针对性强，对税务机构认定的违规行为惩罚较重，因此也可以把各国的针对性税务稽查视为市场保护和准入限制的手段之一。

4）由于工程承包领域的技术门槛较低，项目施工属于劳动密集型行业，因此这个行业的竞争异常激烈。目前，来自欧美发达国家和地区的公司，主要负责提供管理、技术咨询服务和其他顾问咨询服务，这些工作都位于产业链的中高端，属于知识密集型的领域，也恰恰是中资企业的短板；日、韩公司的项目运作和管理水平属于第二梯队，仅次于欧美一流企业，在电力、能源、矿产、水务等行业的项目管理和整体驾驭能力比中资企业有优势；而来自第三世界国家和地区的承包商，其主要竞争优势体现在价格或劳动力成本上，可以完成一般性的项目管理，但在较为复杂和技术要求程度高的领域竞争力较弱。以上这些类型的企业对中资企业而言各具竞争优势，因此在中资企业参与境外工程总承包的市场竞争中构成了不同程度的挑战和威胁。

二、内部环境竞争加剧

由于近年来对外承包事业的蓬勃发展和国内工程承包领域的竞争进一步加剧，大多数中资企业一致看好国外工程承包市场，"走出去"的步伐越来越快，但其中多数企业的自身素质和管理水平却始终止步不前。目前具有承揽国外项目资质的企业数量已经明显超过了市场容量，同一国家的市场上国内同行之间的恶性竞争加剧，导致的直接结果可能就是项目亏损，企业或退出该国家或撤离该市场。

1）我国"走出去"的企业数量虽多，却良莠不齐。多数企业类别已经从最初从事工程、贸易、加工制造和其他领域的中央企业转变为以工程总承包为主的企业；各省部级企业也纷纷加入"走出去"大军；很多地市级和私营企业也不甘落后纷纷走出国门。大部分企业是水平高、能力强的优秀企业，但也会在生产经营中出现短视行为，为了在短期内拿到项目或为了让利润达到最大化，不按照正常的生产经营工作开展，而是走捷径，甚至开展一些负面工作。例如，在开发阶段为了获取项目不惜采取贿赂的违法手段，在项目执行过程中为了降低成本弄虚作假。这些行为不仅会导致项目最终无法满足计划要求的各项指标，还会影响公司乃至国家的形象。

2）低水平竞争现象泛滥。多数中资企业"走出去"后，因为没有真正的核心竞争力，导致其始终在行业的低端领域竞争，到末期几乎全是价格的比拼；大部分中资企业相对擅长工民建和路桥建设，属于劳动密集型低附加值的行业，是工程承包产业链的相对末端，只能参与低水平竞争；还有一些中资企业在进入新兴市场的时候急功近利，试图以低价进入市场后再通过索赔或后续工程的跟进解决前期投入的问题，易引发恶性竞争。

3）中资企业之间压价问题发生概率较高。越来越多的中资企业在境外承揽项目时，更多地倾向于选择我国政府提供的信贷资金，而这些项目往往会占据项目所在国未来几个财年的贷款额度，对于在当地有办事处的企业而言，未来几年的经营开发将因为上马这个项目而变得步履维艰；同时，有些项目所在国政府为了在中资企业之间维持平衡并获得尽可能高的性价比，会从本国角度出发将一家中资企业的项目报价方案递给另外一家中资企业，让他们相互压价；在某些国家的项目，可能因为涉及第三国的部分影响因素，包括物流、税务和区域性发展等，使管理难度加大；而对于企业自身，可能由于是首次接触该市场，战略上要求低价进入，同时由于对当地市场不甚了解，加上投标报价时间较短，不能真正深入该地市场进行尽职调查，最后导致信息不准确、报价偏差较大。

4）恶性竞争或非正常商业行为时有发生，主要表现在中资企业之间的相互诋毁和拆台等。由于经营指标压力巨大，企业之间出于经济利益，在业主之间、当地政府之间、我国政府驻外机构和中资企业商会之间相互攻击甚至诽谤；部分企业不遵守当地法律，在竞争中采用违规行为，如通过非法手段提前获得业主标底、进行商业贿赂等，类似的行为都为后期的项目执行或公司在当地的深入经营发展留下了重大隐患。

三、传统优势逐渐被削弱

1）劳动力价格相对优势正在逐渐消退。随着国内经济的迅速发展，人民生活水平不断提高，但国内的通货膨胀指数居高不下，导致我国普通劳动力的成本一直飞速增长。例如：在国内经济发达地区，普通劳务人员的月工资水平可以达到 8000～9000 元人民币；而同期出国人员的工资却长期徘徊在 10 000 元人民币上下，因此单单从工资一项很难对普通劳务人员形成吸引力。可见，未来以劳动密集型项目作为支柱领域的企业竞争压力将会进一步增大。

2）专业管理及设计咨询业务能力相对滞后。项目执行前期的工作对成本、质量和进度的影响远大于后期，所以在项目前期，如果能按照预期标准规范和设计要求进行铺设，在后期项目执行阶段所受的阻力就会较小。但是目前我国的相关标准规范在世界范围内并未得到广泛认可，设计类企业单独"走出去"承揽项目并未成为主流，很少能参与到项目前期规划设计中，更多的是参与 EPC 项目工作中的详细设计；工程咨询类能"走出去"的企业则更少；特许经营项目的后期运营管理参与企业也尚未形成气候。这些情况的产生，主要是受过去经济体制影响，导致很多企业自身既是开发商也是运营商，社会化分工不够精细，未能与国际完全接轨，进而导致中资企业在参与特大型项目的综合开发时，在初始设计阶段就会遇到一定的障碍和阻力。

3）现汇项目过分依赖国内信贷资金和政府支持。国际项目一般需要承包商具有国际思路和战略眼光，同时要求企业本身具有较强的资源整合能力，尤其是融资能力，而不是仅仅寄希望于本国政府支持。此外，需要通过国际化的商务运作拓宽或加深融资渠道，积极与国际性、区域性的知名银行、财团、金融机构合作。也可以在适当的时候，通过开发立体的融资模式，积极引导业主推行特许经营的开发模式。

4）缺乏项目整体管理和精益化管理思路。由于国内外市场环境差别较大，如果企业对于这种差别预判或准备不足，就会导致在项目管理过程中遇到较多阻碍，引发经营不善等问题。此外，设计院所一般只完成设计任务，很少涉足施工管理，而施工企业又几乎很少有机会直接参与设计。在这种情况下，项目经营和具体管理缺乏整体思路，难以做到统筹兼顾，项目计划或精益化管理也很难落到实处。

5）企业的境外经营风险进一步扩大。主要表现在中资企业承揽的项目大部分位于第三世界国家，国家政治风险较大，项目本身也具有很大的不确定性，开发成功概率小，项目执行中可能因不可预见的风险出现延期或亏损等。此外，人民币单边升值压力一直未能得到充分释放，大部分国际项目仍以美元结算，因此人民币结算的国际化道路任重而道远。

6）对属地化运营重视不足或能力不够。受传统经济环境和文化的影响，中资企业"走出去"时多依靠自身的实力和团队，对于项目所在国的文化和当地雇员多采取被动接受的态度，而并非从公司战略和实际需求出发主动融入当地文化，因此缺乏属地化经营的意识和手段，在项目推进过程中与当地政府、社区和员工沟通及交流不足，易导致现有项目的执行和未来项目的开发处于较为被动的局面。

第二节　国际工程承包市场的未来发展形势分析

在国际业务拓展过程中，公司不仅需要不断提升自身的竞争实力，选择合适的市场开拓方式，也需要在适当的情况下借助外力，如整合外部合作伙伴的资源，同时借助我国政府大力扶持企业"走出去"的国家战略，还需要在落实业务的过程中，根据国际经济形势的宏观变化和区域政府的政策做出市场开发的基本战略和战术安排。在这个过程中，企业需要不断深入学习国际基本政治、经济形势，对未来市场进行初步预判，进而开展合适的市场布局等相关开发活动。

2020 年，行业发展形势严峻，但机遇与挑战并存、动力与压力同在。中资企业要顺应向"高质量发展"转型的大趋势，抓紧"一带一路"建设的发展契机，从开发新业务、采用新模式、推进新合作、践行新理念 4 个方面加快形成竞争新优势，推动企业实现高质量可持续发展。

一、全球工程市场前景乐观

全球建筑工程市场虽然存在分化现象，但不影响发展的整体趋势。其中，美国基础设施投资及相关工程领域已经进入增速发展状态，而沉寂多年的铁路工程领域也由于计划中的高速铁路等项目呈现出新的活力；以我国和印度为首的发展中国家,对交通、电力和市政领域的投资持续增加,也促进了世界建筑工程市场的发展。

发达国家的基础设施建设及相关领域占到世界工程总承包领域额度的60%以上,因为发达国家在二战后经历过一段相当长的经济蓬勃发展期,而到今天,曾经非常先进的基础设施条件已显得相对落后、经济能效比偏低,需要升级重建。在此情况下,各发达国家纷纷大力更新基础设施,主要集中在电力、交通、能源等领域,表现为提高能效比、加速智能化建设等。

发展中国家的基础设施大部分是在二战以后建立的,部分国家在建国伊始基础设施几近空白,但由于国家经济发展水平有限,基础设施的建设发展也长久未得到改善。随着全球科技发展水平的进步,各个工程领域的相互关联更加紧密,对国家的基础设施也提出了更高的标准和更全面的要求。鉴于此,发展中国家对于基础设施建设的需求属于刚性需求,个人或国家的投资力度必然会逐步加大。

世界建筑工程总体产值规模巨大,属于经济生活中的传统行业。纵观世界发展史,人类对于工程和建筑的需求一直是无止境的,因此该行业始终在每个国家的国民生产总值中保有一定的份额。一般情况下,全球建筑工程业开发规模每年可以达到6万亿美元,几乎占到全球GDP总量的10%,而其中大部分项目是以公开招标的形式实现的,约合1.8万亿美元。

二、对外工程承包领域呈现多元化的态势

交通物流网络的发展建设水平直接反映并影响一个国家的经济发展水平,也是一个国家共享全球经济发展利好的必要条件。多个国家在制订五年或十年发展规划时,都将交通建设列为优先发展或必须发展的基建项目,通过重点完善公路、铁路、机场、码头等,将全国的各大城市或交通枢纽连接起来。与此同时,交通网络的发展以各种物资运输便捷化和运输成本低廉化为首要目的,因此,也会同时考虑配套的物流中心和为物流中心服务的其他基础设施建设,从而形成立体化的交通网络建设规划。当前,几大洲都制订了国家之间、区域之间的交通或物流联系计划,其中非洲规划的大交通网项目已经在逐步实施中。

能源建设，尤其是新能源建设领域是未来的主要发展方向。在基本交通条件满足以后，各国政府为了提高人民的生活水平、发展当地经济，需要首先解决动力设施配备问题。虽然能源建设不可避免地会对当地的环境造成一定的负面影响，但在经济复苏的背景下，像印度、印度尼西亚和土耳其等国家和地区对于能源建设都有刚性需求。伴随着全球不可再生能源的不断消耗，绿色能源建设已经成为中等经济规模的发展中国家能源开发的首选方向，风力发电、光伏发电和其他绿色能源类发电需求正在不断扩大。

城市化进程推动相关项目机会增多。根据人类文明发展进程和经济发展的客观规律，城市化进程是未来大多数发展中国家发展的必由之路。发达国家和发展中国家的旧城改造需求将会与日俱增，相关的配套设施和民生工程建设需求也会大幅度提升。

科技进步将对工程领域产生深远的影响，各领域的智能化开发将会形成新的经济增长点。传统行业也不可避免地会被互联网渗透并影响，工程领域的智能化发展将成为不可逆转的时代潮流。从智能电网、智能供电体系、智能交通到智能城市，"互联网＋"将进一步提高各行业的生产效率、增大能效比，提高人民整体生活水平。工程承包企业应紧跟时代潮流，抓住这一轮"互联网＋"浪潮带来的项目机会。

国际工程承包业务模式呈现多样性，融资渠道拓宽至关重要。随着互联网的普及，4G、5G 的推广，全球范围内的沟通更便利，沟通成本更低廉，信息传播速度更快、范围更广，国际项目承包的信息门槛会大幅降低。资金来源渠道和解决方式将成为影响项目实施成功与否的关键因素，尤其是在广大的发展中国家和地区，建设资金需求和可供使用的公共资金间的缺口较大问题尤为突出，仅非洲地区每年就有高达 1000 亿美元的基础设施融资缺口，南美洲、亚洲等也都不同程度地存在此类问题。企业要想在激烈的市场竞争中求发展，必须拓宽经营思路，针对市场的痛点提出解决方案，盘活现有资金。

我国相关政策性及非政策性的各类金融、保险机构也在为各类"走出去"的企业提供助力，积极开发融资模式，拓展融资渠道，并为已经成功"走出去"的企业提供出口信贷、特许经营、独立投资等一系列产融结合的整体解决方案。通过结合基础设施建设和周边的矿产资源、土地资源开发打造复合型项目的造血机能，而具有良好造血机能和资金回报预期的复合型项目又是各类政策性融资机构青睐及支持的重点。

目前，BOT 和 PPP 已逐渐成为国际工程承包市场的主流模式。基础设施项目一般投资巨大，而国家、政府层面能提供的资金支持有限，资金缺口往往需要由业主公司来解决，这一先决条件造就了项目性融资的沃土。项目型融资最初产生于发达国家，近年来大多数发展中国家也在积极探索公私合营模式，并陆续制定、出台和完善了与此模式相匹配、用于保护企业和政府权益的法律法规。目前，在东欧、拉丁美洲、东南亚的多数国家都在政府主导下大力推行 PPP 模式，非洲大陆的南部非洲地区和东部非洲地区也在积极推动这种模式。PPP 模式主要是采用合伙契约和特许经营协议两种方式进行融资，同时将项目的开发、建设、运营、维护等相关任务进行一体化打包处理，原则是要求权利和义务相匹配，由合作伙伴分担风险和责任，实现项目参与双方风险共担、利益共享。PPP 模式的核心是解决投资的安全性问题并保障还款收益。目前，这一模式已广泛应用于能源领域，尤其是火电站、水电站和电网建设等，其次是交通运输领域，包括铁路、公路、航空和航海运输等。

三、我国政府加大支持力度，帮助企业"走出去"

在我国政府层面，不断通过外交手段持续推动大型、优质企业"走出去"，推动区域互联互通建设，为企业搭建合作平台，寻求合作机会。而在"走出去"的过程中，企业也不断经受市场的磨砺，促进自身经营能力不断提升。

此外，国家对"走出去"的工程承包企业提供了一定的财税支持。企业在境外工程承包项目过程中可以享有设备出口退税、贷款贴息、保函专项资金补贴、国际市场专项开拓资金、矿产资源类项目前期勘探类资金、劳务输出专项补贴、营业税境外所得税优惠、地方政府财政补贴、地方政府出口信用保险专项补助等多项财政和税收便利政策，这些政策涵盖了工程承包领域从项目开发、建设到验收、交工等全周期的工作内容，基本上在各个阶段都有相配套的政策扶持和资金支持。

四、重点市场和领域预测

（一）亚太地区需求旺盛，增长平缓

无论是通过新签合同额还是通过完成营业额进行数据分析，亚太地区都是全球范围内国外企业的主要业务目的地。亚太地区是世界上经济最为活跃和最具有潜力的地区，对基础设施的投资建设一直位于世界前列，以我国和印度最突出。

（二）非洲基础设施建设发展刚性需求大

非洲大多数国家基础设施落后，且民生建设尚处起步阶段，对基础设施建设的刚性需求非常大。近期，非洲大部分国家纷纷出台了加大基础设施建设的计划，正在规划的基础设施项目约为 800 多个，累计投资金额超过 7000 亿美元。预计到 2050 年前，每年需求 2000 亿~3000 亿美元。大量的基础设施项目主要分布在能源、交通、市政、房建等领域，但非洲大陆幅员辽阔，而且新生国家众多，能源和交通等类型的项目均属于跨国跨区域的联合开发项目，如东部非洲地区的电网建设、道路网建设、铁路网建设、跨境物流港建设等。与此同时，非洲经济的区域化和一体化建设也都刺激了此类项目的进展。

我国企业纷纷加大对非洲地区的开发力度，目前已是境外承包的第二大市场，因此国内各大知名企业均在非洲开拓市场，同时各类新兴企业也纷纷加大对非洲市场的投入力度，力争在未来的竞争中拔得头筹。2012年，在非洲地区新签合同额排名靠前的国家主要有尼日利亚、安哥拉、埃塞俄比亚、阿尔及利亚、埃及、肯尼亚等，完成营业额排名靠前的国家有安哥拉、尼日利亚、阿尔及利亚、埃塞俄比亚、埃及等。上述国家的主要特点如下：首先，国土面积较广阔，人口众多，资源丰富，尤其蕴藏有丰富的石油或天然气资源，对于基础设施的需求强烈；其次，当地市场的投资回报率较高，从 20 世纪 90 年代开始外国直接投资回报率平均达到 29%，并且长期保持两位数的增长速度；再次，这些资源丰富的国家都能接受主权担保或国家财政担保，为我国信贷资金的引入铺平了道路，未来可能会在交通、水务、农业、市政和电力等领域重点发展。但目前存在的主要问题也比较鲜明，如市场不规范、政治不稳定、中资企业内部低价竞

争、政府发展缺乏理性的规划等,这也是新兴企业进入非洲的主要难题所在。

(三) 欧洲市场发展变化呈现两极状态

高端市场具有一定的吸引力。其中,欧洲17国建筑市场总产值约1.5万亿欧元,大约占其GDP的12%,但受到美国次贷危机和欧洲主权危机的影响,近年来一直呈现增长速度减缓的趋势,但对于基础设施建设有加大投资的趋势。例如:英国已经脱离欧盟,需要重振经济雄风,可能会在未来数年内投资5000亿美元用于轨道交通、能源和电信等方面的建设,包括新型高速铁路、机场、大型核电站、风电场、网络宽带、大型地产开发等项目,这些项目均已有中资企业正在进行开发或已经成功签约。而欧盟的主要成员国法国也同样存在上述情况,但对于轨道交通、电网等领域的需求,由于位于西欧的中心地带,需要与比利时、荷兰、德国和其他欧洲国家共同协商解决。

东欧地区,由于其特殊的地理位置和政治渊源,目前正成为中资企业投资和工程承揽的重点地区之一。受历史因素影响,大多数东欧国家基础设施相对落后,尤其是在交通、电力、市政、环保等方面,由于缺乏资金和建设力量,大多数基础设施项目进展较缓慢。在这种情况下,欧盟成立了欧洲复兴发展银行(类似于我国的国家开发银行)提供项目所需资金,其中受到欧盟、国际金融组织、美国等国家的贷款支持达到500亿欧元。但东欧的主要国家,如波兰、乌克兰、匈牙利、罗马尼亚、保加利亚、塞尔维亚、黑山、格鲁吉亚等由于是欧盟国家或即将加入欧盟,受欧盟财政的统一管理,因此不接受主权担保贷款的情况,在工程管理和项目实施时也会按照欧盟的统一标准和制度进行严格要求,这些都是中资企业未来进入该市场时面临的挑战。

(四) 美洲市场凸显拉美和加勒比海地区

北美高端市场将成为未来企业发展的重点选择区域。其中,美国建筑市场市值约1.2万亿美元,约占世界建筑市场的26%。但受到美国次贷危机和全球经济不景气的影响,美国住宅建筑业已经进入周期性、行业发展的低谷时期,预计在未来一段时间内将进入新的增长期。但与住宅市场相比,基础设施领域需要增大投入,计划在未来5年内投资总额达到2万亿美元才能满足基本需求，主要体现在交通、能源、石油化工等领域，具体项目包括高速铁路、机场、码头、风电和光伏发电等。加拿大作为北美第二经济大国与美国存在同样的问题，目前正逐渐削弱房屋建筑领域的投资，但对于能源工业、矿产资源等领域将会加大投入力度。

拉丁美洲和加勒比海地区历来是我国企业关注并参与的重点市场之一，但目前呈现下降趋势，未来将会留存足够的反弹空间。主要特点如下：拉丁美洲国家基础设施建设投资总额不足国家 GDP 的 3%，上升空间巨大。同时由于该地区自然资源蕴藏丰富，未来 5 年内有望成为世界范围内增长最快的建筑市场之一，预计年均增长率会达到 7.3%。其中巴西、委内瑞拉、厄瓜多尔、秘鲁、智利、古巴等国基础设施投入长期不足，建设机会较少，个别国家预计增长率会在 4%~5%。但机会面前同样存在很多现实困难，如当地市场的政治稳定性比较差，当地市场竞争激烈、市场有严格的规范和标准，当地工程企业水平能力相对较高，项目大部分需要投融资或 PPP 模式解决等。

第三节　国际工程市场开发建议

针对企业快速发展和努力"走出去"时遇到的一系列新问题和新困难，需要研究大型国际工程承包企业的现有特点，不断总结经验，结合我国现有行业具体特点，制定和开拓出适合自身操作的国际工程承包新路径。其中，较为突出且具有典型性的问题主要有以下 3 个方面：一是不重视市场开发或市场营销工作，没有基于对市场开发工作的重视制定相应的战略和行动指南，市场开发和营销工作更多的依托于现有的资源和能力，缺乏主观的积极拓展。二是缺乏面向国际市场、立足国际项目的配套规章制度和操作流程，更没有对应的全流程风险监控和配套解决方法，多是通过上级向下级灌输、指示，完成具体的工作内容，极易导致方向偏失和效率低下。三是缺少负责国际工程专项工作的专业人才。国际工程项目多专业集成、综合性高的特点，决定了专业人才奇缺，培养周期漫长。在这种情况下，会出现市场方向把握不准、操作流程运用不熟练等问题，经常是投入了大量资源，项目开发却不成功或投入和产出不成正比。更极端的情况是在市场开发人员离开原公司后，导致公司前期所有的投入所换取的市场资源也会被个人带离，个别公司甚至因此一蹶不振。

纵观国际工程承包企业，虽各有其特点和发展战略，但也不乏共同之处，即对承包业务中的开发工作给予了极高的重视程度，意义如下：一是现代企业的组织架构，非常重视组织和权力的平衡。因此，对于一般制造型企业，研发和销售团队是同等重要的，也是获取企业资源最多的两大机构。类似的在国际知名工程承包企业中，市场开发机构占企业人数的30%~40%，而我国同类企业（不含商务运作型公司）据不完全统计最多只占到10%，把更多资源投入生产、施工、设计或制造部分，因此从公司的原始架构上就导致市场开发工作分配的资源不足，工程承包企业亟待进一步调整和完善各自的组织架构。二是战略导向问题较突出。例如，在国内经济形势较好或国家对于基础设施投资较大的情况下，工程承包企业在战略上会以国内市场开发为主、以国外市场开发为辅，如果国内经济形势或政策有调整，则企业战略随之立刻调整，将国外的市场作为公司开发的主要目标，但整体战略缺乏连续性和规划性，收效甚微，企业会在国内和国外两种截然不同的市场中徘徊犹豫、止步不前，每每导致错失市场机遇，两个市场都缺乏优势投入和深耕，对企业的未来发展有百害而无一利。三是国家对于"走出去"的企业都有一定的政策扶持，因此大多数中资企业需要根据国内外的形势进行综合判断，认真学习国家相关部委的各项政策，制定相配套的战略部署和各项指标，统一协调公司的人、财、物，加大市场开发力度，完成业绩指标。四是目前国内外沟通日益紧密，信息交互扁平化、经济一体化现象凸显。知名的国际工程承包企业通过其境外分/子公司实施的国际项目已占全球工程承包总量25%以上，从形式上多数企业需要向国际知名企业学习，努力加大对于境外市场开发的投入力度，提高境外市场所占的份额。

1) 需要企业明确以创新求发展的业务拓展思路，主动加强理论和业务学习，通过各种公开渠道和线索以及大企业的境外发展思路、具体战略报告等充分了解境外开发战略的特点和操作方法，同时学习大企业的境外业务发展思路，结合公司自身情况调整战略目标和组织架构等，积极寻找业务的拓展思路和方法。此外，在学习大企业发展战略方法的同时，密切跟踪外部环境，尤其是世界经济、政治形势和热点地区的政治经济形势，当地基础设施的投资情况和发展思路，以及近期需要招标的项目和未来计划开发的项目，具体的项目实施模式和资金准备情况等。在具体的业务拓展过程中，需要与兄弟企业或其他有特色的企业进行资源整合或强强联手，通过对资源的有效配置提升境外业务开发的成功率并降低项目开发成本，形成"抱团出海、集中取暖"的业务模式。在这种情况下，企业的内部资源也会进行极大程度的整合和调整，使得企业负担减轻、重新释放活力。再结合我国政府制定的各项鼓励企业"走出去"的宏观政策，以及在公司境外战略实施过程中强强联合的具体手段，不断扩宽企业的经营模式、业务渠道、发展思路、资源配置等，通过企业内部的不断调整适应与日俱新的世界经济和政治环境，进而使企业获得长足发展的基础条件，建立百年基业。

2）要践行投建营一体化的综合发展思路，以工程承包为基础延伸产业和价值链条，推动上下游产业的协同发展。当前阶段，新技术不断涌现，互联网发展突飞猛进，标志着未来企业的发展会朝着两极化方向不断延伸：一种是大而全的企业，包括工程项目的施工、设计、供货、运营维护、融资等方面内容，形成资源整合类型的企业；另一种是专业型企业，在某个具体领域具有行业优势、技术优势或资金优势等，进而形成公司的核心竞争力，如某些专业分包的实施工作，某些专业设备的生产、安装工作等。因此，企业在进行境外业务拓展的过程中需要不断延伸产业链条和价值链条等，从根本上寻求更多的企业增长极，同时在延伸过程中提升自身发展的实力，进行资源整合或独立创立新的业务单元，以便完成上下游产业协同发展的目标。

3）需要遵循互利共赢的合作发展原则，要积极努力推动三方、多方或多边合作等新型模式，推动各方互利共赢，协同进步。国际基础设施项目或国际工程项目，在开发过程中会遇到各种各样的风险，需要企业在具体业务拓展过程中思考，既然可以与国内的多家企业强强联合、抱团出海，那么能不能与境外的企业、属地化经营的企业或第三国的企业进行强强联合？答案是肯定的。因此，企业在国际业务发展过程中应努力与第三方国家的政府、企业、机构和组织、个人等进行多方合作，进而达成强强联合的目标。也可以通过多方合作达成目标，如与欧洲、美国的企业联合在亚洲或非洲的部分国家进行项目开发。从当下环境分析，目前多个大型、综合型、金额较高的基础工程项目都是以上形式，因此要求企业在业务拓展过程中充分利用多边合作的方式，强调多方互利共赢，突出各自优势，进而达成项目的总体目标和企业自身的发展目标。

4) 需要从经济、环境、社会、治理的维度提升项目规划和管理水平，加强属地化管理，履行社会责任，全力打造以高质量、可持续、绿色环保等为核心内容的品牌建设。企业要实现百年发展目标，达到基业长青，需要从经济发展、环境和谐、社会同步等长远目标中开展具体的项目实施和管理操作。因此，在业务积极拓展的过程中，要始终重视企业的核心竞争力，如努力提升项目实施和管理能力，通过属地化经营提高企业在当地发展的社会目标责任感，打造高质量、可持续发展、文明进步的全过程、全社会视角的终极目标；通过项目实施过程或开发过程中的具体操作行为积极提升在当地的经济发展水平、人与自然环境的和谐相处，参与当地社会的文明化进程等工作，达成企业为人类社会发展做出贡献的最终目标。

在充分掌握上述内容的同时，企业还应积极按照以下要求进行工作安排和布置，才能有效达成公司的境外业务拓展目标。

一、建立全面的战略规划和布局

根据企业自身特点和优势，制定合理的战略规划和全球市场布局，在重点市场根据其特殊性进行重点安排。企业未来3~5年的战略规划需要通过严格分析、计算和规划，并明确未来发展的主要模式、现存问题和处理手段。战略规划目标的实现不是一蹴而就的，而是要通过日积跬步的踏实积累。例如：没有参与过境外项目的企业可以首先通过参与援外项目、"两优"项目，或和其他企业进行优势互补、强强联合的方式实现企业"走出去"的第一步，然后根据实际情况，充分发挥自身实力，在已有项目落地的国家和地区生根、深耕，进一步发展。

通常企业开展国际工程总承包业务，会将公司的优质资源配置在重要目的国和在重点开发领域的项目上。因此，在进行境外市场开拓时，要重视"开疆"和"守土"的平衡，确定哪些国家和行业属于新进入阶段、哪些对企业发展有优势，制定出相配套的发展战略和具体工作方法，明确在不同国家的开发策略和投入程度。在顺利进入当地市场以后，根据市场成熟度、当地政治、经济、社会、文化环境，规划出长久经营、发展的方向和目标，并结合当地实际，提升属地化经营水平，将所在地的分/子公司或办事处逐渐打造成企业在该国乃至周边国家、地区的业务支点和对外经营的"桥头堡"。

充分发挥公司优势，打造个性化企业。为了实现长远发展，技术型企业应该努力提升商务经营能力和综合管理能力，商务型企业必须努力发展技术研发能力和工程管理能力，只有这样才能实现一专多能，扬长补短，在充分打造企业个性的同时提高企业的综合实力。

在企业进行境外业务经营和生产的同时，需要认真学习国家颁布的各项法律法规和相关规定，充分了解、尽快熟悉最新的产业政策和扶持内容。企业除了要处理好常规业务，拓展新的业务途径，加强融资渠道的建立和梳理等，还要及时跟进并充分利用各种新技术应用所配套的国家扶持政策，将政府的扶持政策转化为企业的直接生产力。

二、充分体现个性化竞争优势

在国际工程承包市场竞争日益激烈的同时，我国企业之间的同质竞争所产生的恶劣影响也在不断加深。置身"红海"的企业必须另辟蹊径，通过不断提升自身综合能力及个性化服务的水平，开辟出一片符合本企业特性和发展目标的"蓝海"。例如，在提供传统工程承包的相关服务之外，企业可以为业主提供其竞争对手无法提供的增值服务或额外服务，或者提供包括项目前期规划设计、融资或资金解决方案、工程顾问咨询、项目建成完工以后的运营维护、配套管理软件和服务、项目产品销售及市场拓展等在内的全产业链服务。

企业需要持续"开脑洞"，积极拓宽经营思路，延长和工程承包相关的上下游业务链条，如集群式产业开发、矿电结合的资源开发、由电网规划切入的电力开发、综合农业开发等。在条件具备的情况下，工民建施工企业可以尝试进入房地产开发市场，努力打造集开发、建设、销售和配套管理于一体的综合性企业。企业还需要积极探索新业务发展模式，创新发展能和其他利益相关方实现合作共赢又切合本企业实力现状的合作模式，如 BOT/PPP、资源换项目、综合开发等，通过小投资换取大项目，通过小资金撬动大投资。这一过程，在客观上也将助力于项目所在国经济长远发展能力和债务短期偿还能力的提升。

三、提高风险处理能力

企业在境外业务拓展过程中，无论是在项目开发阶段、执行阶段，还是在运营维护阶段，都会既受到宏观风险的影响，如国家风险、政治风险、经济风险等，也会受到微观风险的影响，如项目开发阶段周期过长、项目开发范围不确定、项目前期搜集资料有限，以及项目执行阶段的完工风险、不可抗力风险、管理风险、税务风险、财务风险、跨文化沟通风险等，这些都是非常具体和客观的，很难在短时间内消除。

首先，企业在发展过程中应不断强化风险防控意识，无论是通过培训教育手段，还是通过系统组织要求，其根本目的都是一致的。其次，企业应逐步建立风险防控体系，建立以预防为主、以处理为辅的风险应对管理方针，逐步实施风险防控体系和操作方案。对于不同的风险事件，通过不同分类等级选择不同的处理方式，并在处理过程中进行监控。最后，企业需进行风险改革与管理调整，以主动规避风险的方式进行项目前期开发和项目执行处理，通过管理精细化处理的方式进行风险管控。

四、提高自身项目管理能力和水平

企业自身管理能力的提高表现在两个方面：一是管理层或决策层能力的提升；二是项目操作层或业务层能力的提升。

管理层需要对项目进行精细化管理。在具体工作中，管理水平和企业的抗风险能力只能通过项目实际操作来检验。因此，项目管理的整体化意识、全局化意识，管理的规范化、程序化、制度化、精细化和信息化都必须根据企业实际情况，参照业界标杆企业的标准实施。国际工程承包的风险越高，对于企业自身管理水平的要求就越高，尤其是对企业的风险管理能力会提出更高的要求。因此，企业必须建立自己的内部风险控制体系，包括风险源的识别、风险的评估和影响分析、风险预案的设立，还有风险处理方式的选择等，可以通过完整、全面的风险控制系统降低这些风险产生的影响。

所有企业的竞争最终都会转化为人才的比拼，因此管理层应将目光更多地投向操作层的整体水平和能力提升，充分关注本企业各类人才的数量和质量。任何企业都需要建立其自身的人才选拔体系和培养体系，培养出具有国际战略眼光、熟悉国际市场运作情况的技术、商务、管理、法律、财税等复合型人才。同时，可以通过"请进来"和"走出去"的方法选拔人才，经过培训和岗位锻炼，将其放置在合适的位置，完成人才对应的发展路径规划，充分调动和发挥其主观能动性。

业务层需要重视项目的全过程管理。通常，施工企业在做国际工程时往往更重视施工内容，而忽视了项目设计过程中存在的风险，如不了解国外设计规范、不熟悉当地施工环境、现场人员沟通能力欠缺等，或者过分依靠国内经验开展相关工作。这往往会造成设计工作审批滞后、质量低下或成本超标，最终导致项目整体延期、成本上升、利润被蚕食、企业形象受损等问题。而设计企业在完成施工单位的工作内容时，也存在类似的困难。

项目团队要重视项目操作过程中的沟通管理。在境外承揽工程时，其中一项重要工作就是与外方进行沟通。由于文化、价值观不同，我国企业往往更重视结果，而大部分国外企业和人员更重视过程，因此容易产生冲突；同时，传统文化、宗教信仰、劳动习惯、生活方式、思维模式等多方面的差异性，也是冲突产生的根源之一。面对冲突，最有效的解决方法如下：首先，积极主动地了解外方文化；其次，建立健全沟通机制、沟通渠道，明确沟通目标，这是沟通管理的核心；最后，及时、积极地与外方进行沟通。

企业要"走出去"，从管理层到操作层都应当重视国际市场政治风险，充分认识政治风险对工程市场的影响力。在任何国家和地区进行项目经营和生产活动，都需要预判当地政治风险对市场、对项目的影响，尽量避免商业项目和政治派系有过多牵扯；在项目执行过程中多与当地政府和民众沟通和交流，树立企业良好的形象，并且与媒体保持良好关系，维护企业的正面形象；与项目所有利益相关方充分协调，平衡好各方利益，努力实现合作共赢。

五、提高属地化经营能力

企业"走出去"需要引进人才，即"请进来"。国内企业之间的人才流动更多的是基于共同的思维方式和价值观而达成的行为，但对于在项目所在地的人才空缺现象，则应参考国外优秀企业的做法，加强对本土化人才的引入，提升属地化管理水平。属地化经营是一个循序渐进的过程，是一个与长期运营成本和沟通效果没有直接联系但却有必然成效的概念，对于外向型企业，不管是本土化的还是国际化的，都是必须要完成的任务。在企业本土化经营开展初期，可以先聘用当地的初级管理人员，而后逐步引进高级管理人员，完成从实现与当地利益相关方的顺畅沟通，到对当地关系的维护、商务运作，直到最后实现在当地经营管理的完全本土化操作，公司的品牌营销、市场推广等各项经营工作在这个过程中会循序渐进地融入当地社会、经济和文化生活。企业按照国际惯例学习优秀公司的常规做法，加大属地化经营力度，引进更多的当地人才，将成为加速完成企业在当地战略部署和发展规划的重要砝码。

六、提高社会责任感

企业在完成自身经营目标的同时，必须重视社会责任，并在具体实践中体现。要改变传统的思维方式，不要认为体现社会责任的工作一定是在浪费钱，短期看不到效果的工作就是失败的。要知道，对外承包工程项目，履行社会责任并不是企业的负担，而是要在当地树立企业的正面形象，是企业对未来最重要的投资和经营活动，也是企业在当地得以长远发展的基石。企业社会责任不是简单地做公益活动，还应该包括与安全、健康和环境（HSE）相关的管理行为，如重视劳工福利管理、加强人文关怀，以及强调对员工的责任和社区贡献、环境保护、社会发展等多方面的内容。

1）注重人文关怀。积极承担当地的环境保护责任，维护当地社会的可持续性发展，之后才是为客户提供更完善的服务，以便带来更多的附加价值。

2）建立和谐的社区发展环境。在当地拓展业务的同时树立企业品牌、影响力和知名度，与当地客户和民众建立互信，充分融入当地社区，参与社区活动，主动与当地民众沟通交流。

3）完成包括环境保护工作的长久发展目标。不同国家对工程项目的环境保护政策是不同的，但全球的环境保护目标却是相同的。在当地业务的推进过程中，应与自然和谐相处，只有在此基础上完成的各项发展指标才是企业长远发展的基础。

4）企业在当地的发展过程中，不仅需要与自然环境和平相处，也需要与当地的商业环境、商业文明和商业生态和平相处。在不同的商业体制下，最基本的商业原则就是公平竞争，在竞争过程中要敬畏规则，不违反当地的民俗、民风、法律、法规和各项规章制度，不采用任何不公平竞争的手段进入当地市场。

5）企业需要在当地建立必要的供应链管理。无论是在发达国家还是在发展中国家，承揽项目都会遇到关于供货分包、施工分包、劳务分包等各种问题，而企业的长远发展则是与当地的经济发展环境融为一体的，这就需要在项目实施阶段尽力保证当地商业文明的原生态特点，尽量建立合理、适当的、有助于当地经济发展的供应链。

6）企业在当地拓展业务的过程也是回报社会的过程，在重视经济效益的同时也需要提升员工的整体素质和能力，需要不断对员工进行培养和塑造，让其努力造福于社会。在具体业务操作过程中则需要定期对员工进行培养，从能力、态度、管理等方面，通过多维度、多角度、多视野的员工培养方式促进员工全面发展。

质量安全是企业发展的基石，无论项目种类、特点和规模大小如何，企业都需要始终铭记质量安全的基本目标，在项目的各个阶段将目标进行细化分解，确定项目目标的最终实践路径，实现企业的最终安全目标。

参 考 文 献

[1] 王立杰.国际工程市场开发国别分析方法［J］.国际工程与劳务,2020（3）:61-62.

[2] 汪寿建.国际工程建筑市场及总承包发展趋势探讨［J］.化肥设计,2020,58（1）:1-4.

[3] 罗灿.浅谈国际工程企业市场开发与管理策略［J］.价值工程,2020,39（4）:24-26.

[4] 周璟.国际工程市场开发阶段风险及防范策略［J］.产业创新研究,2019（12）:68-69.

[5] 杨楠.新形势下的境外工程市场开发模式［J］.国际工程与劳务,2018（4）:55-56.

[6] 张成.国际工程承包市场开发研究［D］.石家庄:石家庄铁道大学,2017.

[7] 刁莹莹.国际工程市场开发阶段风险点及应对策略［J］.财经界（学术版）,2016（18）:46,239.

[8] 马江涛.GW集团境外市场开发策略研究［D］.北京:华北电力大学（北京）,2016.

[9] GAO S Y, LING T. Research on international engineering contracting legal risk management［J］. Applied Mechanics and Materials, 2014（584-586）: 2547-2553.

[10] 俞玮.国际工程市场开发的实践和分析［J］.华东电力,2013,41（4）:872-874.

[11] 石广生.发展对外经济贸易 促进西部大开发［J］.求是,2000（6）:13-16.

[12] 何伯森.论国际工程咨询市场的开发［J］.国际经济合作,1998（1）:16-19.

[13] 谢坤,唐文哲,漆大山,等.基于供应链一体化的国际工程EPC项目采购管理研究［J］.项目管理技术,2013,11（8）:17-23.

[14] 肖维.中国标准在走向境外过程中的问题及解决对策［J］.新战略研究,2017（2）:38-48.

[15] 侯静,刘伊生,朱海龙.国际工程承包风险管理之风险识别［J］.建筑经济,2013（7）:22-25.

[16] 谢彪.国际工程承包市场开发与项目管理［M］.北京:电子工业出版社,2011.

［17］ 陈勇，吴静．国际工程风险管理［J］．资源环境与工程，2010，24（4）：424-426．

［18］ 肖维，张骁璐．中资公司在利比亚项目中的索赔［J］．国际经济合作，2011（7）：61-64．

［19］ 刘强，江涌鑫．国际工程项目风险管理框架与案例分析［J］．项目管理技术，2009，7（12）：59-64．

［20］ 王瑾，王要武，王浩然．中国建筑企业国际化市场营销策略研究［J］．土木工程学报，2007（10）：105-109．

［21］ 何伯森．培养国际工程管理人才：思路与途径［J］．国际经济合作，2007（1）：45-49．

［22］ 杨建龙．国际建筑业的现状与趋势分析［J］．施工企业管理，2004（8）：14-16．

［23］ 郑谦．国际工程项目管理中的人力资源管理［J］．国际经济合作，2004（7）：43-45．

［24］ 候化坤．国际工程合同管理与索赔［D］．西安：西安建筑科技大学，2004．

［25］ 吕文学．我国大型建筑企业竞争力及其提升途径研究［D］．天津：天津大学，2004．

［26］ 方志达．国际工程项目实施模式的变化及其思考［J］．建筑经济，2000（12）：10-13．

［27］ 连香姣，傅玉成．国际承包风险的层次分析法［J］．建筑经济，1997（3）：35-38．

［28］ 孙培培，肖维．中外可行性研究报告的差异和原因［J］．国际经济合作，2013（3）：54-57．

［29］ 肖维．信息：开展国际工程承包的重要前提［J］．国际经济合作，2011（1）：74-76．

［30］ 宫玮，肖维．国际工程项目遴选因素分析［J］．国际经济合作，2011（3）：78-81．

［31］ 肖维．重建与索赔［J］．中国外汇，2011（12）：46-48．

［32］ 肖维．EPC 总承包模式下设计如何走出国门［J］．国际工程与劳务，2012（7）：13-15．

［33］ 吕毅，肖维．国际工程运输的安排和操作［J］．国际工程与劳务，2013（10）：47-49．

［34］ 肖维，刘婧．伊拉克工程市场分析［J］．国际工程与劳务，2011（12）：22-24．

[35] 肖维. 仔仔细细运筹　明明白白索赔 [J]. 国际工程与劳务, 2012（10）: 11-13.

[36] 肖维, 刘婧. "走出去"与企业形象建设 [J]. 国际工程与劳务, 2012（1）: 7-8.

[37] 肖维. 境外办事处的建立流程 [J]. 国际工程与劳务, 2014（4）: 55-56.